21世纪经济管理新形态教材·会计学系列

企业内部控制

（第3版）

刘胜强　邱　天 ◎ 主　编
唐　曦　刘贤洲 ◎ 副主编

U0367326

清华大学出版社
北　京

内 容 简 介

内部控制是现代企业管理的重要组成部分,近年来,随着市场竞争的进一步加剧以及国内外腐败案例的不断增加,内部控制越来越被理论研究和实务工作者所重视。目前,国内绝大多数财经类高校已将企业内部控制作为经济管理专业学生的必修课程。本书以传统代理理论、组织行为理论为基础,根据财政部、证监会、银监会、保监会、审计署五部委联合发布的《企业内部控制基本规范》和《企业内部控制配套指引》及其解释来编写。本书以内部控制与风险管理的实践逻辑为主线,引进了新的概念和法规体系,注重讲述内部控制的基本理论和实施技巧。本书的特色在于既有理论探讨,也有案例解读,更有经验总结。

本书既适合会计学、财务管理、审计学、资产评估等专业的本科生使用,又适合这些专业的研究生以及工商管理、公共管理等专业硕士使用,还可作为企业内部控制培训的教材。

本书封面贴有清华大学出版社防伪标签,无标签者不得销售。

版权所有,侵权必究。举报:010-62782989,beiqinquan@tup.tsinghua.edu.cn。

图书在版编目(CIP)数据

企业内部控制/刘胜强,邱天主编.—3版.—北京:清华大学出版社,2024.2(2024.7重印)
21世纪经济管理新形态教材.会计学系列
ISBN 978-7-302-65275-5

Ⅰ.①企⋯ Ⅱ.①刘⋯ ②邱⋯ Ⅲ.①企业内部管理-高等学校-教材 Ⅳ.①F272.3

中国国家版本馆 CIP 数据核字(2024)第 024303 号

责任编辑:张 伟
封面设计:汉风唐韵
责任校对:王荣静
责任印制:刘海龙

出版发行:清华大学出版社
　　　网　　　址:https://www.tup.com.cn,https://www.wqxuetang.com
　　　地　　　址:北京清华大学学研大厦 A 座　　　邮　　编:100084
　　　社 总 机:010-83470000　　　邮　　购:010-62786544
　　　投稿与读者服务:010-62776969,c-service@tup.tsinghua.edu.cn
　　　质量反馈:010-62772015,zhiliang@tup.tsinghua.edu.cn
　　　课件下载:https://www.tup.com.cn,010-83470332
印 装 者:大厂回族自治县彩虹印刷有限公司
经　　销:全国新华书店
开　　本:185mm×260mm　　印　　张:13.5　　　字　　数:310千字
版　　次:2014年3月第1版　2024年2月第3版　　　印　　次:2024年7月第2次印刷
定　　价:49.00元

产品编号:098601-01

前　言

本书前两版出版以后,受到广大学者的热烈欢迎和广泛好评,在此表示感谢。应出版社邀请,我们在前两版的基础上对本书进行了修订。本次修订在保持原有基本特色和优点的前提下,以二十大精神为指导,通过增设二维码的形式,对教学中可能涉及的案例、实例和论文等资料进行了大幅度的增补和修订,学员可以通过扫码进行学习,相信这些资料一定会给学员带来更好的学习体验。

本次修订主要体现在以下四个方面。

第一,在保持前两版特色的基础上,对相关资料进行了更新。本书继续按照内部控制理论篇、内部控制实务篇和内部控制评价篇三个板块进行编排;保留部分案例板块。全书学习资料,有的需要学员自己去查找,有的我们已经找好并放在书中或者二维码中。

第二,增加更加暖心、知心和更有价值的学习资料。具体来说:①增加了近30个学习总结及专题视频,包括企业为什么要加强内部控制建设、如何进行内部控制建设等;②增补了若干个自己撰写并成功入选中国三大案例库(教育部专业学位案例库、中国管理案例共享中心和中欧国际案例库)的案例;③加强产教融合,提供了两家我们曾经帮助其进行内部控制建设的企业实例资料,包括问题风险清单、内控基础性评价报告、业务流程操作手册和制度汇编等。

第三,融入了更多的课程思政元素。全书以二十大精神为指导,坚持"学思用贯通、知信行统一",深入挖掘企业内部控制建设中的思政元素。如:第四章第五小节二维码中我们撰写并入选中国管理案例共享中心的案例《道并行而不相悖:鸿星尔克社会责任与价值创造共赢之路》,较好地诠释了党在企业内部控制建中的引领作用。

第四,对前两版使用者所反馈的错别字、句子语病等问题进行了系统更正。

本书适合会计学、财务管理、审计学、资产评估等专业的本科生和研究生及工商管理、公共管理等专业硕士学习,也可以作为企业开展有关内部控制培训及建设的教材使用。根据我们的教学体会,结合本书使用者的反馈意见,建议在本科生教学阶段更侧重内部控制体系构架、基本概念与基本原理,MBA(工商管理硕士)、MPAcc(会计硕士专业学位)等专业硕士研究生教学重点关注企业内部控制建设实务,包括内部控制体系的设计、评价与审计等,学术硕士重点关注内部控制理论研究等。

本次修订由重庆工商大学的刘胜强教授及其团队共同完成。其中,刘胜强、刘贤洲主要负责对本书总体修订内容进行统筹规划,邱天(重药控股股份有限公司董事会秘书)、唐曦从实务的角度,对新增视频资料、案例及实例资料进行了系统安排及校验。具体章节上,陈泓宇负责第四、五章的修订,白浩然负责第六、七章的修订,曾昭玥负责第八、九章的修订,齐晨星、张格格和李思源分别负责前三章的修订。此外,齐晨星和张格格还负责了全书章(节)视频小结的录制。在此表示对他们的感谢。

由于作者水平有限,书中难免会有一些疏漏,恳请读者批评指正,在此表示感谢!

刘胜强

2023 年 8 月 20 日

目 录

第一部分

内部控制理论篇

第一章

企业内部控制导论

- 掌握企业内部控制的含义;
- 掌握西方内部控制的发展历程;
- 熟悉内部控制整体框架阶段的特点;
- 熟悉基于风险管理内部控制的特点;
- 了解企业内部控制的作用;
- 了解企业内部控制的分类。

思考与分析

生活中为什么需要会计?会计和内部控制之间存在什么关系?为什么复式记账会在15世纪产生于意大利而不是其他国家?为什么成本会计会在17世纪产生于英国而不是其他国家?为什么我们在讨论内部控制时离不开讨论美国的现行企业制度?为什么企业内部控制制度要由财务部门负责实施?

第一节 企业内部控制概述

资料 1-1

关于企业内部控制的定义及其解释,有狭义和广义之分。其中,狭义的企业内部控制是只针对财务报告的内部控制,但是随着市场经济与企业的发展,内部控制从最初的针对企业管理需要演化到对投资者的保护上。

一、内部控制的含义

(一)狭义内部控制

人们普遍认为,内部控制的概念最早是由审计师提出来的,"内部控制"第一次作为专业术语使用,是在 1936 年美国会计师协会文告中。随后,审计准则《与财务报表审计协同进行的对财务报告内部控制审计》定义了"财务报告内部控制"。狭义的企业内部控制定义:由企业董事会、监事会、经理层和全体员工实施的,旨在实现与财务报告有关的内部控制目标的过程。其目标主要是合理保证企业财务报告及其相关信息的真实、完整。与财务报告相关的内部控制包括以下三个方面的政策和程序:一是保存足够详细的记录,准确、公允地反映企业的交易和资产处置情况;二是合理保证按照企业会计准则和相关会计制度编制财务报表,按要求记录交易,企业发生的收入和支出已经过管理层与董事会的授权;三是合理保证及时防止或发现未经授权、对财务报表有重大影响的取得、使用或处置的企业资产。

我国修订实施的《中华人民共和国会计法》(以下简称《会计法》)规定,财政、审计、税务、人民银行、证券监管、保险监管等部门有权依法"对有关单位的会计资料实施监督检查"。狭义内部控制概念的提出,主要是为了在注册会计师对财务报表和企业内部控制进行审计时专门针对财务报告领域的内部控制有效性发表审计意见。

(二)广义内部控制

20世纪90年代,美国反虚假财务报告委员会(National Commission on Fraudulent Financial Reporting)所属的内部控制专门研究委员会——发起组织委员会(Committee of Sponsoring Organizations of the Treadway Commission,COSO)对内部控制做了如下描述:内部控制是由企业董事会、管理层和其他员工实施的,为营运的效率效果、财务报告的可靠性、相关法律法规的遵守等目标的实现提供合理保证的过程。内部控制应由控制环境、风险评估、控制活动、信息沟通、监督五个方面的内容构成。这是目前为止最为普遍接受的广义内部控制的定义,它包括财务、经营、遵循风险及其他风险管理的控制。

我国2008年制定的《企业内部控制基本规范》所称内部控制,是指由企业董事会、监事会、经理层和全体员工实施的、旨在实现控制目标的过程。内部控制的目标是合理保证企业经营管理合法合规、资产安全、财务报告及相关信息真实完整,提高经营效率和效果,促进企业实现发展战略。可见,我国《企业内部控制基本规范》基本采用了美国COSO广义内部控制的定义,这为我国企业内部控制制度建设提供了基本标准。

📡 知识链接

事实上,内部控制是建立在"经济人假设"基础上的。所谓"经济人假设",就是把人当作"经济动物"来看待,认为人的一切行为都是为了最大限度地满足个人私利,工作的目的只是获得经济报酬。这也是古典管理理论的基础,现实中,人的行为并不总是只受经济支配,内部控制比理论更为复杂。

在理解内部控制概念内涵时,需要注意以下方面。

1. 内部控制是一个过程

内部控制是一个动态的过程,它包括一整套制度和一系列行为以及相应实施的各种管理活动。静态的流于形式的制度和僵硬的流程设计,会使内部控制的建设成为摆设,不能发挥作用。内部控制并不是一个事项或一种情形,而是渗透到主体活动之中的一系列行为,因此,"内部控制"与"制度"是两个不同性质的概念。一般对制度的定义是"约束人的行为的政策与程序",它并不是一个过程的概念,把"内部控制"简单理解成"制度"是不恰当的。

2. 内部控制需要企业全员参与

内部控制涉及企业各个经营方面、各个环节、各个流程、各个岗位。内部控制对象包括财务资源、人力资源、信息资源和客户关系资源等。强化内部控制,需要全员参与、多方配合,建立覆盖公司全部业务和运作流程的控制系统,确保所有员工理解和执行相关制度,切实履行职责。只有这样,才能真正建立完善、有效的内部控制体系。内部控制的实施主体包括董事会、经理层和其他员工,不同层级的人员和机构在企业的内部控制中承担着各自的职责,上到董事会、管理层、监事会,下到各级员工,都需要参与进来。

3.内部控制只能是合理保证

内部控制可以帮助企业实现其业绩和盈利目标,防止资源损失。它不仅有助于保证企业财务报告的可靠性,而且有助于确保企业符合适用的法律和法规,避免对其声誉的损害及可能产生的其他后果。但是,内部控制只能就其主体目标的实现向管理层、董事会和股东等利益相关人提供合理保证,存在其自身的局限性。这种局限性主要表现在以下几个方面。

(1)管理者滥用授权使控制形同虚设。内部控制作为企业管理的一部分,理应按照管理者的意图运行,如果管理者故意滥用职权或因为个人能力有限而作出错误决策,那么内部控制也就失去了应有的控制效能。

(2)内部控制效果受人员素质影响。内部控制是由人建立与实施的,如果企业相关人员在心理上、技能上和行为方式上未达到实施内部控制的基本要求,对内部控制的程序或措施经常误解、误判,那么内部控制将难以发挥其应有的作用。

(3)人员联合舞弊。内部控制的一个重要原则是不相容职务的分离。如果企业内部不相容职务的人员相互串通舞弊,相关的内部控制将失去作用。内部控制执行人员的责任感不强也会影响内部控制的成效。

(4)成本效益问题。实施内部控制是有成本的,因此成本也是影响内部控制效果的因素。

二、企业内部控制的作用

内部控制主要是指内部管理控制(internal administrative control)和内部会计控制(internal accounting control),内部控制系统有助于企业达到自身规定的经营目标。随着社会主义市场经济体制的建立,内部控制的作用会不断扩展。目前,它在经济管理和监督中主要有以下作用。

(一)提高会计信息资料的正确性和可靠性

企业决策层要想在瞬息万变的市场竞争中有效地管理经营企业,就必须及时掌握各种信息,以确保决策的正确性,并可以通过控制手段尽量提高所获信息的准确性和真实性。因此,建立内部控制系统可以提高会计信息资料的正确性和可靠性。

(二)保证生产和经营活动的顺利进行

内部控制系统通过确定职责分工,严格控制各种手续、制度、工艺流程、审批程序、检查监督手段等,可以有效地保证本企业生产和经营活动的顺利进行,防止出现偏差,纠正失误和弊端,保证实现企业的经营目标。

（三）保证企业财产的安全、完整

财产是企业从事生产经营活动的物质基础。内部控制可以通过适当的方法对货币资金的收入、支出、结余以及各项财产物资的采购、验收、保管、领用、销售等活动进行控制，防止贪污、盗窃、滥用、毁坏等不法行为，保证企业财产的安全、完整。

（四）保证企业既定方针的贯彻执行

企业决策层不但要制定管理经营方针、政策、制度，而且要狠抓贯彻执行。内部控制则可以通过制定办法、审核批准、监督检查等手段促使全体职工贯彻和执行既定的方针、政策与制度，同时，可以促使企业领导和有关人员执行国家的方针、政策，在遵守国家法规纪律的前提下认真贯彻执行企业的既定方针。

（五）为审计工作提供良好基础

审计监督必须以真实可靠的会计信息为依据，检查错误，揭露弊端，评价经济责任和经济效益，而只有具备完备的内部控制制度，才能保证信息的准确、资料的真实，并为审计工作提供良好的基础。总之，良好的内部控制系统可以有效地防止各项资源的浪费和错弊的发生，提高生产、经营和管理效率，降低企业成本费用，提高企业经济效益。

一个年轻人不小心将酒店的地毯烧了三个小洞，退房时服务员说根据酒店规定，每个洞要赔偿 100 元。年轻人问道："确定是一个洞赔 100 元吗？"服务员回答："是。"于是年轻人点燃烟头将三个小洞烧成一个大洞。这一小故事给我们的启示是：①考核标准在哪里，人们的行动就在哪里；②不要光站在自己的角度订立标准；③漏洞有时是致命的。

三、企业内部控制的分类

（一）根据企业组织架构，分为治理控制、管理控制和作业控制

治理控制是内部控制的最高层次，是指通过对所有权的适当配置，建立合适的委托代理关系，保证企业投资者和其他利益相关者的利益得到有效维护。治理控制主要是战略和风险控制，侧重于战略目标的制订，是决定组织目标和达到这些目标的过程，是形成企业战略的过程，主要是董事会和高层领导人员的职责。风险控制是创造企业价值的源泉，在这一过程中，企业需要进行事项识别和风险评估，并采取相应的风险应对策略。

管理控制是内部控制的第二层次，主要是企业经营层的职责，是管理者影响组织其他成员以落实组织战略的过程。当企业制订战略目标后，由于企业具有经营多元化和组织层级制的特点，就需要将战略目标逐步细化和层层分解，将其落实到企业内部的各个组织单元，还需要检查各部门和员工为达到目标所进行的各项生产经营活动的进展情况，评价监控所取得的效果，分析产生偏差的原因并采取措施纠正，使业务活动回到正确的轨道上来。所以，管理控制是企业管理的直接控制，直接影响到企业利润目标的实现，从而影响企业价值。

作业控制是内部控制的第三层次，主要是企业各种具体岗位的职责，侧重于某项具体

业务或者某项具体任务的完成,是基层的控制。许多具体的业务活动项目,如货币资金、存货、固定资产等,就属于作业控制的层级。对这种日常业务的有效控制,减少了不必要的损失,使企业价值得到提升。

(二) 根据控制对象,分为人事控制、财务控制、会计控制、生产控制等

人事控制是指通过对人员的录用、调动、考评、晋升、培训、解聘、辞退等形式来保证企业目标的实现和利益的维护的控制。

财务控制是对企业的财务资源及其利用状态所进行的控制。其内容包括资本结构控制、债权债务控制、财务风险控制、存货控制、现金流控制、成本费用控制和利润控制,其目的是保证企业经营的安全性、效率性和营利性,其手段包括编制和执行财务预算。

会计控制是对企业会计信息系统的控制。其目的是保证企业会计信息的真实、完整。我国现行《会计法》对企业会计系统的责任人及其责任、会计人员从业资格、会计流程、会计内容、会计信息质量标准等均做了明确规定,它是企业实施内部会计控制的法律依据。

生产控制是对企业产品制造过程的控制。其目的是保证企业生产部门按时、按质、按量地加工出合格产品,并保证生产的均衡性和配套性,其内容有:生产工艺和流程安排,投产批量决策,人员、设备、物资调度等。

材料采购控制是对企业供应环节员工行为与物流的控制,其目的是保证生产原料的质量、数量和时效,降低采购成本。

营销控制是对企业销售环节员工行为和物流的控制。其目的是保证提供客户所需的公司产品,扩大市场份额,获取营业利润,其内容包括客户资源控制、销售渠道控制。

质量控制亦称全面质量控制,是从企业产品的研制开发设计环节开始,通过对产品设计、工艺设计、设备安排、人员培训、原材料供应、制造加工和售后服务全过程的质量预防与检验,来保证企业产品服务的质量。

(三) 根据控制依据,分为制度控制和预算控制

制度控制是指制定企业内部控制制度和有关规章,并以此为依据约束企业和各责任中心财务收支的一种控制形式。内部控制制度包括组织机构设计和企业内部采取的所有相互协调的方法和措施,这些方法和措施用于保护企业的财产,检查企业会计信息的准确性和可靠性,提高经营效率,促使有关人员遵循既定的管理方针。围绕财务预算的执行,也应建立相应的保证措施或制度,如人事制度、奖罚制度等。

预算控制是指以全面预算为依据,对预算主体的财务收支活动进行监管、协调的一种控制形式。预算表明了其执行主体的责任和奋斗目标,规定了预算执行主体的行为。预算控制手段可分为定额控制和定率控制等。

与预算控制相比较,制度控制更具有规范性、自律性和防护性的特征,带有更大的强制性;而预算控制则主要具有目标性、约束性和激励性的特征,可以涉及企业管理的方方面面,更具有综合性。制度控制和预算控制各有所长、相得益彰。

(四) 根据控制进程和时序,分为事前控制、事中控制和事后控制

事前控制也称原因控制,是指企业为防止财务资源在质量上发生偏差,而在行为发生之前所实施的控制,如财务收支活动发生之前的内部牵制制度、授权审批制度和费用报销制度。事前控制内容主要包括成本企划、标准制定、预算编制和规章制度的制定与颁布等。

事中控制也称过程控制,是指在企业财务收支活动发生过程中所进行的控制,如监督财务预算的执行过程,对各项收入的去向和支出的用途进行监督,对产品生产过程中发生的成本进行限额约束。事中控制的主要内容有偏差揭示、差异分析和采取措施等。

事后控制也称结果控制,是指对企业财务收支活动的结果所进行的考核及相应的惩罚,事后控制侧重于分析原因、考核评价和落实奖惩,为管理当局提供制定未来计划标准的依据。例如,按财务预算的要求对各责任中心的财务收支结果进行评价并据此实施奖罚,在产品成本形成之后进行综合分析与考核,以确定各责任中心的成本责任,等等。

理想的内部控制应更注重事前控制和事中控制,在采取行动之前或当时,就起到引导匡正和防错纠偏的作用。因此,内部控制作用的大小与企业的预算、目标、制度的制定和落实,以及事先的设想、规划和控制点的分布和安排有着密切的关系。

(五) 根据控制范围,分为战略控制和经营控制

战略控制是对企业经营范围、经营模式、组织架构、激励制度、重要人事调动和长期投资所进行的具有全局性、长期性特点的控制。经营控制是对企业日常经营行为所进行的控制,其特点是局部性、短期性,如广告宣传、销售渠道建设、品种和价格调整、物流调度和人员调度等。

资料1-2

第二节　国外内部控制的演进历程

内部控制是在内部牵制(internal check)的基础上,由企业管理人员在经营管理实践中创造并经审计人员理论总结而逐步完善的自我监督和自行调整体系。其中凝聚了世界上古往今来的管理思想和实践经验。内部控制的发展经历了漫长的历史过程,但现代意义上的内部控制却是伴随着近代产业革命的发展应运而生的。其在产生和发展的过程中,经历了内部牵制、内部控制制度、内部控制结构、内部控制整体框架和基于风险管理的企业内部控制这五个不同的阶段。

一、内部牵制阶段

从原始组织诞生至 20 世纪 40 年代,内部控制的发展基本上停留在内部牵制阶段。这是内部控制的萌芽阶段。内部牵制是以"查错防弊"为目的,以职务分离和账目核对为手段,以钱物和账目等会计事项为主要控制对象的初级控制措施。其特点是以账户核对和职务分工为主要内容,从而进行交叉检查或交叉控制。在古罗马,会计账簿实施的"双人记账制"就是内部牵制的典型。一项经济业务发生之后,由两

名记账人员同时在各自的账簿上加以登记,然后定期核对双方账簿记录,以检查有无记账差错或舞弊行为,进而达到控制财务收支的目的。根据《柯氏会计辞典》的解释,内部牵制是"为提供有效的组织和经营,并防止错误和其他非法业务发生而制定的业务流程,其主要特点是任何个人或部门不能以单独控制任何一次或一部分业务权利的方式进行组织上的责任分工,每项业务通过正常发挥其他个人或部门的功能进行交叉检查或交叉控制"。

🛰️知识链接

有学者认为,内部牵制理论是以螃蟹理论为基础的。螃蟹理论讲的是在篓子里的螃蟹比较少的情况下,螃蟹很容易爬出来逃掉。随着螃蟹的增加,在达到一定数量之后,当其中一只快要爬出来时,总会被其他螃蟹拉下去。随着螃蟹数量的进一步增多,所有螃蟹相互制约、动弹不得。螃蟹理论从一个侧面说明,内部控制过弱,将起不到有效的控制作用;内部控制过强,又会使企业丧失生机活力。内部控制在某种程度上是一种控制学上的"度"的把握。

螃蟹理论还有一种解释是篓子装的螃蟹多了就不用盖盖子了。原因是螃蟹多了,螃蟹们就会互相踩踏、扒来扒去,而螃蟹们为了自我保护,个个把自己弄成个坚硬圆滑的外壳,浑身不受力。因此,就会有"三只螃蟹,篓子就不用加盖"的说法。管理学中用这一现象来形容集体中的个体自私组织现象,即混乱的螃蟹组织。这类组织中的个体往往都是能力比较强,但管理方式不得当,管理手段较弱,集体主义意识淡薄,利益趋向个体化、私有化,因而形成一种人人争利、互相踩踏、互相掣肘的现象。

内部牵制机制的提出主要是基于以下两个设想:其一,因为有了相互制衡,在经办一项交易或事项时,两个或两个以上人员或部门无意识地犯同样错误的概率要远小于一个人或部门犯错误的概率;其二,两个或两个以上人员或部门有意识地合伙舞弊的可能性要远低于一个人或部门舞弊的可能性。由此可见,内部牵制是以不相容职务分离为主要内容的流程设计,是内部控制的最初形式和基本形态。

🛰️知识链接

"囚徒困境"讲的是两个嫌疑人被抓后进行隔离审查时,嫌疑人各自为了自己的利益最大化而最终选择了承认作案这一不利选择,这一理论有效地解释了内部牵制理论的作用机理。"囚徒困境"所反映出的深刻问题是,人类过度追求个人利益最大化时,往往会适得其反。个人理性有时能导致集体的非理性——聪明的人类会因自己的聪明而作茧自缚。

一般而言,内部牵制制度的执行可通过以下四种方式进行。无论是哪一种方式的牵制,其立足点都在于增设核对点和平衡点,以加强上下、左右的制约。

(一)实物牵制

实物牵制即由两个或两个以上人员共同掌管必要的实物工具,共同完成一定程序的牵制。例如,将保险柜的钥匙交由两个或两个以上的工作人员保管,不同时使用这两把或两把以上的钥匙,保险柜就无法打开,以防止一个人作弊。

(二)机械牵制

机械牵制即只有按照正确的程序操作机械,才能完成一定过程的操作。它采用的是程序牵制,即将单位各项业务的处理过程,用文字说明或流程图的方式表示出来,以形成制度,颁发执行。它属典型的事前控制法,即要按牵制的原则进行程序设置,而且要求所有的业务活动都建立切实可行的办理程序。程序控制的关键是实行以内部牵制为核心的不相容职务分离原则。

(三)体制牵制

体制牵制即为防止错误和舞弊,对于每一项经济业务的处理,都要求有两个或两个以上人员共同分工负责,以相互牵制、互相制约的机制。这主要通过组织分工来实现。它不仅要求划分职责,明确各部门或个人的职责和应有的权限,同时还规定相互配合与制约的方法。这是因为,恰当的组织分工是内部牵制最重要、最有效的方法。

(四)簿记牵制

簿记牵制又称会计系统牵制,是指通过簿记内在的控制职能而实现的牵制。复式簿记体系对于所有的业务和事项,都要以原始凭证为基础,进行序时和分类的记录,这就在账证、账账、账表、账实之间形成了严密的钩稽核对关系,因而可以用它们来实施对业务事项、财产物资等的有效控制。

二、内部控制制度阶段

知识链接

上市公司年报对外报出之前没有被查出会计作假,到底是因为公司故意隐匿重大会计信息,还是因为注册会计师只拿钱不做事?如果公司故意隐匿重大会计信息,那么责任在公司自己;如果公司没有隐匿重大会计信息,但注册会计师没有尽职尽责,那么责任在注册会计师。现实中大多数情况很难界定责任到底由谁承担,内部控制制度在很大程度上就是为了界定这一责任而提出的。

20 世纪 40 年代末至 70 年代初,在内部牵制思想的基础上,产生了内部控制制度的概念,这是现代意义上内部控制产生的阶段。工业革命极大地推动了生产关系的重大变革,股份制公司逐渐成为西方各国主要的企业组织形式,为了适应当时社会经济关系的要求,保护投资者和债权人的经济利益,西方各国纷纷以法律的形式要求强化对企业财务会计资料以及这种经济活动的内部管理。

1934 年美国政府出台的《证券交易法》中首次提出了"内部会计控制"的概念,推行一般与特殊授权、交易记录、账面记录与实物资产对比等差异补救措施。

1949 年,美国注册会计师协会(AICPA)所属的审计程序委员会(CAP)在《内部控制:系统协调的要素及其对管理部门和独立注册会计师的重要性》的报告中,首次正式提出了内部控制的定义:"内部控制包括组织机构的设计和企业内部采取的所有互相协调的方法和措施。这些方法和措施都用于保护企业的财产,检查会计信息的准确性,提高经营效率,推动企业坚持执行既定的管理方针。"该定义提出了通过制定与完善内部控制的组织、计划、方法与措施等规章制度来实现内部控制,突破了与财务会计部门直接有关的控制的局限,明确了内部控制的四个目标,即企业在商业活动中保护资产、检查财务数据的准确性和可靠性、提高工作效率以及促进遵守既定管理规章。该定义的积极意义在于有助于管理当局加强其管理工作,但局限性是涉及的范围过于宽广。

1958 年,该委员会发布的第 29 号审计程序公报《独立审计人员评价内部控制的范围》中,根据审计责任的要求,将内部控制分为两个方面进行,即内部会计控制和内部管理控制。前者主要涉及内部控制的前两个目标,后者主要涉及内部控制的后两个目标。这就是内部控制"制度二分法"的由来。由于管理控制的概念比较空泛和模糊,在实际业务中内部管理控制与内部会计控制的界限难以划清。为了明确两者之间的关系,1972 年美国注册会计师协会在《审计准则公告第 1 号》中重新阐述了内部管理控制的定义:"内部管理控制包括,但不仅仅只限于组织机构的计划,以及与管理部门授权核准经济业务决策步骤上的有关程序和记录。这种对事项核准的授权活动是管理部门的职责,它直接与管理部门执行该组织的经营目标有关,是对经济业务进行会计控制的起点。"同时,明确了内部会计控制制度的重要内容包括与保护资产、保证财务记录可信性相关的机构计划、程序和记录。经过一系列的修改和重新定义,内部控制的含义较以前更为明晰和规范,涵盖日趋广泛,并引入内部审计的理念,得到世界范围内的认可和引用,内部控制制度由此而生。

三、内部控制结构阶段

知识链接

由《华盛顿邮报》的两名记者鲍伯·伍德沃德(Bob Woodward)和卡尔·伯恩斯坦(Carl Bernstein)的坚持不懈所引发的震惊世界的"水门事件"最终导致理查德·米尔豪斯·尼克松(Richard Milhous Nixon)于 1974 年 8 月辞去美国总统职务,尼克松也成为美国历史上第一位辞职的总统。然而"水门事件"带给全世界的影响并没有因尼克松的辞职而止步,在美国进一步调查支持尼克松竞选总统的"大财团"企业的财务报告时,却发现这些"大财团"企业几乎清一色地都是将这些拿不上台面的竞选费用,通过复杂的会计处理转移到海外的子公司去了。为了解决这一问题,美国 1977 年颁布了更为严格的《反国外贿赂法》(Foreign Corrupt Practice Act,FCPA),1979 年颁布了《反国家贿赂法》。这一事件不仅促进内部控制理论的发展,也对今天的世界经济及政治产生了深远的影响。

内部控制结构理论形成于 20 世纪 80 年代至 90 年代初期,这一阶段西方会计审计界对内部控制的研究重点逐步从一般含义向具体内容深化。在这一时期,系统管理理论成为新的管理理念,它认为:世界上任何事物都是由要素构成的系统,由于要素之间存在着复杂的非线性关系,系统必然具有要素所不具有的新特性,因此,应立足于整体来认识要素之间的关系。系统管理理论将企业组织当作一个由子系统组成的有机系统进行管理,注重各子系统间的协调及与环境的互动关系。在现代公司制和系统管理理论的理念下,前期的内部控制制度已经不能满足需要。1988年,美国注册会计师协会发布《审计准则公告第55号》,在该公告中,首次以"内部控制结构"(internal control structure)一词取代原有的"内部控制"一词,并指出"企业的内部控制结构包括为提供取得企业特定目标的合理保证而建立的各种政策和程序"。该公告认为,内部控制结构由控制环境(control environment)、会计系统(accounting system)(会计制度)、控制程序(control procedures)三个要素组成,将内部控制看作由这三个要素组成的有机整体,提高了对内部控制环境的重视程度。

（一）控制环境

控制环境反映董事会、管理者、业主和其他人员对控制的态度与行为。其具体包括管理哲学和经营作风、组织结构、董事会及审计委员会的职能、人事政策和程序、确定职权和责任的方法;管理者监控和检查工作时所用的控制方法,包括经营计划、预算、预测、利润计划、责任会计和内部审计等。

（二）会计系统

会计系统规定各项经济业务的确认、归集、分类、分析、登记和编报方法。一个有效的会计系统包括以下内容:鉴定和登记一切合法的经济业务;对各项经济业务适当进行分类,作为编制报表的依据;计量经济业务的价值以使其货币价值在财务报表中记录;确定经济业务发生的事件,以确保它记录在适当的会计期间;在财务报表中恰当地表述经济业务及有关的揭示内容。

（三）控制程序

控制程序指管理当局制定的政策和程序,以保证达到一定的目的。它包括:经济业务和活动批准权;明确各员工的职责分工;充分的凭证、账单设置和记录;资产和记录的接触控制;业务的独立审核等。内部控制结构以系统管理理论为主要控制思想,重视环境的因素,视其为内部控制的重要组成部分,将控制环境、会计系统、控制程序三个要素纳入内部控制范畴;不再区分会计控制与管理控制,而统一以要素表述内部控制,认为两者是不可分割、相互联系的。

四、内部控制整体框架阶段

进入20世纪90年代后,对内部控制的研究进入一个新的阶段。随着企业公司治理机构的完善、电子化信息技术的发展,为了适应新的经济和组织形式,运用新的管理思想,"内部控制结构"发展为"内部控制整体框架"。1992年,美国著名的内部控制研究机构"发起组织委员会"发布了具有里程碑意义的专题报告——《内部控制——整体框架》(Internal Control—Integrated Framework),也称COSO报告,制定了内部控制制度的统一框架。该报告于1994年进行了增补,得到了国际社会和各种职业团体的广泛承认,具有广泛的适用性。COSO报告是内部控制理论研究的历史性突破,它首次提出内部控制体系概念,将内部控制由原来的平面结构发展为立体框架模式,代表当时国际上内部控制研究方面的最高水平。

COSO报告将内部控制定义为："由企业的管理人员设计的,为实现营业的效果和效率、财务报告的可靠及合法合规目标提供合理保证,通过董事会、管理人员和其他职员实施的一个过程。"通过定义可以看出,COSO报告认为内部控制是一个过程,会受到企业不同人员的影响;同时,内部控制也是一个为实现该组织经营目标提供合理保障所设计并实施的程序。COSO报告提出了内部控制的三大目标和五大要素。三大目标是合规目标、经营目标和报告目标。其中,合规目标是指内部控制要遵守相应的法律法规和企业的规章制度;经营目标是指内部控制要确保企业经营的效率和有效性;报告目标是指内部控制要保证企业财务报告的可靠性。

COSO报告认为,内部控制由五个相互联系的要素组成并构成了一个系统,这五个要素是:控制环境、风险评估(risk assessment)、控制活动(control activities)、信息与沟通(information and communication)、监控(monitoring)。

（一）控制环境

控制环境是指职员履行其控制责任、开展业务活动所处的氛围,包括员工的诚实性和道德观、员工的胜任能力、董事会或审计委员会、管理哲学和经营方式、组织结构、授予权力和责任的方式、人力资源政策和实施。

（二）风险评估

风险评估是指管理层识别并采取相应行动来管理对经营、财务报告、符合性目标有影响的内部或外部风险,包括风险识别和风险分析。风险识别包括对外部因素(如技术开发、竞争、经济变化)和内部因素(如员工素质、公司活动性质、信息系统处理的特点)进行检查。风险分析涉及估计风险的重大程度、评估风险发生的可能性、考虑如何管理风险等。

（三）控制活动

控制活动是指企业制定并予以执行的政策和程序,对所确认的风险采取必要措施,以保证企业目标实现。实践中,控制活动形式多样,通常有以下几类:业绩评价、信息处理、实物控制、职责分离。

（四）信息与沟通

信息与沟通是指为了使员工执行其职责,为员工提供在执行、管理和控制作业过程中所需的信息以及信息的交换与传递,企业必须识别、捕捉、交流外部和内部的信息。外部信息包括市场份额、法规要求和客户投诉等。内部信息包括会计制度,即由管理当局建立的记录和报告经济业务与事项,维护资产、负债和业主权益的方法与记录。沟通是使员工了解其职责,保持对财务报告的控制。沟通的方式有政策手册、财务报告手册、备查簿,以及口头交流或管理示例等。

（五）监控

监控是指评估内部控制运作质量的过程,即对内部控制改革、运行及改进活动评价,包括内部审计和外部审计、外部交流等。

在这五个要素中,各个要素有其不同的功能,内部控制并非五个要素的简单相加,而是由这些相互联系、相互制约、相辅相成的要素,按照一定的结构组成的完整、能对变化的环境作出反应的系统。如图 1-1 所示,控制环境是其他控制要素实施的基础;控制活动必须建立在对企业可能面临的风险有细致的了解和评估的基础之上;而风险评估和控制活动必须借助企业内部信息的有效沟通;最后,有效的监控是保障内部控制实施质量的手段。三大目标与五大要素为内部控制系统理论的形成和发展奠定了基础,其指导思想充分体现了现代企业的管理思想,即安全是系统管理的结果。COSO 报告强调内部控制是由五大要素组成的整合框架和体系,为内部控制体系框架的建立、运行和维护奠定了基础。

图 1-1　内部控制五要素之间的关系

此时期内部控制具有如下特点。

(1) 强调人与环境的关系,并提出人在控制中的重要性。

(2) 强调内部控制应该与企业的经营管理过程相结合,打破了管理与控制的界限,认为控制是一个动态过程。

(3) 强调内部控制的目标及为实现目标而发生的成本与效益的关系。

(4) 强调风险意识。

(5) 强调信息沟通在内部控制中的作用,强调监督仍然是控制的组成部分。

为应对商业和经营环境的急剧变化,同时方便大家的学习和理解,2013 年 5 月,COSO 将 1992 年《内部控制——整体框架》中的五要素提炼和概括出 17 条原则,具体如下。

(1) 针对控制环境要素,提出以下原则。

原则 1:团队展现出对诚信和道德价值观的承诺。

原则 2:董事会独立于管理层,并对内部控制的制定与实施情况进行监督。

原则 3:管理层在董事会的监督下,确定组织结构、报告路径和在追求目标实现过程中适当的权力与职责。

原则4：团队展现出对吸引、开发和保留与目标相适应的具备胜任能力的人员的承诺。

原则5：团队坚持对员工在追求目标实现过程中的内部控制职责进行考核(问责)。

(2)针对风险评估要素，提出以下原则。

原则6：团队确定足够清晰的目标，以便识别和评估与目标相关的风险。

原则7：团队识别主体中与实现其目标相关的风险，并对风险进行分析，以便确定应当如何管理这些风险。

原则8：团队在评估与实现目标相关的风险的过程中，考虑舞弊的可能性。

原则9：团队识别和评估可能严重影响内部控制系统的变革。

(3)针对控制活动要素，提出以下原则。

原则10：团队选择和设计控制活动，以便将与实现目标相关的风险降低到可接受的水平。

原则11：团队选择和设计针对信息技术的一般控制活动，以支撑目标的实现。

原则12：团队通过政策和程序来开展控制活动，政策确定所期望的是什么，程序则将政策付诸实施。

(4)针对信息与沟通要素，提出以下原则。

原则13：团队获取或生成并利用具备相关性、高质量的信息，以支撑内部控制的运行。

原则14：团队内部沟通支撑内部控制运行的必要信息，包括内部控制的目标和职责。

原则15：团队与外部各方沟通影响内部控制运行的相关事项。

(5)针对监控要素，提出以下原则。

原则16：团队选择、设计和实施持续和(或)专门的评价，以查明内部控制各要素是否存在和运行。

原则17：团队评价并及时与负责采取必要的矫正措施的部门或人员(包括高级管理层人员和董事会)沟通内部控制缺陷。

知识链接

2017年9月，COSO公布了新版企业风险管理框架：《企业风险管理——与战略和绩效的整合》。新框架包括五大要素、20项原则，与COSO新版内部控制框架一样应用了要素和原则的编写结构。新框架为五大要素的每个要素均罗列了相关原则，总共20项。五大要素分别是：治理与文化；战略与目标制定；绩效；审阅与修订；风险信息、沟通和报告。其相较于2004年发布的首版框架《企业风险管理——整合框架》，有了颠覆性的变化，具体包括以下10点。

(1)应用了要素和原则的编写结构。

(2)简化了企业风险管理的定义。

(3)强调了风险和价值之间的关联性。

(4)重新审视了企业风险管理整合框架所关注的焦点。

(5)检验了文化在风险管理工作中的定位。

(6) 提升了对战略相关议题的研讨。

(7) 增强了绩效和企业风险管理工作的协同效应。

(8) 体现了企业风险管理支持更加明确地作出决策。

(9) 明确了企业风险管理和内部控制的关系。

(10) 优化了风险偏好和风险承受度的概念。

1985年,由美国管理会计师协会、美国注册会计师协会、美国会计协会、财务经理人协会、内部审计师协会联合创建了反虚假财务报告委员会,旨在探讨财务报告中的舞弊产生的原因,并寻找解决之道。两年后,基于该委员会的建议,其赞助机构成立COSO,专门研究内部控制问题。

五、基于风险管理的企业内部控制阶段

📡 知识链接

查一查"安然事件"是怎么回事,看一看"9·11"事件讲的是什么,想一想"安然事件"和"9·11"事件哪个对美国的经济影响更大。它们对内部控制理论发展的贡献在哪里?为什么美国国会在2002年对民间五大协会的权力进行回收并制定《萨班斯-奥克斯利法案》(*Sarbanes-Oxley Act*,SOX法案)?

内部控制的发展经过了内部牵制、内部控制制度、内部控制结构与内部控制整体框架等几个不同的阶段。1992年COSO《内部控制——整体框架》报告受到理论界与实务界的广泛关注,被世界上许多企业采纳。同时,理论界与实务界对内部控制框架也提出了改进建议,强调内部控制框架与企业风险管理相结合。应企业风险管理的迫切需要,结合《萨班斯-奥克斯利法案》,2004年9月29日COSO正式颁布了《企业风险管理——整合框架》(*Enterprise Risk Management-Integrated Framework*,ERM框架)。

COSO对基于风险管理的内部控制进行了明确的定义:"企业风险管理是一个过程,它由一个主体的董事会、管理当局和其他人员实施,应用于战略制定并贯穿于企业之中,旨在识别可能会影响主体的潜在事项,管理风险以使其在该主体的风险容量之内,并为主体目标的实现提供合理的保证。"

📡 知识链接

内部控制与风险管理是一个事情的两个方面,正因为有风险才需要控制。

为了引导企业进一步加强内部控制,我国1999年修订的《会计法》第一次以法律的形式对建立健全内部控制提出了具体原则和要求。但从现实情况看,许多企业管理松弛、内控弱化、风险频发、资产流失、营私舞弊、损失浪费等问题还是比较突出的。随着市场经济的发展和企业环境的变化,单纯依赖会计控制已难以应对企业面对的市场风险,会计控制必须向风险控制发展。

以史为鉴——英国议会曾否决将电力、煤气引入伦敦的千家万户。

英国议会否决引入电力的理由是:"当把电通到千家万户之后,每一户人家至少都得有一个电插头,那个电插头的杀伤力绝对不可低估,简直就是现代化的杀伤性武器。如果在全伦敦、全英国普及用电,就等于是给每一个英国人,包括所有的老人、小孩、坏人、精

神病患者等,都发了一把使他们每个人都具备了把别人或者自己随便杀死的能力的武器。这实在是太可怕了!"

英国议会否决引入煤气的理由是:"如果千家万户都用煤气,肯定需要储存煤气的巨大煤气罐。把那么多个大煤气罐摆放在伦敦,那就等于放了数个巨大的'包'。任何一个国家总有一些坏人,如果这些坏人自己不想活了,一旦把巨大的'包'点着,两千多年的文明古城岂不是毁于一旦了吗?难道有谁能承担得了这个责任吗?"

教训:内部控制的宗旨是兴利除弊,兴利是要做"天使",除弊则是要驱除"魔鬼",但切忌"好心办坏事"。

英国历史上的决策失误——否决将电力、煤气引入伦敦的千家万户,就是真理走向谬误、控制变成桎梏的反面例子。

与内部控制整体框架相比,基于风险管理的内部控制存在如下创新及特点。

(一)提出了一个新的观念——风险组合观

基于风险管理的内部控制要求企业管理者以风险组合的观点看待风险,对相关的风险进行识别并采取措施使企业所承担的风险在风险偏好的范围内。对企业内每个部门而言,其风险可能落在该部门的风险容忍度范围内,但从企业总体来看,总风险可能超过企业总体的风险偏好范围。因此,应从企业总体的风险组合的观点来看待风险。

(二)增加了一类目标——战略目标,并扩大了报告目标的范畴

内部控制架构将企业的目标分为经营、财务报告和合规性三类。基于风险管理的内部控制也包含三个类似的目标,但是其中只有两个目标与内部控制架构中的定义相同,财务报告目标的界定则有所区别。内部控制架构中的财务报告目标只与公开披露的财务报表的可靠性相关,而基于风险管理的内部控制中报告目标的范围有很大的扩展,该目标覆盖了企业编制的所有报告,既包括内部报告,也包括外部报告;既包括企业内部管理者使用的报告,也包括向外部提供的报告;既包括法定报告,也包括向其他利益相关者提供的非法定报告;既包括财务信息,也包括非财务信息。此外,基于风险管理的内部控制比内部控制架构增加了一类新的目标——战略目标。该目标的层次比其他三个目标更高。企业的风险管理既应用于实现企业其他三类目标的过程,也应用于企业的战略制定阶段。

(三)提出了两个新概念——"风险偏好"和"风险容忍度"

风险偏好是指企业在实现其目标的过程中愿意接受的风险的数量。企业的风险偏好与企业的战略直接相关,企业在制定战略时,应考虑将该战略的既定收益与企业的风险偏好结合起来。风险容忍度是建立在风险偏好概念基础上的,是指在企业目标实现的过程中对差异的可接受程度,是企业在风险偏好的基础上设定的对相关目标实现过程中所出现的差异的可容忍限度。在确定各目标的风险容忍度时,企业应考虑相关目标的重要性,并将其与企业风险偏好联系起来。

(四) 增加了三个风险管理要素,对其他要素的分析更加深入,范围上也有所扩大

基于风险管理的内部控制新增了三个风险管理要素:"目标制订""事项识别"和"风险反应"。此外,基于风险管理的内部控制更加深入地阐述了其他要素的内涵,并扩大了相关要素的范围。在控制环境方面,基于风险管理的内部控制将"控制环境"扩展为"内部环境",更加直接、广泛地关注风险是如何影响企业的风险文化的。在风险评估方面,基于风险管理的内部控制建议从固有风险和控制风险的角度来看待风险;还要求注意相互关联的风险,确定单一的事项如何为企业带来多重的风险。在信息与沟通方面,基于风险管理的内部控制丰富了企业信息和沟通的内容,认为企业的信息应包括来自过去、现在和未来潜在事项的数据。

总的来讲,基于风险管理的内部控制强调在整个企业范围内识别和管理风险的重要性,强调风险管理框架必须和内部控制框架相一致,把内部控制目标和要素整合到企业全面风险管理过程中。因此,基于风险管理的内部控制是对内部控制整体框架的扩展和延伸,它涵盖了内部控制整体框架的内涵,同时也更完整、更有效。

2017 年 9 月,COSO 针对 2004 年颁布的《企业风险管理——整合框架》,又颁布了一份名为《企业风险管理——与战略和业绩的整合》(*Enterprise Risk Management—Integrating with Strategy and Performance*)的报告文件(以下简称"新 ERM 框架")。

与 2004 年旧版 ERM 框架相比,新 ERM 框架主要有以下变化。

(1) 采用了"要素+原则"式的结构。在框架结构的设计上,新 ERM 框架摒弃了原有框架中脱胎于 1992 版《内部控制——整体框架》的八要素设计,而是借鉴 2013 版《内部控制——整体框架》的结构,在五个构成元素下提炼出了 20 条原则。

(2) 简化了企业风险管理的含义。新 ERM 框架对企业风险管理的定义为:组织在创造、保持和实现价值的过程中,结合战略制定和执行,赖以进行风险管理的文化、能力和实践。

(3) 强调了风险和价值之间的关系。更新后的框架强调企业风险管理创造、保持和实现价值的角色。企业风险管理不再侧重于防止对企业价值的侵蚀事件和将风险降低到可接受的水平。相反,它被视为不可或缺的战略设定与抓住机遇来创造和保持价值的一部分。不再简单地专注于降低风险的目标,企业风险管理成为动态、管理主体整个价值链的一部分。

(4) 重新定位了企业风险管理的侧重点。新 ERM 框架中强调了将企业风险管理融入企业的所有业务流程中去。从战略目标的设定流程到经营目标的形成,再到执行过程中完成绩效的情况,企业风险管理工作不再是额外和独立的工作。企业风险管理的角色要参与组织运营,管理绩效完成过程中的风险,并最终实现组织对价值的追求。

(5) 增强企业风险管理和绩效的协同性。新 ERM 框架探索了企业风险管理工作如何识别和评估影响绩效实现的风险;通过设定可接受的绩效波动范围,新 ERM 框架中表述了绩效的变化,由此导致了经营目标下的风险概况的变化;新 ERM 框架中还强调了风险评估和风险报告不是用来生成一堆潜在风险清单,而是关注这些风险如何影响战略和商业目标的实现。

（6）明确将企业风险管理纳入决策流程。新 ERM 框架基于企业生命周期理论，分析了各个环节可能存在的风险，这些信息包括风险类型和严重程度，以及如何影响经营环境，理解识别和评估风险的基础假设，主体的风险文化和风险偏好等。新 ERM 框架将风险意识融入决策过程中，提升了决策的整体水平。

（7）说明了风险管理和内部控制的关系。新 ERM 框架表示，企业风险管理框架不是要取代或接替 2013 年发布的 COSO 内部控制框架，两个框架各不相同但互相补充，虽然两个框架都采用了"要素＋原则"式的结构，但内容大不相同。为了避免冗余，一些典型的内部控制内容在本框架中并未列示，尤其是控制活动。

（8）优化了风险偏好和容忍度的概念。新 ERM 框架重新界定了风险偏好和风险容忍度的概念，风险偏好大致保留了原来的定义，即主体在追求战略和经营目标的过程中愿意承受的风险程度。对风险容忍度不再理解为风险偏好的细化或具体化，而是用绩效的语言来表达。通过重新定义风险容忍度，可以更加明确地表示在给定的绩效目标下应该承担多少风险，组织可以清晰地看出当前绩效下可接受风险的界限。这些界限可以让组织评估绩效的变化是否在可接受的范围之内。

2008 年 12 月，西门子（Siemens AG）同意支付 4.448 5 亿美元，其三个子公司委内瑞拉、阿根廷及孟加拉国子公司各愿支付 50 万美元，以换取美国司法部免予依据《反国外贿赂法》进行起诉。同时，西门子还与美国证券交易委员会（SEC）和德国监管当局达成和解，向前者上缴 3.5 亿美元因违规而赚取的利润，向后者支付 3.95 亿欧元（约合 5.45 亿美元）因自己未有效监管公司运营的罚金，处罚总金额达到 13.45 亿美元。这是美国《反国外贿赂法》1977 年生效以来，单家公司支付的最高金额罚款。

西门子是世界上最大的电子和电气工程公司之一，它以卓越的技术成就、不懈的创新追求、出众的品质、令人信赖的可靠性和广泛的国际性，在业界独树一帜，号称"企业家的摇篮"。公司迄今已有 170 多年的历史（1847 年创建于柏林），拥有超过 30 万名员工，业务遍及 200 多个国家和地区，是世界上最大的上市公司之一。

创建于德国、具有质量和技术优势的一家百年老店和跨国公司，缘何会走上国外贿赂之路？美国的《反国外贿赂法》约束力何来？巨额罚单对我国企业内部控制建设有何启示？

一、美国《反国外贿赂法》的适用性

1977 年，美国正式出台了《反国外贿赂法》，该法的制定起源于美国 20 世纪 70 年代的"水门事件"，其后 COSO 发布的内部控制框架以及美国国会通过的 SOX 法案都可以找到 FCPA 的影子。该法旨在限制美国公司利用个人关系贿赂国外政府官员的行为，并对在美国上市公司的财会制度作出了相关规定。

美国认为，商业贿赂违背诚实商业原则，腐蚀自由市场制度，损坏美国公司的海外形象，影响对财务真实的预期和资本市场的配置功能。美国颁布的 FCPA 意在防止跨国企业在外国行贿，从而使该法具有某种程度上的域外效力。根据该法，在美国上市或有业务

的外国公司,如果在商业活动中向外国官员行贿,其行为将被定性为犯罪。2001年3月12日,西门子股票在美国纽约证券交易所(NYSE)挂牌交易,自然要适用《反国外贿赂法》。

美国司法部和SEC有权调查与处罚西门子在外国的商业行为,虽然具体执行可能需要双边司法协作,但至少可以禁止其在美国获得项目。考虑到美国司法部若要直接处罚西门子第一线负责销售的行贿人员,操作上将非常困难,而西门子如果不接受和解,就很难在美国继续开展业务,因此和解是双方所能共同接受的结果。

二、西门子的行贿路线图

从1998年9月开始,西门子股份公司和西门子阿根廷公司使用各种方法,直接或间接地向阿根廷官员行贿,从而与其形成良好关系,拿到了总计约10亿美元的认可的项目。而2001—2007年,西门子用于行贿阿根廷各部门要员的总金额约为3 126.3万美元。这些腐败案的特点是,费用均以"咨询费"和"法律费用"记在阿根廷子公司的账簿上。而这些虚假的账目内容,又记录在了西门子总部(西门子股份公司)的账簿上。在此期间,其委内瑞拉子公司实际上也贿赂了委内瑞拉官员,行贿总额至少为187.83万美元。其方式是聘请这些官员担任所谓的"商业顾问",以换取两个大城市的轨道交通项目业务,行贿方法也是通过美国的银行账户向这些"商业顾问"支付款项。其孟加拉国子公司对官员行贿至少53.19万美元,同样使用"商业顾问"之类的名义。

震惊海内外的西门子全球腐败案,也牵涉到西门子中国公司包括地铁列车和信号设备、高压传输线路、医疗设备在内的各个业务领域。西门子交通、西门子中国输变电集团和西门子医疗集团,在华皆有广泛而隐蔽的行贿行为。

美国哥伦比亚特区地方法院公布的SEC诉讼书显示,2002—2007年,西门子交通支付了约2 200万美元给设在香港的商业咨询公司和相关机构,并通过这些机构对中国官员行贿,以得到总额逾10亿美元的7个地铁列车和信号设备项目。

西门子先和这些咨询公司达成口头协议,表示在事成之后,将支付项目总价值一定百分比的金额给咨询公司;其在得到项目合同后,又再与咨询公司签订书面协议。这些非法行径均由西门子交通中国区的市场销售总监安排,并得到更高一级主管的认可,这位市场销售总监后来被提升为西门子交通中国区的副总裁。

美国的法庭文件称,西门子明显没有遵守法律,且绕过了现有的内部控制规定。西门子明知在内控审查中可能会暴露问题,从20世纪90年代中期开始,一直在做一系列系统性的工作,以伪造公司的账簿和相关记录,并通过各种方式躲避监管。

 **扩展阅读**

即测即练

第二章

内部控制基本理论

- 掌握公司治理的含义；
- 掌握公司治理与内部控制的关系；
- 熟悉企业内部控制方法；
- 理解委托代理理论；
- 了解利益相关者理论；
- 了解受托责任理论。

思考与分析

(1)《水浒传》中，水泊梁山上的财务总监是谁？梁山的内部控制做得怎么样？

(2)《红楼梦》中，贾府的财务总监是谁？贾府的内部控制做得怎么样？

(3)电视剧《潜伏》中，天津特务站的内部控制做得怎么样？存在哪些问题？

第一节　内部控制假设

资料 2-1

在进行理论研究时，首先要建立一些必要的研究假设，然后在此基础上提出一些经济现象并构建经济理论。内部控制也不例外，这门学科也是建立在一定假设基础之上的，内部控制的基本假设有控制实体假设、可控性假设、复杂人性假设和不串通假设。

一、控制实体假设

控制实体是指内部控制为之服务的特定单位或部门。控制实体由于控制主体的不同而不同，可以是企事业单位，也可以是单位内部某个部门。控制实体假设即是对内部控制活动空间范围所做的界定，并直接影响着控制对象的确定、控制目标的制订、控制责任主体的明确和控制绩效的评价等。

二、可控性假设

在确定各级控制主体的控制范围时，只有主体能够控制的对象，才能够纳入内部控制体系。各项内部控制制度都是在这一前提下建立起来的。内部控制是控制主体对控制客体所实施的控制。相对于控制主体而言,控制客体必须是可以控制的。否则,内部控制将形同虚设,因此提出了可控性假设。当然,要使内部控制系统真正可控,还是要基于一定的前提。由于组织结构的变化直接影响成员的行为,因此,控制实体或者控制实体所在的组织结构的相对稳定成为内部控制系统可控的必备条件之一。此外,控制主体是否拥有相应的控制权、所确立的控制目标是否正确、所选取的控制手段是否恰当等也会对可控性产生影响。

可控性假设为内部控制系统有效发挥作用规定了前提,直接影响内部控制要素的确定,如控制环境中的组织结构设计和权责划分,风险评估中的目标设定,信息与沟通和监控等。同时,它也为内部控制活动适用性原则和有效性原则的制定奠定了基础。

三、复杂人性假设

内部控制的实质是对人进行约束和激励的一种机制。这种机制必须建立在人性假设的基础之上。人性假设就是关于人的本质是什么的假设。1965 年,埃德加·沙因(Edgar Schein)将此前关于人性方面的观点归为三类,即理性经济人假设、社会人假设、自我实现假设。沙因在分析这些人性假设理论之后提出复杂人性假设。他认为,人性是复杂的,人们的需要与潜在欲望是多种多样的,而且这些需要会随着各种条件的变动而不断改变。

复杂人性假设认为,人是有限理性的,因此他们都具有双重人格,经济的一面导致其具有最大化自身利益的动机和机会主义倾向,道德的一面又使其具有能导致其有意识地克制私欲、纠正行为偏差的倾向。前者解释了内部控制存在的必要性,后者解释了内部控制能有效发挥作用的原因。

四、不串通假设

内部控制的核心是内部牵制,即不相容职务恰当分离。这样可以避免或减少一人单独从事和隐瞒不合规行为的机会。但是,如果两个或两个以上的人串通舞弊,则可以逃避控制,使内部控制形同虚设。这既是内部控制的局限之一,也是其建立的基本前提或假设。离开了这一假设,内部控制(特别是内部牵制)根本无法建立。

不串通假设认为,除非存在反证,任何控制实体的相关人员都不会合谋,这是对复杂人性假设的补充,是对内部控制固有缺陷的解释和补充。不串通假设为内部控制的有效性奠定了基础。因为不串通,所以两个或两个以上的人或部门无意识地犯同样错误的可能性很小,两个或两个以上的人或部门有意识地协同舞弊的可能性也大大降低,所以机构、岗位设置和权责分配能发挥积极的作用。

上述四个假设并不是孤立的,而是相互联系的。控制实体假设界定了内部控制活动的空间范围,可控性假设和不串通假设规定了内部控制有效发挥作用的前提,复杂人性假设解释了内部控制存在的必然性和合理性,它们共同对内部控制主体、客体和媒介产生作用,从而为内部控制理论研究提供支持并推动实践的发展。

第二节 内部控制方法

📖 小·故事

一、合格率检查制度

第二次世界大战期间,某公司为美国空军生产的降落伞合格率为99.9%,并认为这已是极限水平,但军方要求合格率必须达到100%。于是军方改变检查制度,每次交货前从中随机挑出几个,让厂家负责人亲自跳伞检测。从此以后,降落伞的合格率果然达到了100%。

二、付款方式

英国将澳大利亚变为自己的殖民地后,开始将大量的罪犯送往澳大利亚,这样既可以解决英国本土监狱人满为患的问题,也可以缓解澳大利亚劳动力不足。然而,英国政府雇用的私人船只运送罪犯,其罪犯死亡率非常高。英国政府想了很多办法,都无济于事。后有人提议,将运费支付方式由根据上船人数付费改为根据下船人数支付。新政策一出炉,罪犯死亡率立刻大幅下降。

三、粥的分配制度

7个人住在一起,每天分一桶粥,粥每天都不够吃。一开始,他们抓阄决定谁来分粥,每天轮一次。结果每个人每周中只有自己分粥的那天能吃饱。后来,他们推选出一个公认道德高尚的人来分,结果大家挖空心思去讨好他,互相勾结,搞得整个小团体乌烟瘴气。再后来,大家推选分粥委员会及评选委员会,结果大家互相攻击,扯皮现象盛行,粥还未吃到嘴里就全凉了。最后,他们想出一个方法:轮流分粥,但分粥的人要等其他人都分完后拿最后一碗。为了不让自己吃到的最少,每个人分粥时都尽量分得平均。

四、笔记本电脑管理

在华为公司,办公电脑曾经因携带方便而长期被过度私用,结果导致电脑使用寿命大幅缩短。为了避免过度使用,华为公司想到一个办法:笔记本电脑配发4年后赠送给员工。这样一来,员工知道电脑4年后是自己的,使用时都很爱惜。

内部控制是形成一系列具有控制职能的方法、措施、程序并予以规范化和系统化,使之成为一个严密的、较为完整的体系。内部控制的基本方法主要有不相容职务分离控制、授权审批控制、会计系统控制、财产保护控制、预算控制、运营分析控制、绩效考评控制。

一、不相容职务分离控制

所谓不相容职务,就是指那些如果由一个人担任,既可能发生错误和舞弊行为,又可能掩盖其错误和舞弊行为的职务。不相容职务一般包括:授权批准与业务经办,业务经办与会计记录,会计记录与财产保管,业务经办与稽核检查,授权批准与监督检查等。对于不相容职务,如果不采取相互分离的措施,就容易发生舞弊等行为。不相容职务分离的核心是"内部牵制",因此,单位在设计、建立内部控制制度时,首先应确定哪些岗位和职务是不相容的;其次要明确规定各个机构和岗位的职责权限,使不相容岗位和职务之间相互监督、相互制约,形成有效的制衡机制。

二、授权审批控制

授权审批是指单位在办理各项经济业务时,必须经过规定程序的授权批准。授权审批形式通常有常规授权和特别授权之分。常规授权是指单位在日常经营管理活动中按照既定的职责和程序进行的授权,用于规范经济业务的权力、条件和有关责任者,其时效性一般较长。特别授权是指单位对办理例外的、非常规性交易事件的权力、条件和责任的应急性授权。单位必须建立授权审批体系,明确以下几个方面。

(1)授权审批的范围。

(2)授权审批的层次。

(3)授权审批的程序。

(4)授权审批的责任。

单位对于重大业务和事项,应当实行集体决策审批或者联签制度,任何个人不得单独进行决策或者擅自改变集体意见。

三、会计系统控制

会计作为一个信息系统,对内能够向管理层提供经营管理的诸多信息,对外可以向投资者、债权人等提供用于投资等决策的信息。会计系统控制主要是通过对会计主体所发生的各项能用货币计量的经济业务进行记录、归集、分类、编报等而进行的控制。其内容主要包括以下几个方面。

(1)依法设置会计机构,配备会计从业人员。从事会计工作的人员必须取得会计从业资格证书,会计机构负责人应当具备会计师以上专业技术职务资格。大中型企业应当设置总会计师或者财务总监。设置总会计师或者财务总监的单位,不得设置与其职权重叠的副职。

(2)建立会计工作的岗位责任制,对会计人员进行科学合理的分工,使之相互监督和制约。

(3)按照规定取得和填制原始凭证。

(4)设计良好的凭证格式。

(5)对凭证进行连续编号。

(6)规定合理的凭证传递程序。

(7)明确凭证的装订和保管手续责任。

(8)合理设置账户,登记会计账簿,进行复式记账。

(9)按照《会计法》和国家统一的会计准则制度的要求编制、报送、保管财务报告。

四、财产保护控制

财产保护控制主要包括以下几个方面。

(1)财产记录和实物保管。关键是要妥善保管涉及资产的各种文件资料,避免记录受损、被盗、被毁。对重要的文件资料,应当留有备份,以便在遭受意外损失或毁坏时恢复,这在计算机处理条件下尤为重要。

（2）定期盘点和账实核对。它是指定期对实物资产进行盘点,并将盘点结果与会计记录进行比较。盘点结果与会计记录如不一致,可能说明资产管理上出现错误、浪费、损失或其他不正常现象,应当分析原因、查明责任、完善管理制度。

（3）限制接近。它是指严格限制未经授权的人员对资产的直接接触,只有经过授权批准的人员才能接触该资产。限制接近包括限制对资产本身的接触和通过文件批准方式对资产使用或分配的间接接触。一般情况下,对货币资金、有价证券、存货等变现能力强的资产必须限制无关人员的直接接触。

五、预算控制

预算控制的内容涵盖了单位经营活动的全过程,单位通过预算的编制和检查预算的执行情况,可以比较、分析内部各单位未完成预算的原因,并对未完成预算的不良后果采取改进措施,确保各项预算的严格执行。在实际工作中,预算编制不论采用自上而下或自下而上的方法,其决策权都应落实在内部管理的最高层,由这一权威层进行决策、指挥和协调。预算确定后由各预算单位组织实施,并辅之以对等的权、责、利关系,由内部审计部门等负责监督预算的执行。预算控制的主要环节有以下几个。

（1）确定预算的项目、标准和程序。

（2）编制和审定预算。

（3）预算指标的下达和责任人的落实。

（4）预算执行的授权。

（5）预算执行过程的监控。

（6）预算差异的分析和调整。

（7）预算业绩的考核和奖惩。

六、运营分析控制

运营分析控制要求单位建立运营情况分析制度,管理层应当综合运用生产、购销、投资、融资、财务等方面的信息,通过因素分析、对比分析、趋势分析等方法,定期开展运营情况分析,发现存在的问题,及时查明原因并加以改进。

📡 知识链接

请在网上自查哈药集团三精制药有限公司(以下简称"三精制药")的故事,三精制药广告支出占营业收入的比例一直很高。2009—2014 年广告支出分别为 4 亿元、4.61 亿元、5.1 亿元、5.6 亿元、4.31 亿元和 2.6 亿元,合计占营业收入比例为 12.4%～15.4%。与广告支出截然不同的是历年的研发支出。三精制药历年年报显示,2010—2013 年,研发费用分别为 0.18 亿元、0.29 亿元、0.28 亿元、0.27 亿元。而相关数据表明,2013 年我国上市制药公司的研发支出平均值为 0.68 亿元,显然三精制药的研发费用离平均值还有相当一段距离。三精制药的管理费用中的会议费也十分惊人,2010 年会议费用为 6 849 万元,但到了 2012 年,仅仅过了两年时间,会议费已经达到 1.68 亿元。

七、绩效考评控制

绩效考评控制要求单位科学设置考核指标体系,对单位内部各职能部门和全体员工的业绩进行定期考核和客观评价,并将考评结果作为确定员工薪酬以及职务晋升、评优、降级、调岗和辞退等的依据。

资料2-2

此外,常用的控制方法还有内部报告控制、复核控制、人员素质控制等。

知识链接

(1)乔彦军发表在《财会学习》上的系列"看《潜伏》话内控:莫把家法当儿戏、吃饭算什么任务、那不是露水红颜、这枪号挂在哪儿、我不认识李海丰、会背保密守则吗"。

(2)乔彦军发表在《审计与理财》上的系列"品红楼说内控:事无专执多推诿、运筹谋划保永全、心中眼中尽职责、南院马棚走了水、万不可如此奢靡、寅年用了卯年的、钱费两起丢一半、秦家婆偷仓盗库、她卖了可以度日、我替妹妹配丸药、多少工夫筑始成、王子腾累上保本、园子有人包了去、命彩明定造簿册、拿钱来另买另添、按例写了文约来、把账留下细看看"。

(3)五篇文章"《红楼梦》中的内部控制思想初探""浅析《红楼梦》中的内部控制现象""从红楼梦中学习企业内部控制和公司治理""从《红楼梦》的兴衰看企业内部控制""从内部控制角度看贾府的衰败——《红楼梦》所反映的内控思想探析"。

(4)朱荣恩发表在《中国审计》上的系列关于"内部控制方式"的文章。

第三节　公司治理下的内部控制

思考与分析

(1)俗话说:"一个和尚挑水喝,两个和尚抬水喝,三个和尚没水喝",请问:三个和尚在什么情况下才有水喝?

(2)富兄弟为什么烦恼?穷兄弟为什么快乐?"富兄弟的烦恼和穷兄弟的快乐"告诉我们什么道理?为什么现实中大家都能"共患难",而不能"共富贵"?

一、公司治理理论

公司治理有狭义和广义之分。狭义的公司治理,是指所有者(主要是股东)对经营者的一种监督与制衡机制,即通过一种制度安排来合理地界定和配置所有者与经营者之间的权利及责任关系。公司治理的目标是保证股东利益的最大化,防止经营者与所有者利益的背离。其主要特点是通过股东大会、董事会、监事会及经理层所构成的公司治理结构的内部治理。广义的公司治理是指通过一整套包括正式或非正式的、内部或外部的制度来协调公司与所有利益相关者之间(股东、债权人、职工、潜在的投资者等)的利益关系,以保证公司决策的科学性、有效性,从而最终维护公司各方面的利益。

知识链接

智猪模型讲的是,在一个长方形猪圈里有两头猪,一头是大猪,一头是小猪,猪圈一边有个猪槽,另一边有个按钮,只有按一下另一边的按钮,这边的猪槽才会有食物。现在的问题是大猪去按还是小猪去按,还是一起去按?智猪模型借助博弈论分析了该决策,分析结论有力地解释了公司治理的大股东监督、小股东"搭便车"的行为现象。

常见的公司治理理论有如下几种。

(一)委托代理理论

委托代理关系是企业内部分工的具体体现形式,现代企业有两个层次的委托代理关系。第一个层次是资本所有者与经营管理者之间的委托代理关系,主要表现为股东大会与董事会间的委托代理关系,以及董事会与高层管理者间的委托代理关系;第二个层次是经营管理者与员工的委托代理关系,主要表现为高层管理者将具体的生产经营活动委托给中层管理人员和一线员工来操作与执行。

由于代理人的投机和自利心理,与此同时委托人与代理人之间存在信息不对称,代理问题无法回避。为了提高企业运营效率,更好地实现企业的目标,现代企业运用公司治理与内部控制两个工具来克服代理问题,以减少代理成本。公司治理解决资本所有者与经营管理者间的代理问题,如董事会、监事会以及对高层管理者的约束和激励;内部控制解决高层管理者与中层管理者、员工之间的代理问题,如组织结构控制、授权审批控制等。因此,在委托代理理论下,公司治理与内部控制具有相同的性质,都是企业为了克服委托代理问题而形成的制度安排。

(二)不完全契约理论

委托代理理论有两个前提:第一,契约是完全的;第二,契约的签订和执行不需要支付费用。但是在实际中,契约不仅是不完备的,还存在交易成本。

现代公司由一系列不完全契约构成,这些契约约束着企业的各种交易行为。例如,公司治理概括地规定了股东大会的召开、职责,董事会、监事会的职能、权责,及其与高层管理者的关系,但是却没有关注可能发生的各种情况,更不用说情况出现后应如何处理的问题。现代企业面临的政治经济环境日益复杂、生产经营方式日益多样,企业内部的各个行为人常会遇到契约未曾约定的事项,这就需要制定各种补充契约来明确不同具体情况下行为人的权利、责任,来应对突发情况。如果公司治理是一种不完全契约,那么内部控制可以看成补充契约,旨在弥补契约的不完备性,实现公司节约交易成本的比较优势。因此,内部控制和公司治理存在着互补的关系。

(三)利益相关者理论

企业的目的不能仅限于股东权益最大化,而应同时考虑企业其他参与人包括职工、经理、债权人、供应商、用户以及所在社区的利益。

首先,高管在公司治理层面下,作为人力资本所有者承担了一定的风险,在有股权激励的情况下作为资本所有者更拥有一定的风险报酬,因此高管的利益与企业的利益密切关联。作为领导策划者,高管在内部控制层面下,便有动力去加强、去完善,以保证企业价值的保值增值。其次,员工在公司治理层面下,投入自己专用的、通用的劳动力,企业一旦破产就将面临失业,他们的利益与企业息息相关。作为实施监督者,员工在内部控制层面下,便有动力去维护有效的内部控制,保证企业正常运转。最后,债权人、政府、潜在投资者等,为了作出正确的决策,需要了解企业运营的真实情况。有效的内部控制保证了企业对外报告的真实性,因此,其他利益相关者也有动力督促企业完善内部控制。公司治理好的企业,各相关利益者一定要求企业拥有有效的内部控制。

(四)受托责任理论

受托责任是内部控制产生的动因之一。当某人接受委托代表其他人管理其财产或进行商业交易时,则认为他与财产受益人或商业受益人建立了受托关系,承担了受托责任。

在内部控制层面下,高层管理者不可能亲自作出所有的决策,他会把某些权力下放给下属,下属再进一步授权,从而形成一个受托责任链条,链条上的每个控制点,构成了庞大的内部控制体系。在公司治理层面下,一方面,资本所有者将财产授权给经营管理者运营,并授予其使用、处置财产的权限;另一方面,经营管理者作为合法的受托人,自主支配财产,对日常运营活动实施决策和领导,并直接对资本所有者承担受托责任,保护资产的安全与完整,加强经营管理,提高经济效益,向资本所有者提出业绩报告。可以说,内部控制本身体现了受托责任理论,而且经营管理者在公司治理的约束下,必然会运用内部控制这个工具来承担对资本所有者的受托责任。

📡知识链接

请在网上自查中联重科(000157)的故事,分析中联重科是如何通过建立多元平衡的股权架构和专业高效的董监事会来促进自身的高质量发展的。

二、公司治理与内部控制的关系

内部控制和公司治理既存在差异,又相互影响、相互促进。内部控制是管理当局为履行管理目标而建立的一系列规则、政策和程序,与公司治理密不可分。理论、实践界普遍的观点是:内部控制是内部管理的重要组成部分,公司治理是公司制度的核心内容。有效的内部控制制度是实现公司经营和发展目标的有效保障,合理的公司治理结构是提升经营效率和效果的基本前提。

(一)内部控制与公司治理的区别

内部控制是由董事会、经理层和其他员工实施的,为经营的效率与效果、财务报告的可靠性、相关法令的遵循性等目标达成而提供合理保证的过程。建立并维持恰当的内部控制,是管理当局受托责任的重要部分。内部公司治理或法人治理结构,内部监控机制,是由股东大会、监事会和经理层等组成，用于约束和管理经营者行为的控制制度，治理机制有董事会选举规则及程序、代理人之争、外部董事、报酬激励机制、董事会与经理层的权力分配等；外部公司治理或外部监控机制，是通过竞争的资本、经理、产品、兼并等外部市场和管理体制对企业管理行为实施约束的控制制度。

1. 所处层面和解决的问题各不相同

内部控制是管理当局为确保财产安全完整、提高会计信息质量、实现经营管理目标，建立并实施的具有控制职能的措施与程序。内部管理制度，是对生产经营和财务报告产生过程的控制，是内部管理问题，用于解决管理当局与下属的管理控制关系。其目标是保证会计信息真实可靠，防止舞弊行为的发生。内部控制是在公司治理解决股东、董事会、监事会、经理层的权责利划分后，管理当局为保证履行受托责任，作出的面向次级管理人员和员工的控制。内部公司治理是由所有者、董事会、监事会和经理层组成的制衡关系，用于约束经营者行为的控制制度。公司治理解决的是股东、董事会、经理层及监事会权责利划分的制度安排问题，多为法律层面的问题。

2. 委托代理层次各有不同

内部控制，基于管理当局、管理人员和一般员工的分层委托代理关系而产生，主要防止导致经营无效率和无效果的行为；公司治理，基于所有者与管理者的委托代理关系而产生。当前，公司治理虽无最佳规则，一些公司治理机制实际是公司自身行为，但在某种程度，公司治理受到公司法及证券监管法规等制约。法律只原则性规定应建立健全内部控制制度，未做具体规定。建立内部控制制度并保障顺利运行是管理当局的责任，并对具体控制方法和程序仅提出指南。

3. 目标各有不同

内部控制的目标是实现企业目标，提高经营效率和效果是内部控制的基本目标，预防错弊是为保障企业目标的实现。内部控制的根本作用在于衡量和纠正人员活动，保证事态发展符合计划。内部控制要求按目标和计划评价业绩，找出消极偏差，采取改进措施，提高经营效率和效果，保证实现企业既定目标。公司治理的目标是在股东大会、董事会、监事会和经理层合理配置权限，公平分配利益和职责，建立激励、监督和制衡机制，实现所有者、管理者和其他利益相关者的制衡。

（二）内部控制和公司治理的联系

公司治理是促使内部控制有效运行、保证内部控制功能发挥的前提和基础，是实行内部控制的制度环境；内部控制则在公司治理中担当内部管理监控系统的角色。健全的内部控制是完善公司治理的重要保证，有利于保护投资者和其他利害相关者利益；完善的公司治理，是内部控制有效运行的保证。内部控制能否有效运行，与公司治理完善程度直接相关。只有在完善的公司治理环境中，良好的内部控制系统才能发挥作用。

1. 内部控制框架和公司治理是内部管理监控系统与制度环境的关系

内部控制作为公司治理系统的制约机制，建立在整个公司治理环境内，并随环境变化不断完善。公司治理结构是内部控制的环境和前提，建立内部控制的首要因素，即控制环境是内部控制系统的基石，法人治理结构不健全，必然缺乏有效的监督机制，内部控制制度形同虚设;法人治理结构完善,内部控制制度则对实现既定的经营和发展目标具有积极的推动作用。

2. 产生的基础都是委托代理关系

公司治理结构是在所有权和经营权分离基础上产生的委托代理关系契约;内部控制作为系统的制约机制,实施所有者对经营者及经营者对经营过程的控制,根源是所有者与经营者及上、下级的代理行为,目标是降低代理成本,提高经营效率和效果。有效的委托代理关系,实现所有权和经营权分离,指经理层在董事会授权范围内自主决策,管理经营活动。为此,健全公司治理结构,实现经营目标,保障所有者利益,降低代理成本;形成对经理层的有效监督和激励机制,保障所有者利益,减少投资者因经理层的自利行为而蒙受损失。

3. 都重视权责利分配和组织结构建设

公司治理结构内涵显示:健全完善的治理结构关键在于股东大会、董事会、经理层和监事会,即法人治理结构的健全,相互间的权力、责任和利益明确,以形成有效制衡的机制。而组织结构建设和权责利分配是内部控制中控制环境的重要内容,关键是职责划分和授权控制,明确各部门、岗位员工职责与公司治理结构要求相一致。

4. 都遵循相互牵制、相互制衡的原则

内部牵制是内部控制的基本原则,也是内部控制的基本内容。事实上,早期的内部控制概念就是内部牵制。完善公司治理目标,就是建立董事会、监事会、经理层等利益相关者相互牵制、相互制衡的关系。因此,法人治理也可视为广义的内部控制机制,即从管理者角度出发,对生产经营过程实施控制;从所有者角度出发,对包括管理者在内实施监控的控制体系。

5. 都统一于实现企业目标

内部控制目标在于:建立有效的内部组织结构,形成科学的决策、执行和监督机制,确保实现经营目标;建立有效的风险控制系统,强化风险管理;堵塞漏洞、消除隐患,防止并及时发现和纠正欺诈、舞弊行为;规范会计行为,提高会计信息质量;贯彻执行国家有关法律和企业内部规章制度。公司治理目标在于:确保公司正常运行和恰当经营;防止董事、经理等代理人损害股东利益,使董事会能提供真实、公平的财务业绩;实现公司利润和股东利益的最大化。

三、公司治理下的内部控制相关角色

公司治理下的内部控制角色主要如下。

(一) 董事会

董事会是公司的常设权力机构,向股东大会负责,实行集体领导,是股份公司的权力机构和领导管理、经营决策机构,是股东大会闭会期间行使股东大会职权的权力机构。对外是公司进行经济活动的全权代表,对内是公司组织、管理的领导机构。董事会由股东大会选出的董事组成。董事一般由本公司的股东担任,也有的国家允许有管理专长的专家担任董事,以利于提高管理水平。

董事会在内部控制中的重要职责表现为：科学选择恰当的管理层并对其进行监督；清晰了解管理层实施有效的风险管理和内部控制的范围；知道并同意单位的最大风险承受能力；及时知悉最重大的风险以及管理层是否恰当地予以应对。董事会负责单位内部控制的建立健全和有效实施。

(二)审计委员会

审计委员会是董事会设立的专门工作机构，主要负责公司内、外部审计的沟通、监督和核查工作。审计委员会的主要职责包括：审核及监督外部审计机构是否独立客观及审计程序是否有效；就外部审计机构提供非审计服务制定政策并执行；审核公司的财务信息及其披露；监督公司的内部审计制度及其实施；负责内部审计与外部审计之间的沟通；审查公司内部控制制度，对重大关联交易进行审计。

审计委员会的主要目标是督促提供有效的财务报告，并控制、识别与管理许多因素给公司财务状况带来的风险。公司面临的风险涉及竞争、环境、财务、法律、运营、监管、战略与技术等方面。审计委员会本身无法监管这些风险，应该由各方(包括董事会及其他委员会)合作。

审计委员会负责人应当具备相应的独立性、良好的职业操守和专业胜任能力。

(三)管理层

管理层直接对一个单位的经营管理活动负责。总经理在内部控制中承担重要责任，其职责包括：为高级管理人员提供领导和指引；定期与主要职能部门(营销、生产、采购、财务、人力资源等部门)的高级管理人员进行会谈，以便对他们的职责，包括他们如何管理风险等进行核查。管理层负责组织领导单位内部控制的日常运行。

(四)风险管理部门

风险管理部门及其人员的职责包括：建立风险管理政策；确定各业务单元对于风险管理的权利和义务；提升整个单位的风险管理能力；指导风险管理与其他经营计划和管理活动的整合；建立一套通用的风险管理语言；帮助管理人员制定风险管理报告规程；向董事会或管理层等报告单位风险管理的进展和暴露的问题。

(五)财务部门

单位的财务活动应当贯穿单位经营管理全过程。财务部门负责人在制订目标、确定战略、分析风险和作出管理等决策时应扮演一个关键的角色。管理层应当赋予财务部门及其负责人参与决策的权力，并支持其关注经营管理的更广范畴，局限财务负责人的关注领域和知悉范围，会削弱、制约单位的管理能力。

(六)内部审计部门

内部审计部门及其人员在评价内部控制的有效性，以及提出改进建议方面起着关键作用。单位应当授予内部审计部门适当的权力以确保其审计职责的履行；对内部审计部门负责人的任免应当慎重；内部审计部门负责人与董事会及其审计委员会应保持畅通沟通；应当赋予内部审计部门追查异常情况和提出处理处罚建议的权力。

（七）单位员工

所有员工都在实现内部控制中承担相应职责并发挥积极作用。管理层应当重视员工的作用，并为员工反映诉求提供信息通道。

四、公司治理下的内部控制制度建设

思考与分析

（1）党的十四届三中全会将建立现代企业制度凝练为16个字，即"产权清晰、权责明确、政企分开、管理科学"，请问：什么是现代企业制度？

（2）公司治理和内部控制是一个概念吗？它们之间有何区别？

安然在破产的前一天，员工和以往一样上班，供应商和以往一样供货，客户和以往一样购买安然的产品，这一奇怪现象说明了什么？

（3）怎样理解"治理是'神仙打架'，内控解决不了公司治理的问题"这一命题？

（一）完善公司治理

公司治理是内部控制的重要影响因素，从公司治理的角度完善内部控制制度，需要从如下几个方面进行。

1. 加强董事会建设

完善公司治理的核心，是建立股东大会、董事会、监事会与经理层间相互制衡的关系。其中，建立健全董事会功能是内部控制的关键；董事会连接所有者和经营者，是内部控制的最高层次。完善董事会，应做到董事长与总经理分设、董事会与总经理层分设，提高董事会成员中外部董事比例，减少内部人和大股东控制现象。只有真正完善董事会功能，才能切实健全公司治理结构、增强董事会的独立性、维护股东权益、降低代理成本，同时，在董事会下设主要由外部董事组成的审计委员会，对内部控制、会计信息质量和注册会计师使用等进行评估和监督。

2. 控制"内部人控制"现象

保证所有者在位是控制"内部人控制"的根本措施，关键是使董事会成员真正代表股东利益，而不是"内部人"的一分子。从完善公司治理出发，完善内部控制环境，防止少数人操纵公司经营和财务报告系统。

3. 推进内部控制外化进程

内部控制不仅靠公司内部治理来完善，也要靠公司外部治理来提高独立性和透明度。在外部治理机制中，财政部等五部委发布的基本规范，从政府角度规范内部控制系统，体现了政府对内部控制的外化要求。

(二) 完善内部控制

1. 以"信息"为治理控制手段

早期经济控制理论,以信息和控制的观点来系统分析经济领域。当前,企业虽存在针对信息的规章制度和审计检查,却尚未系统、完整地建立基于信息的内部控制,信息的阻塞与滞后屡致执行力不足、决策失误。因此,应建立畅通的信息通道,实现上、下级和各部门间的交互控制,使企业获得整体流畅的管理与控制。

2. 确保内部审计的独立性

内部会计控制制度要切实得到执行,取得良好效果,应施以恰当监督,而内部审计则是最主要的监督方式。因此,应确立内部审计在监督、检查内部会计控制中的独立地位,实现由事后监督向事中、事前监督的转变,加强日常、过程监督,及时回馈监督、评价结果,协助制定内部控制制度。

3. 建立有效的激励机制

为保证内部控制制度有效实施并不断完善,应定期对内部控制制度执行情况进行检查与考核,评价执行过程与效果,进而调整有关控制环节与措施。对严格执行内部控制制度的,应予以鼓励和奖励;对违规违章的,坚决予以处分和处罚。

4. 着力强化外部监督

因种种原因,内部审计的独立性较弱,需借助财政、税务等外部力量,形成监督合力。注重监督内部控制制度,加大执法力度,发挥注册会计师作用,独立、客观、公正地评价内部控制体系,监督企业设计、实施内部控制制度。建立健全内部控制,提升经营效率和效果,防止舞弊行为。尤其应当加强权责分派和授权控制、内部报告、内部审计和预算控制制度,促进公司治理。

中国航油(新加坡)股份有限公司(China Aviation Oil,以下简称"中航油新加坡公司")成立于1993年,是中央直属大型国企中国航空油料控股公司(以下简称"集团公司")的海外子公司,因成功进行海外收购被赞誉为"买来个石油帝国"。2003年峰值时,公司净资产超过1亿美元、总资产近30亿元。公司净资产从1997年起步时的21.9万美元,增长了700多倍,一跃成为资本市场的明星。

2003年下半年,中航油新加坡公司取得集团公司授权,开始做油品套期保值业务。公司总裁陈久霖擅自扩大业务范围,从事石油衍生品期权交易。2003年年底至2004年,中航油新加坡公司错误判断了油价的走势,调整交易策略,卖出看涨期权,并买入看跌期权,导致5.54亿美元的巨额亏损。

一家在新加坡被誉为最具透明度的上市公司,却因从事投机业务造成5.54亿美元的巨额亏损;一个被评为2003年度"亚洲经济新领袖"的"奇才",却沦为千夫所指的罪魁祸首。

普华永道认为,导致中航油新加坡公司深陷巨额亏损的根本原因是其内部控制制度存在缺陷,具体表现在以下几个方面。

一、内部人控制

尽管中航油新加坡公司聘请了国际著名的安永会计师事务所为其制定了一系列内部控制制度及风险管理制度,但在"强人治理"的文化氛围中,内控制度的威力荡然无存,这是中航油新加坡公司事件发生的根本原因。从公司股权结构看,集团公司"一股独大",股东会中没有对集团公司决策有约束力的大股东,众多分散的小股东只是为了获取短期投资收益,对重大决策基本没有话语权;绝大多数董事是中航油新加坡公司和集团公司的高管,而董事边缘化,缺乏对重大决策的制约。对期货交易这一重大事项,向投资者隐瞒交易损失并虚报盈利、擅自扩大期货交易范围等欺诈违规行为,以及与期货交易相关的内部控制形同虚设等问题,中航油新加坡公司的董事和审计委员会没有向董事会与交易所提出报告,监事会不过是装饰性的"花瓶"。

二、法治观念淡薄

2004 年 10 月 10 日,中航油新加坡公司向集团公司报告期货交易将会产生重大损失,中航油新加坡公司、集团公司和董事会没有向董事、外部审计师、新加坡证券交易所和社会机构投资者及小股东披露这一重大信息,反而在 11 月 12 日公布的第三季度财报中仍然谎称盈利。

三、管理者素质较低

管理者素质不仅指知识与技能,还包括操守、道德观、价值观、世界观等,管理者素质直接影响到企业的行为,进而影响到企业内部控制的效率和效果。陈久霖的最大弱点就是赌性太重,花了太多的时间和精力在投机交易的博弈上,把现货交易看得淡如水;其次就是盲目自大,对衍生产品的潜在金融风险认识不足。

四、另类企业文化严重

从表面上看,中航油新加坡公司有符合国际惯例的治理结构和内部控制制度,但缺乏使治理结构和内部控制制度良性运行的现代法治精神。外部监管乏力、内部治理结构不健全,尤其是以董事会虚置、国企管理人过度集权为特征的国企组织控制不足问题,并最终导致制度流于形式,其管理还是"一把手"一个人说了算。

中航油新加坡公司采用了世界最先进的风险管理软件系统,通过环环相扣、层层把关的制衡措施,来强化公司的风险管理,使风险管理日常化、制度化。内部的《风险管理手册》规定了各级管理人员的权限和相应的审批程序,通过联签的方式降低使用的风险。但在如何保证制度实施方面,却缺乏应有的措施,也没有及时的事后补救机制,最终沦为中看不中用的摆设。

资料来源:刘华.中航油新加坡公司内部控制案例分析[J].上海市经济管理干部学院学报,2008,6(3):16-20.

扩展阅读

即测即练

第三章

我国企业内部控制基本框架

- 掌握我国企业内部控制的目标;
- 掌握我国企业内部控制的原则;
- 熟悉我国企业内部控制规范的框架体系;
- 熟悉企业内部控制基本规范的主要内容;
- 了解我国内部控制基本规范的出台背景。

知识链接

　　苏龙飞在《股权战争》一书中以公司股权结构的变化为主线,讲解了 17 家公司的股权纷争。民企融资上市,会遭遇陌生的资本方,遭遇创业伙伴的想法分歧,甚至会遇到家事变故的侵扰。面对不熟悉的规则世界,创始人江湖老大的心态、把董事会开成家长会的习惯思维,使其和投资人往往不在一个平台思考,也不在一个平台说话,诸多残酷的股权战争由此而生。这也是中国民企发展至今的必经过程。创投之间的争端跃上报端已非罕见。激烈冲突的结果,有的是创始人黯然离场——新浪王志东另起炉灶,太子奶李途纯净身出户,土豆网王微出局;创始人重获企业控制权也不乏其事——娃哈哈宗庆后驱逐了达能,阿里巴巴马云重获控股权,雷士照明吴长江再次回归……在此期间,企业本身也受到了深浅不一的伤害。

　　10 年前,有人败在了英雄主义上,诗人气质带来了无限的创业激情,而泛滥的热情却使得企业策略过分感性;10 年后,有人败在了集权制度上,个人能力的强大使企业被治理得完美无瑕,但疏忽与不信任却导致没有人能够继任。10 年前,有人败在了营销策略上,简单直接的理念一针见血,以朴素的商品瞬间席卷大江南北,可是缺乏深度的思考与过度的自信却让这种成功无以为继。10 年后,有人败在了资本运作上,弹指间上亿资本的入账,建立了一座座光芒万丈的帝国。不过由于没有实业的积淀,又是弹指间,这些帝国就成为让人咋舌的烂账。

　　"成也萧何,败也萧何。"我们在艳羡他们得天独厚的历史机遇时,却也越发认识到"来得快,去得也快"的朴素真理。容易做不成大事情,修身做人尚且如此,何况治国平天下。

　　1981 年,当有点口吃的杰克·韦尔奇(Jack Welch)被任命为 GE(通用电气)新总裁后,他跑到洛杉矶附近的一个小城市去拜访当世最伟大的管理学家彼得·德鲁克,他问的第一个问题就是:"我怎么控制 GE 下面的上千家公司?"

一切伟大的治理都是从学习内部控制开始。

第一节 我国企业内部控制的建设历程

知识链接

为什么领导不愿意举荐你？可能因为你不懂感恩、能力平平、人品欠缺等。毕竟,在辨人、识人中,领导往往比常人更具慧眼,更能清晰地知晓感恩图报、出类拔萃、尊长爱幼等因素在衡量一个人时的重要性。不管你是在体制内还是在体制外,要想深得上级赏识,实现自我价值,都必须注重全面发展,让领导放心、让大家满意,才能让自己成功!

资料3-1

思考与分析

大家都知道,单位内部控制制度繁多且复杂,审批制度是内部控制制度中不可或缺的一部分,如"一支笔"审批、集体联签制度,"三重一大"制度及"单位主要负责人不能直接管财务"等。请分析这些控制制度各自的优缺点。

我国内部控制制度首先正式应用于银行的管理系统。随着证券市场的发展,上市公司内部控制制度成为我国企业内部控制的关注点,但企业内部会计控制一直是我国内部控制的核心。在我国经济建设过程中,注册会计师审计服务对加强企业内部控制具有审核和指导作用。财政部会同证监会、审计署、银监会、保监会五部委发布了《企业内部控制基本规范》以及相关配套指引,标志着我国"以防范风险和控制舞弊为中心、以控制标准和评价标准为主体,结构合理、层次分明、衔接有序、方法科学、体系完备"的企业内部控制标准体系建设目标基本实现。

一、我国内部控制理论和实务的发展

我国内部控制制度的发展源于20世纪90年代,主要由政府、证券监督管理机构和行业监督机构等制定的有关法律法规、指引等所推动。这些法律法规、指引可分为以下三个层次。

第一个层次是全国人大和财政部颁布的一些法律法规。1996年颁布的《独立审计具体准则第9号——内部控制与审计风险》,1999年修订的《会计法》和财政部在2001年以后陆续发布的有关规范文件《内部会计控制规范——基本规范(试行)》《内部会计控制规范——货币资金(试行)》《内部会计控制规范——采购与付款(试行)》《内部会计控制规范——销售与收款(试行)》等都属于这一层次。这些法律法规的出台对于中国企业关于内部控制概念的植入起到了一定的积极作用。

第二个层次是中国证监会的有关规定。作为证券公司、投资基金公司的监管机构,中国证监会出台了《公开发行证券的公司信息披露编报规则》,要求商业银行、保险公司、证券公司必须建立健全内部控制,对内部控制的完整性、合理性和有效性作出说明,并于

2001 年发布《证券公司内部控制指引》，要求证券公司健全内部控制机制，完善内部控制，以规范公司经营行为。而 2006 年发布的《首次公开发行股票并上市管理办法》第 29 条规定，发行人由 CPA（注册会计师）出具无保留结论的内部控制鉴证报告，这是证监会首次对上市公司内部控制提出具体要求。这一层面虽然针对的只是以证券类公司为主，但已经将内控的概念逐步完善，和国际内控框架的概念趋同。

第三个层次是各行业的监管机构对本行业颁布的内控文件。如中国人民银行于 1997 年发布《加强金融机构内部控制的指导原则》，国务院国有资产监督管理委员会（以下简称"国资委"）于 2006 年发布《中央企业全面风险管理指引》。同样在 2006 年，沪、深两地的证交所分别发布了《上海证券交易所上市公司内部控制指引》和《深圳证券交易所上市公司内部控制指引》来规范上市公司内部控制的制定和实际操作。

我国内部控制理论及法规建设历程大致可以分为改革开放引导下的起步阶段、亚洲金融危机影响下的调整提高阶段和 SOX 法案推动下的系统完善阶段三个阶段。

（一）改革开放引导下的起步阶段

改革开放初期，我国经历了内部控制的缺失。在以"放权让利"为重点的改革中，企业经营自主性空前提高。改革释放出巨大的生产力，使政府和企业将注意力集中在调动员工积极性和企业利润的增长上，管理层没有进行企业内部控制的意识，也无暇制定内部控制制度。

改革开放后，经济模式由传统的计划经济向市场经济转变，企业开始实行自主经营、自负盈亏。人们开始将注意力从企业外部转向企业内部，内部控制逐渐走进了管理层的视野里。我国对内部控制的规定始于 1985 年 1 月颁布的《会计法》。其中规定：会计机构内部应当建立稽核制度。出纳人员不得兼管稽核、会计档案保管和收入、费用、债权债务账目的登记工作。1985 年《会计法》对会计稽核所作出的规定，是我国首次在法律文件上对内部牵制提出的明确要求。随着改革的深入和我国经济的迅猛发展，企业会计工作已经脱离了计划经济时代的模式。为适应企业会计的需要，加强会计基础工作，建立规范的会计工作秩序，1996 年 6 月，财政部颁发了《会计基础工作规范》，对会计基础工作的管理、会计机构和会计人员、会计人员职业道德、会计核算、会计监督、单位内部会计管理制度建设等问题作出了全面规范。其中对会计监督的要求，可以算是我国企业早期的内部控制。

1996 年 12 月，中国注册会计师协会发布了第二批《中国注册会计师独立审计准则》，其中《独立审计具体准则第 8 号——错误与舞弊》要求被审计单位建立健全内部控制制度，《独立审计具体准则第 9 号——内部控制与审计风险》对内部控制的定义和内容都有具体规定，并要求注册会计师从制度基础审计的角度审查企业的内部控制，进行企业内部控制评价。《独立审计实务公告第 2 号——管理建议书》中指出："注册会计师对审计过程中注意到的内部控制重大缺陷，应当告知被审计单位管理当局。必要时，可出具管理建议书。"《中国注册会计师独立审计准则》中有关内部控制的描述和要求，既是注册会计师执业基准的一部分，又是对企业内部控制工作的推动。这种间接的推动力，提高了我国企业对内部控制的关注程度，促进了我国企业内部控制制度的初步建设。

1997 年 5 月,我国专门针对内部控制的第一个行政规定出台,中国人民银行颁布了《加强金融机构内部控制的指导原则》,其中要求金融机构建立健全有效的内部控制运行机制。金融机构的内部控制指导原则先于非金融行业的内部控制要求出台,向金融机构发出了这样的信号:我国对金融机构内部控制的要求高于对非金融机构企业的要求。该指导原则对于金融机构内部控制的建设意义重大,为我国金融机构的内部控制制度建设和发展奠定了基础。

(二)亚洲金融危机影响下的调整提高阶段

1997 年 6 月,亚洲金融危机爆发,泰国、菲律宾、马来西亚、印度尼西亚、韩国、日本、俄罗斯等国家和我国香港地区金融业陆续遭受重创,欧美各国的股市和汇市也产生大幅波动,直到 1999 年,金融危机波及的各国和地区才逐渐摆脱困境。在亚洲金融危机的背景下,我国借鉴亚洲各国在金融危机中的经验教训,积极推进企业管理制度改革和会计监督制度建设。

1999 年 10 月,修订的《会计法》颁布,将会计监督写入法律中,在我国内部控制制度建设历程中是一个重大的突破。

1999 年 12 月,中国证监会颁布的《关于上市公司做好各项资产减值准备等有关事项的通知》对资产减值的内部控制做了要求,在一定程度上起到了防范企业资产损失风险的作用。

2000 年 4 月,中国证监会发布了《关于加强期货经纪公司内部控制的指导原则》,该原则对期货经纪公司内部控制的目标和原则、具体要求以及监督等方面作出了指导,以清理期货经纪公司中内部控制的薄弱环节。

2000 年 11 月,中国证监会公开发行证券公司信息披露编报规则,其中《公开发行证券公司信息披露编报规则第 7 号——商业银行年度报告内容与格式特别规定》和《公开发行证券公司信息披露编报规则第 8 号——证券公司年度报告内容与格式特别规定》要求公开发行证券的商业银行、保险公司、证券公司建立健全内部控制制度,并在招股说明书正文中说明内部控制制度的完整性、合理性、有效性,同时要求注册会计师对被审计单位的内部控制制度及风险管理的"三性"进行评价和报告。

2001 年 1 月,替代 1996 年《中华人民共和国国家审计基本准则》的新审计基本准则发布实施。

2001 年 1 月,中国证监会发布了《证券公司内部控制指引》,要求所有的证券公司建立和完善内部控制机制与内部控制制度。该指引是对《加强金融机构内部控制的指导原则》的补充,对证券公司建立健全内部控制制度有着重大意义。

2001 年 6 月,财政部发布了《内部会计控制规范——基本规范(试行)》和《内部会计控制规范——货币资金(试行)》。

2002 年 2 月,中国注册会计师协会发布了《内部控制审核指导意见》,该意见对内部控制审核进行了界定,并界定了被审核单位和注册会计师的责任,明确了内部控制审核业务的工作要求。

2004 年 12 月,中国银监会发布《商业银行内部控制评价试行办法》,以指导商业银行的内部控制评价。该办法是对《商业银行内部控制指引》的补充,使我国商业银行内部控制制度体系更加完整。

(三) SOX 法案推动下的系统完善阶段

在 SOX 法案的推动下,我国的内部控制制度建设的步伐明显加快,相关的法规和文告密集出台,并且逐渐形成了内部控制制度的组织配套和保障机制。

2004 年年底和 2005 年 6 月,国务院领导就强化我国企业内部控制问题作出重要批示,要求"由财政部牵头,联合有关部委,积极研究制定一套完整公认的企业内部控制指引"。

2005 年 6 月,国务院领导在财政部、国资委和证监会联合上报的《关于借鉴〈萨班斯-奥克斯利法案〉完善我国上市公司内部控制制度的报告》上作出批示,同意"由财政部牵头,联合证监会及国资委,积极研究制定一套完整公认的企业内部控制指引"。

2005 年 10 月,国务院批转了证监会发布的《关于提高上市公司质量的意见》,要求上市公司对内部控制制度的完整性、合理性及其实施的有效性进行定期检查和评估,同时通过外部审计对公司的内部控制制度以及公司的自我评估报告进行核实评价,并披露相关信息。

2006 年 1 月,保监会发布了《寿险公司内部控制评价办法(试行)》,并在附件中提供了《寿险公司内部控制评估表——法人机构》和《寿险公司内部控制评估表——分支机构》。在此评价方法中,保监会对寿险公司的内部控制评价作出了详尽的要求,并对内部控制缺陷作出了定义。

2006 年 2 月,财政部发布的《中国注册会计师审计准则第 1211 号——了解被审计单位及其环境并评估重大错报风险》中,对内部控制的内涵和要素作出了详细的说明。

2006 年 5 月,证监会发布的《首次公开发行股票并上市管理办法》规定:"发行人的内部控制在所有重大方面是有效的,并由注册会计师出具了无保留结论的内部控制鉴证报告。"

2006 年 6 月,国资委发布《中央企业全面风险管理指引》。证监会出台了《证券公司融资融券业务试点内部控制指引》,对融资融券业务管理、各类费率的公示等方面的内部控制进行了指导。

2006 年 7 月,受国务院委托,财政部牵头,由财政部、国资委、证监会、审计署、银监会和保监会联合发起成立了企业内部控制标准委员会。在监管部门、大中型企业、行业组织和科研院所等机构领导与专家的积极参与及大力支持下,我国企业内部控制标准体系的机制保障和组织配套形成了。

二、我国企业内部控制标准体系的完善

2007 年 3 月 2 日,财政部草拟了《企业内部控制规范——基本规范》《企业内部控制具体规范——货币资金》《企业内部控制具体规范——采购与付款》等 17 项具体规范征求意见稿,公开发布征求意见。

2008 年 5 月,财政部会同证监会、审计署、银监会、保监会发布了《企业内部控制基本

规范》,要求2009年7月1日起在上市公司内施行,并且鼓励非上市的大中型企业也执行基本规范。

2008年6月12日,财政部会同国务院有关部门草拟了《企业内部控制评价指引》(征求意见稿),公开发布征求意见。

2008年6月28日,财政部、证监会、审计署、银监会、保监会在北京联合召开企业内部控制基本规范发布会暨首届企业内部控制高层论坛,发布了《企业内部控制基本规范》,标志着我国企业内部控制规范体系建设取得了重大的突破。在基本规范中,内部控制定义为:由企业董事会、监事会、经理层和全体员工实施的、旨在实现控制目标的过程;内部控制的目标是合理保证企业经营管理合法合规、资产安全、财务报告及相关信息真实完整,提高经营效率和效果,促进企业实现发展战略。基本规范共7章、50条,包括总则、内部环境、风险评估、控制活动、信息与沟通、内部监督和附则。基本规范坚持立足我国国情、借鉴国际惯例,确立了我国企业建立和实施内部控制的基本框架,并取得了重大突破。

2009年1月8日,企业内部控制标准委员会秘书处发布了《关于征求〈企业内部控制应用指引第××号——组织架构〉等10项内部控制应用指引意见的通知》,在新增组织架构、发展战略等五个应用指引项目并征求意见的基础上,又调整修改了资金、采购、资产、销售、研发五个应用指引。

2010年4月15日,财政部等五部委出台了《企业内部控制应用指引第1号——组织架构》等18项应用指引、《企业内部控制评价指引》和《企业内部控制审计指引》,要求2011年1月1日起在境内外同时上市的公司实行,在上海证券交易所、深圳证券交易所主板上市公司2012年1月1日起施行,并择机在中小板和创业板上市公司施行,同时也鼓励非上市大中型企业提前执行。18项应用指引不仅包括有关业务活动控制的实务指南,而且增加了对内部环境、风险评估、信息沟通、内部监督等控制要素的操作性指引,涵盖了企业的组织架构、发展战略、人力资源、销售业务、工程项目、担保业务、业务外包、合同管理等具体业务中内部控制的应用,还指导了企业进行财务报告、内部信息传递和信息系统等方面的内部控制行为。《企业内部控制评价指引》对企业内部控制评价的内容、程序、内部控制缺陷的认定和内部控制评价报告都进行了清晰的阐述,为企业内部控制评价提供了详尽的依据。《企业内部控制审计指引》对注册会计师执行企业内部控制审计业务进行了规范,并给出了内部控制审计报告的参考格式,使我国注册会计师对企业内部控制进行审计时有章可循。《企业内部控制应用指引》《企业内部控制评价指引》和《企业内部控制审计指引》的发布标志着我国的内部控制规范体系已基本建成。

2012年8月14日,财政部办公厅、证监会办公厅发布了《关于2012年主板上市公司分类分批实施企业内部控制规范体系的通知》,要求主板上市公司分类分批实施内部控制审计,并提出境内外同时上市的公司、中央和地方国有控股上市公司、主板上市公司、科创板上市公司在年度报告披露的同时,还需披露内部控制自我评价报告和内部控制审计报告。

2014年1月3日,中国证监会发布了《公开发行证券的公司信息披露编报规则第21号——年度内部控制评价报告的一般规定》,旨在分步推进资本市场全面贯彻实施企业内部控制规范体系,规范上市公司内部控制信息披露行为,保护投资者的合法权益。

2022 年 3 月 2 日,财政部、证监会联合发布了《关于进一步提升上市公司财务报告内部控制有效性的通知》,对上市公司实施内部控制和会计师事务所内部控制审计行为的规范要求进行了进一步的明确。

2023 年 10 月 7 日,为了进一步规范企业内部控制的实施与审计,财政部发布了《关于强化上市公司及拟上市企业内部控制建设 推进内部控制评价和审计的通知(征求意见稿)》,对如下问题进行公开征集:①对各上市公司加强内部控制建设,开展内部控制评价和审计有何意见建议? ②对创业板和北交所上市公司披露内部控制评价报告和财务报告内部控制审计报告的过渡期安排是否妥当? ③对推进拟上市企业开展内部控制审计工作有何意见建议? ④对进行破产重整、重组上市或重大资产重组的上市公司披露内部控制评价报告和财务报告内部控制审计报告的豁免安排是否妥当? ⑤对注册会计师开展内部控制审计工作的具体要求有何意见建议? ⑥还有哪些需要修订或补充的具体内容?

资料 3-2

第二节　我国企业内部控制规范的框架体系

我国企业内部控制标准是一个完备的体系,包括基本规范和基本指引两个层次,基本指引又分应用指引、评价指引和审计指引三个类型。整个内部控制标准体系,以基本规范为统领,以应用指引、评价指引和审计指引等配套办法为补充,以法制为推动,以企业为实施主体,以政府监督和社会评价为保障,以各方面积极参与为促进。

一、我国企业内部控制的标准体系

《企业内部控制基本规范》和配套指引的发布,标志着我国内部控制规范体系的形成,是我国内部控制制度发展的里程碑。

基本规范是内部控制体系的最高层次,起统驭作用。应用指引是对企业按照内部控制原则和内部控制五要素建立健全企业内部控制所提供的指引,在配套指引乃至整个内部控制规范体系中占据主体地位;评价指引是为企业管理层对本企业内部控制有效性进行自我评价提供的指引;审计指引是注册会计师和会计师事务所执行内部控制审计业务的指引。三者相互独立又相互联系,构成一个有机整体。

二、企业内部控制基本规范

(一)《企业内部控制基本规范》的重要地位

2008 年 6 月,由财政部、证监会、审计署、银监会、保监会五部委联合颁布的《企业内部控制基本规范》被人们赞誉为"中国版的萨班斯-奥克斯利法案"。它强调内部控制的"过程观",其核心内容可以概括为五个目标、五个原则和五个要素。基本规范是我国第一部全面规范企业内部控制的规章制度,也是我国企业内部控制的总体框架。

内部控制基本规范明确了内部控制的目标、原则和要素,描述了建立与实施内部控制体系必须建立的框架结构,是制定应用指引、评价指引、审计指引和内部控制制度的基本依据。

内部控制目标规定了五个方面。

(1) 经营管理合法合规。经营管理合法合规目标是指内部控制要合理保证企业在国家法律法规允许的范围内开展经营活动,严禁违法经营。

(2) 资产安全。资产安全目标是指防止资产流失,保护企业资产的安全和完整是企业开展经营活动的物质前提。

(3) 财务报告及相关信息真实完整。财务报告及相关信息真实完整目标是指内部控制要合理保证企业提供了真实可靠的财务信息及其他相关信息。

(4) 提高经营效率和效果。提高经营效率和效果目标是内部控制要达到的最直接也最根本的目标。企业存在的根本目的在于获利,而企业能否获利往往直接取决于经营的效率和效果如何。

(5) 促进企业实现发展战略。促进企业实现发展战略是内部控制的最高目标,也是终极目标。战略目标是企业管理层为实现企业价值最大化的根本目标而针对环境作出的一种反应和选择。

内部控制五原则具体如下。

(1) 全面性。内部控制应当贯穿决策、执行和监督全过程,覆盖企业及其所属单位的各种业务和事项。

(2) 重要性。内部控制应当在全面控制的基础上,关注重要业务事项和高风险领域。

(3) 制衡性。内部控制应当在治理结构、机构设置及权责分配、业务流程等方面相互制约、相互监督,兼顾运营效率。

(4) 适应性。内部控制应当与企业经营规模、业务范围、竞争状况和风险水平等相适应,并随着情况的变化及时加以调整。

(5) 成本效益。内部控制应当权衡实施成本与预期效益,以适当的成本实现有效控制。

内部控制五要素具体如下。

(1) 内部环境。内部环境是企业实施内部控制的基础,一般包括治理结构、机构设置及权责分配、内部审计、人力资源政策、企业文化等。

(2) 风险评估。风险评估是企业及时识别、系统分析经营活动中与实现内部控制目标相关的风险,合理确定风险应对策略。

(3) 控制活动。控制活动是企业根据风险评估结果,采用相应的控制措施,将风险控制在可承受度之内。

(4) 信息与沟通。信息与沟通是企业及时、准确地收集、传递与内部控制相关的信息,确保信息在企业内部、企业与外部之间进行有效沟通。

(5) 内部监督。内部监督是企业对内部控制建立与实施情况进行监督检查,评价内部控制的有效性,发现内部控制缺陷,应当及时加以改进。

（二）《企业内部控制基本规范》的科学内涵

《企业内部控制基本规范》第 3 条强调：内部控制，是由企业董事会、监事会、经理层和全体员工实施的、旨在实现控制目标的过程。

企业内部控制实施主体：一是董事会，二是监事会，三是经理层，四是全体员工。第一，董事会应是加强企业内部控制的第一责任人；第二，监事会有对董事、经理执行公司职务时违反法律法规或者公司章程的行为进行监督的权力；第三，经理层直接对一个企业的经营管理活动负责，尤其是企业总经理；第四，全体员工都应在实施内部控制中承担相应职责并发挥积极作用。管理层应当重视员工的作用，并为员工反映诉求提供信息通道。

三、企业内部控制应用指引

《企业内部控制基本规范》是我国企业建设内部控制的总体框架，在内部控制体系中具有统驭作用，但是内部控制体系的有效实施，还需要一些具有可操作性的具体应用规范。《企业内部控制应用指引》基本涵盖了企业资金流、实物流、人力资源流和信息流等各项业务与事项。其中，2010 年发布了 18 项，涉及银行、证券和保险等特殊行业或业务的 3 项指引暂未发布。

《企业内部控制应用指引》可以划分为三类：内部环境类指引、控制活动类指引、控制手段类指引。

（一）内部环境类指引

内部环境类指引是企业实施内部控制的基础，支配着企业全体员工的内控意识，影响着全体员工实施控制活动和履行控制责任的态度、认识和行为。

内部环境类指引有 5 项，包括组织架构、发展战略、人力资源、企业文化和社会责任。

（二）控制活动类指引

企业在改进和完善内部环境控制的同时，还应对各项具体业务活动实施相应的控制。控制活动类指引有 9 项，包括资金活动、采购业务、资产管理、销售业务、研究与开发、工程项目、担保业务、业务外包、财务报告。

（三）控制手段类指引

控制手段类指引偏重于"工具"性质，往往涉及企业整体业务或管理。此类指引有 4 项，包括全面预算、合同管理、内部信息传递和信息系统指引。

四、企业内部控制评价指引

《企业内部控制评价指引》旨在为企业董事会和管理层对企业内部控制有效性进行评价，提供专业规范与指导。内部控制应用规范在企业的执行运用情况如何，是否还存在缺陷，如何改进以确保内部控制的有效运行，客观上需要进行有效的评价。企业应当结合内部监督情况,定期对内部控制的有效性进行自我评价,出具内部控制自我评价报告。

《企业内部控制评价指引》包括评价的原则和组织、评价的内容和标准、评价的程序和方法、缺陷认定和评价报告等。根据指引的规定,企业应当对与实现整体内控目标相关的内部环境、风险评估、控制活动、信息与沟通、内部监督等内部控制要素进行全面、系统、有针对性的评价。应用信息系统加强内部控制的企业,应当对信息系统的有效性进行评价,包括信息系统一般控制评价和信息系统应用控制评价。

企业对内部控制评价过程中发现的问题,应当从定量和定性方面进行分析,对内部控制进行分类,从缺陷来源看,可分为设计缺陷和执行缺陷;按严重性可将缺陷分为一般缺陷、重要缺陷和重大缺陷(也称实质性缺陷)。企业对于内部控制评价报告中列示的问题,应当采取适当的措施进行改进,并追究相关人员的责任。

五、企业内部控制审计指引

《企业内部控制审计指引》旨在为注册会计师执行企业内部控制审计业务提供专业规范和指导。国内外一系列公司财务报表舞弊事件发生后,人们认识到健全有效的内部控制对于预防舞弊事件发生至关重要。随着我国法律法规对上市公司和金融机构内部控制建设提出新要求,聘请注册会计师对企业内部控制进行审计成为保证内部控制有效性的关键环节。《企业内部控制基本规范》第 10 条规定,接受企业委托从事内部控制审计的会计师事务所,应当根据本规范及其配套办法和相关执业准则,对企业内部控制的有效性进行审计,出具审计报告。会计师事务所及其签字的从业人员应当对发表的内部控制审计意见负责。

《企业内部控制审计指引》规定,注册会计师在制定审计计划时,应当评价下列事项对企业财务报表和内部控制是否具有重要影响,以及对注册会计师程序的影响。

(1) 注册会计师执行其他业务时了解的内部控制情况。

(2) 影响企业所在行业的事项,包括财务报告、经济状况、法律法规和技术革新。

(3) 与企业业务相关的事项,包括组织结构、经营特征和资本结构。

(4) 企业经营活动或企业内部控制最近发生的变化。

(5) 注册会计师对重要性、风险以及与确定重大缺陷相关的其他因素所做的初步判断。

(6) 以前与审计委员会或管理层沟通的控制缺陷。

(7) 企业注意到的法律法规事项。

(8) 针对内部控制可获得的相关证据的类型和范围。

(9) 对内部控制有效性作出初步判断。

(10) 评价财务报表发生重大错报的可能性和内部控制有效性的公共信息。

(11) 注册会计师对客户和业务的接受与保持进行评估时了解的与企业相关的风险情况。

(12) 经营活动的相对复杂程度。在进行风险评估以及确定必要的审计程序时,注册会计师应当考虑企业组织结构、经营单位或流程的复杂程度可能产生的重要影响和作用。

康美药业财务舞弊的"惊天暴雷"

2021年3月19日,中国证监会发布对广东正中珠江会计师事务所、签字注册会计师及项目经理的行政处罚决定书,伴随着"A股史上最大财务造假案"遭到坊间热议,康美药业股份有限公司(以下简称"康美药业")再次成为舆论焦点。广州市中级人民法院随后判决,康美药业涉及在2016—2018年财务报告中造假,危害社会经济秩序,损害投资者合法权益,破坏会计诚信,应向52 037名投资者赔偿约24.59亿元。

惊天弊案的背后,必然是内部控制缺陷重重、形同虚设:①从控制环境方面来看,康美药业存在一股独大、治理失效的突出问题。公司经营决策、风险管理制度流于形式,财务报告相关内部控制形同虚设,负责保障中小股东权益的独立董事无法正常履行监督职责。②从风险评估方面来看,康美药业无视风险、盲目举债,导致债务风险高企。康美药业通过承诺业绩等方式获得超过800亿元的股权和债权融资,远远超过实际经营能力和经营活动现金流水平,又不断"拆东墙补西墙",导致短期偿债风险和长期偿债风险长期处于较高水平。尽管债台高筑,但管理层并未制定有效的风险应对策略,最终导致资金链断裂、无法偿还到期债务。③从控制活动方面来看,针对关键业务事项的控制措施,要么残缺不全,要么形同虚设。康美药业对药材采购、存货管理、产品治理等关键事项缺乏严格的管理,前五大药材供应商均为自然人,购买的大量药材因质量不达标等问题积压多年,2016—2017年期间更因菊皇茶和人参等产品质量不合格被国家食品药品监督管理总局通报。凡此种种,导致经营效益滑坡、品牌形象受损。④从信息沟通方面来看,信息不透明,沟通不专业。2019年康美药业虚增299亿元货币资金的惊天大雷被爆出,资本市场一片哗然,但康美药业对外披露、解释和整改并未表现出足够的诚意,由此引发了一浪高过一浪的质疑。⑤从监督评价方面来看,康美药业设立的内部监督部门缺乏独立性,难以有效发挥作用。

康美药业的"惊天暴雷"充分说明该企业内部控制存在诸多漏洞,也为其他上市公司和企业进一步改进与完善内部控制指明了方向。企业应当加强内部资金、关联购销交易等关键领域的内部控制制度建设,采取切实有效的措施降低风险,树立良好的企业形象,保障消费者利益,增强投资者信心,维护良好的社会经济秩序。

即测即练

第二部分

内部控制实务篇

第四章

企业内部控制环境

- 掌握企业内部控制环境指引——组织架构；
- 掌握企业内部控制环境指引——发展战略；
- 掌握企业内部控制环境指引——人力资源；
- 掌握企业内部控制环境指引——社会责任；
- 掌握企业内部控制环境指引——企业文化。

第一节 内部控制环境概述

所谓控制环境，就是指对建立、加强或削弱特定政策、程序及其效率产生影响的各种因素，主要是指重大影响因素。控制环境的好坏直接影响到企业内部控制的贯彻和执行以及企业经营目标及整体战略目标的实现。在评价控制环境的设计和实施情况时，注册会计师应当了解管理层在治理层的监督下，是否营造并保持了诚实守信和合乎道德的文化，以及是否建立了防止或发现并纠正舞弊和错误的恰当控制。控制环境决定了企业的基调，影响企业员工的控制意识。它是其他要素的基础，提供了基本规则和构架。控制环境因素包括：员工的诚信度、道德观和能力；管理哲学和经营风格；管理层授权和职责分工、人员组织和发展方式；董事会的重视程度和提供的指导。

影响控制环境的因素是多方面的。一个合理的组织机构主要包括股东会、董事会、经理层和监事会。股东会从资产所有者的角度作出重大决策，监督经营者的经营，有效地防止资产流失。同时，所有权与经营权分离，有利于经营管理岗位人员的选拔并让其自主地进行经营管理；董事会和经营管理机构的分设，有利于企业科学化的管理和经营。董事会是公司内部控制系统的核心。

目前，我国很多公司在形式上建立了董事会、监事会，但在实际工作中还存在许多误区，董事会的监控作用严重弱化，且缺少必要的常设机构。要改变这种现象，首先，要强化董事会在公司治理结构中的主导地位。其次，实行独立董事制度。通过对董事会这一内部机构的适当外部化，引入外部的独立董事，以期对内部人形成一定的监督制约力量，最大限度地维护所有股东的权益。最后，明确董事会内部分工，设立专门委员会，从而加强内部管理控制。

管理者的业务素质在企业经营管理中起绝对重要的作用，业务素质高低，对企业发展所产生的影响也完全不同。同时,管理者的品行及管理哲学也相当重要,因为企业制定的任何制度都不可能超越设立这些制度的人,企业内部控制的有效性同样也无法超越那些创造、管理与监督制度的人的操守及价值观。

为了避免出现国内个别管理者价值观低下、无法以身作则、不能带头严格遵守内部控制制度、滥用职权等情况,应尽快提高企业管理者尤其是国有企业管理者的素质。在新经济条件下,企业内部控制应当关注员工的价值,面对开放的经济环境,员工的高素质和高流动性是一种正常现象,这是高效率市场所必需的要素。面对这种形势,企业要用市场战略的眼光来衡量他们的价值,内部控制的功能之一就是提升员工的创新热情。

2008 年至 2010 年是我国内部控制的重点建设年,财政部联合证监会、审计署、银监会、保监会等部门先后发布了《企业内部控制基本规范》和企业内部控制配套指引,配套指引由应用指引、评价指引和审计指引组成。应用指引中有 5 个环境类指引,它们分别是组织架构、发展战略、人力资源、社会责任和企业文化。

资料 4-1

第二节　组织架构

一、组织架构概述

《企业内部控制应用指引第 1 号——组织架构》指出,组织架构是指企业按照国家有关法律法规、股东(大)会决议和企业章程,结合本企业实际,明确股东(大)会、董事会、监事会、经理层和企业内部各层级机构设置、职责权限、人员编制、工作程序和相关要求的制度安排。其中,核心是完善公司治理结构、管理体制和运行机制问题。现代企业,无论是处于新建、重组改制还是存续状态,要实现发展战略,就必须把建立和完善组织架构放在首位或重中之重。否则,其他方面都无从谈起。

首先,建立和完善组织架构可以促进企业建立现代企业制度。一个企业怎样才能永远保持成功呢?这就要靠制度。这个制度就是现代企业制度。它是以完善的企业法人制度为基础,以有限责任制度为保证,以公司制企业为主要形式,以产权清晰、权责明确、政企分开、管理科学为条件的现代企业制度。可见,现代企业制度的核心是组织架构问题;或者,一个实施现代企业制度的企业,应当具备科学完善的组织架构。也可以说,建立现代企业制度必须从组织架构开始。发达市场经济国家企业和我国现代企业的实践证明,公司治理、管理体制和运行机制是永恒的主题。

其次,建立和完善组织架构可以有效防范和化解各种舞弊风险。串谋舞弊是企业经营发展过程中难以避免的一颗"毒瘤",也是内部控制建设的难点之一。2004 年 11 月发生的震惊中外的"中航油(新加坡)股份有限公司期权交易巨亏案"就是一个典型。

最后,建立和完善组织架构可以为强化企业内部控制建设提供重要支撑。

组织架构是企业内部环境的有机组成部分,也是企业开展风险评估、实施控制活动、促进信息沟通、强化内部监督的基础设施和平台载体。一个科学高效、分工制衡的组织架构,可以使企业自上而下地对风险进行识别和分析,进而采取控制措施予以应对,可以促进信息在企业内部各层级之间、企业与外部利益相关者之间及时、准确、顺畅地传递,可以提升日常监督和专项监督的力度与效能。

二、组织架构的主要问题

组织架构指引着力解决企业应如何进行组织架构设计和运行,核心是如何加强组织架构方面的风险管控。组织架构中存在的常见问题可以分为治理结构层面存在的问题和内部机构层面存在的问题。治理结构是企业成为可以与外部主体发生各项经济关系的法人所必备的组织基础,具体是指企业根据相关的法律法规,设置不同层次、不同功能的法律实体及其相关的法人治理结构,从而使企业在法律许可的框架下拥有特定权利、履行相应义务,以保障各利益相关方的基本权益。内部机构则是指企业根据业务发展需要,分别设置不同层次的管理人员及其由各专业人员组成的管理团队,针对各项业务功能行使决策、计划、执行、监督、评价的权利并承担相应的义务,从而为业务顺利开展进而实现企业发展战略提供组织机构的支撑平台。企业应当根据发展战略、业务需要和控制要求,选择适合本企业的内部组织机构类型。

治理结构层面的主要风险是:治理结构形同虚设,缺乏科学决策、良性运行机制和执行力,可能导致企业经营失败,难以实现发展战略。其具体表现在以下几个方面。

(1) 股东大会是否规范而有效地召开,股东是否可以通过股东大会行使自己的权利。

(2) 企业与控股股东是否在资产、财务、人员方面实现相互独立,企业与控股股东的关联交易是否贯彻平等、公开、自愿的原则。

(3) 对与控股股东相关的信息是否根据规定及时、完整地披露。

(4) 企业是否对中小股东权益采取了必要的保护措施,使中小股东能够和大股东以同等条件参加股东大会,获得与大股东一致的信息,并行使相应的权利。

(5) 董事会是否独立于经理层和大股东,董事会及其审计委员会中是否有适当数量的独立董事存在且能有效发挥作用。

(6) 董事对于自身的权利和责任是否有明确的认知,并且有足够的知识、经验和时间来勤勉、诚信、尽责地履行职责。

(7) 董事会是否能够保证企业建立并实施有效的内部控制,审批企业发展战略和重大决策并定期检查、评价其执行情况,明确设立企业可接受的风险承受度,督促经理层对内部控制有效性进行监督和评价。

(8) 监事会的构成是否能够保证其独立性,监事能力是否与相关领域相匹配。

(9) 监事会是否能够规范而有效地运行,监督董事会、经理层正确履行职责并纠正损害企业利益的行为。

(10) 对经理层的权力是否存在必要的监督和约束机制。

内部机构层面的主要风险是:内部机构设计不科学,权责分配不合理,可能导致机构重叠、职能交叉或缺失、推诿扯皮、运行效率低下。其具体表现在以下几个方面。

(1) 企业内部组织机构是否考虑经营业务的性质,按照适当集中或分散的管理方式设置。

(2) 企业是否对内部组织机构设置、各职能部门的职责权限、组织的运行流程等有明确的书面说明和规定,是否存在关键职能缺位或职能交叉的现象。

（3）企业内部组织机构是否支持发展战略的实施，并根据环境变化及时作出调整。

（4）企业内部组织机构的设计与运行是否适应信息沟通的要求，有利于信息的上传、下达和在各层级、各业务活动间的传递，有利于为员工提供履行职权所需的信息。

（5）关键岗位员工是否对自身权责有明确的认识，有足够的胜任能力去履行权责，是否建立了关键岗位员工轮换制度和强制休假制度。

（6）企业是否对董事、监事、高级管理人员及全体员工的权限有明确的制度规定，对授权情况是否有正式的记录。

（7）企业是否对岗位职责进行了恰当的描述和说明，是否存在不相容职务未分离的情况。

（8）企业是否对权限的设置和履行情况进行了审核和监督，对于越权或权限缺位的行为是否及时予以纠正和处理。

三、组织架构的设计

组织架构的设计主要是针对按《中华人民共和国公司法》（以下简称《公司法》）新设立企业，以及《公司法》颁布前存在的企事业单位转为公司制企业而言的。已按《公司法》运作的企业，重点应放在如何健全机制确保组织架构有效运行。组织架构的设计可以分为治理结构的设计和内部机构的设计两个方面。

（一）治理结构的设计

治理结构涉及股东（大）会、董事会、监事会和经理层。企业应当根据国家有关法律法规的规定，按照决策机构、执行机构和监督机构相互独立、权责明确、相互制衡的原则，明确董事、监事会和经理层的职责权限、任职条件、议事规则和工作程序等。从内部控制建设角度看，新设企业或转制企业如果一开始就在治理结构设计方面存在缺陷，必然会对以后企业的长远发展造成严重损害。现实中有些上市公司在董事会下没有设立"真正意义上"的审计委员会，其成员只是"形式上"符合有关法律法规的要求，难以胜任工作，甚至也"不愿"去履行职能。有些上市公司监事会成员，或多或少地与上市董事长存在某种关系，在后续工作中难以秉公办事，直接或间接损害了股东尤其是小股东的合法权益。有些上市公司因为在上市改制时组织架构设计不合理，出于照顾等方面因素让某人担任董事长，而实际上公司总经理才是幕后真正的"董事长"。

对于上市公司而言，其治理结构的设计还有一些特殊的要求，具体包括以下几个方面。

（1）建立独立董事制度。上市公司董事会应当设立独立董事，独立董事应独立于所受聘的公司及其主要股东。独立董事不得在上市公司担任除独立董事外的任何职务。独立董事应按照有关法律法规和公司章程的规定，认真履行职责，维护公司整体利益，尤其要关注中小股东的合法权益不受损害。独立董事应独立履行职责，不受公司主要股东、实际控制人以及其他与上市公司存在利害关系的单位或个人的影响。

（2）董事会专门委员会的特殊要求。上市公司董事会下设的审计委员会、薪酬与考核委员会中，独立董事应当占多数并担任负责人，审计委员会中至少还应有一名独立董事是会计专业人士。在董事会各专业委员会中，审计委员会对内部控制的建立健全和有效实施尤其发挥着重要作用。审计委员会对董事会负责并代表董事会对经理层进行监督，侧重加强对经理层提供的财务报告和内部控制评价报告的监督，同时通过指导和监督内部审计和外部审计工作，提高内部审计和外部审计的独立性，在信息披露、内部审计和外部审计之间建立起了一个独立的监督和控制机制。

（3）设立董事会秘书。上市公司应当设立董事会秘书，董事会秘书为上市公司的高级管理人员，直接对董事会负责，并由董事长提名，董事会负责任免。在上市公司实务中，董事会秘书是一个重要的角色，其负责公司股东大会和董事会会议的筹备，文件保管以及公司股东资料的管理，办理信息披露事务等事宜。

在我国，还有比较特殊的企业群体——国有独资企业，其治理结构也有一些特殊的要求。

（1）国有资产监督管理机构代行股东（大）会职权。国有独资企业不设股东（大）会，由国有资产监督管理机构行使股东（大）会职权。国有独资企业董事会可以根据授权部分行使股东（大）会的职权，决定公司的重大事项。但公司的合并、分立、解散、增加或者减少注册资本和发行公司债券，必须由国有资产监督管理机构决定。

（2）国有独资企业董事会成员中应当包括公司职工代表。董事会成员由国有资产监督管理机构委派；但是，董事会成员中的职工代表由公司职工代表大会选举产生。国有独资企业董事长、副董事长由国有资产监督管理机构从董事会成员中指定产生。

（3）国有独资企业监事会成员由国有资产监督管理机构委派，但是监事会成员中的职工代表由公司职工代表大会选举产生。监事会主席由国有资产监督管理机构从监事会成员中指定产生。

（4）外部董事由国有资产监督管理机构提名推荐，由任职公司以外的人员担任。外部董事在任期内，不得在任职企业担任其他职务。外部董事制度对于规范国有独资公司治理结构、提高决策科学性、防范重大风险具有重要意义。

（二）内部机构的设计

内部机构的设计是组织架构设计的关键环节。只有切合企业经营业务特点和内部控制要求的内部机构，才能为实现企业发展目标发挥积极促进作用。具体而言，内部机构的设计有如下方面。

（1）企业应当按照科学、精简、高效、透明、制衡的原则，综合考虑企业性质、发展战略、文化理念和管理要求等因素，合理设置内部职能机构，明确各机构的职责权限，避免职能交叉、缺失或权责过于集中，形成各司其职、各负其责、相互制约、相互协调的工作机制。

（2）企业应当对各机构的职能进行科学合理的分解，确定具体岗位的名称、职责和工作要求等，明确各个岗位的权限和相互关系；在内部机构设计过程中，应当体现不相容岗位相分离原则，努力识别出不相容职务，并根据相关的风险评估结果设立内部牵制机制，特别是在涉及重大或高风险业务处理程序时，必须考虑建立各层级、各部门、各岗位之间的分离和牵制，对因机构人员较少且业务简单而无法分离处理某些不相容职务时，企业应当制订切实可行的替代控制措施。

（3）企业应当制定组织结构图、业务流程图、岗（职）位说明书和权限指引等内部管理制度或相关文件，使员工了解和掌握组织架构设计及权责分配情况，正确履行职责。值得特别指出的是,就内部机构设计而言,建立权限指引和授权机制非常重要。有了权限指引,不同层级的员工就知道该如何行使权利并承担相应责任,也利于事后考核评价。"授权"表明的是,企业各项决策和业务必须由具备适当权限的人员办理,这一权限通过公司章程约定或其他适当方式授予。企业内部各级员工必须获得相应的授权,才能实施决策或执行业务,严禁越权办理。按照授权对象和形式的不同,授权分为常规授权和特别授权。常规授权一般针对企业日常经营管理过程中发生的程序性和重复性工作,可以在由企业正式颁布的岗(职)位说明书中予以明确,或通过制定专门的权限指引予以明确。特别授权一般是由董事会给经理层或经理层给内部机构及其员工授予处理某一突发事件(如法律纠纷)、作出某项重大决策、代替上级处理日常工作的临时性权力。

另外,在实务中,无论是上市公司还是其他企业发生的重大经济案件,不少都牵涉到"三重一大"问题,即"重大决策、重大事项、重要人事任免及大额资金使用"问题。为此,组织架构指引明确要求,企业的重大决策、重大事项、重要人事任免及大额资金支付业务等,应当按照规定的权限和程序实行集体决策审批或者联签制度。任何个人不得单独进行决策或者擅自改变集体决策意见。此项要求是我国部分企业优秀管理经验的总结,可以有效避免"一言堂""一支笔"现象。特别是,"三重一大"事项实行集体决策和联签制度有利于促进国有企业完善治理结构和健全现代企业制度。

需要说明的是,企业在设计组织架构时,必须考虑内部控制的要求,合理确定治理层及内部各部门之间的权力和责任并建立恰当的报告关系,既要保证企业高效运营,又要适应内部控制环境的需要进行相应的调整和变革。具体而言,至少应当遵循以下四个原则:一要依据法律法规;二要有助于实现发展战略;三要符合管理控制要求;四要适应内外环境变化。

✦ 知识链接

我国国有企业经营过程中出现的重大决策失误(如中航油新加坡公司期权交易巨亏)及舞弊案(如中石化集团公司的陈同海腐败案、安徽古井集团王效金案等)的发生都与我国国有企业权力过度集中、"一把手"权力过大有关。党委书记、董事长、总经理由同一人兼任,无法形成有效的监督机制是导致腐败案件频发的重要原因。关于进一步推进国有企业贯彻落实"三重一大"决策制度的意见,正是在这种背景下提出的。请百度自查:《关于进一步推进国有企业贯彻落实"三重一大"决策制度的意见》。

四、组织机构的运行

组织机构的运行涉及新企业治理结构和内部机构的运行,也涉及对存续企业组织架构的全面梳理。企业应当根据组织架构的设计规范,对现有治理结构和内部机构设置进行全面梳理,确保本企业治理结构、内部机构设置和运行机制等符合现代企业制度的要求。

治理结构层面可以从以下两个方面入手。

(1) 关注董事、监事、经理及其他高级管理人员的任职资格和履职情况。就任职资格而言,重点关注行为能力、道德诚信、经营管理素质、任职程序等方面。就履职情况而言,着重关注合规、业绩以及履行忠实、勤勉义务等方面。

（2）关注董事会、监事会和经理层的运行效果。这方面要着重关注：董事会是否按时定期或不定期召集股东大会并向股东大会报告；是否严格认真地执行了股东大会的所有决议；是否合理地聘任或解聘经理及其他高级管理人员等。监事会是否按照规定对董事、高级管理人员行为进行监督；在发现违反相关法律法规或损害公司利益时，是否能够对其提出罢免建议或制止纠正其行为等。经理层是否认真有效地组织实施董事会决议；是否认真有效地组织实施董事会制订的年度生产经营计划和投资方案；是否能够完成董事会确定的生产经营计划和绩效目标等。

内部机构层可从关注内部机构设置的合理性和内部机构设置运行的高效性两个方面入手。其中，内部机构设置的合理性应重点关注：内部机构设置是否适应内外部环境的变化；是否以发展目标为导向；是否满足专业化的分工和协作，有助于企业提高劳动生产率；是否明确界定各机构和岗位的权利和责任，不存在权责交叉重叠，不存在只有权利而没有相对应的责任和义务的情况等。内部机构设置运行的高效性应重点关注：内部各机构的职责分工是否针对市场环境的变化作出及时调整。特别是当企业面临重要事件或重大危机时，各机构间表现出的职责分工协调性，可以较好地检验内部机构运行的效率。此外，还应关注权力制衡的效率评估，包括：机构权力是否过大并存在监督漏洞，机构权力是否被架空，机构内部或各机构之间是否存在权力失衡，等等。梳理内部机构的高效性，还应关注内部机构运行是否有利于保证信息的及时、顺畅流通，在各机构间达到快捷沟通的目的。评估内部机构运行中的信息沟通效率，一般包括：信息在内部机构间的流通是否通畅，是否存在信息阻塞；信息在现有组织架构下流通是否及时，是否存在信息滞后；信息在组织架构中的流通是否有助提高效率，是否存在沟通舍近求远。

当企业发展壮大为集团公司时，还应关注：企业拥有子公司的，应当建立科学的投资管控制度，通过合法有效的形式履行出资人职责、维护出资人权益，重点关注子公司特别是异地、境外子公司的发展战略、年度财务预决算、重大投融资、重大担保、大额资金使用、主要资产处置、重要人事任免、内部控制体系建设等重要事项。

企业在对治理结构和内部机构进行全面梳理的基础上，还应当定期对组织架构设计和运行的效率与效果进行综合评价，其目的在于发现可能存在的缺陷，及时优化调整，使公司的组织架构始终处于高效运行状态。

总之，只有不断健全公司法人治理结构，持续优化内部机构设置，才能为风险管理奠定扎实基础，才能提升经营管理效能，才能在当今激烈的国内外市场经济竞争中保持健康可持续发展。

第三节　发展战略

资料 4-2

一、发展战略概述

《企业内部控制应用指引第 2 号——发展战略》指出，发展战略是企业在对现实状况和未来趋势进行综合分析和科学预测的基础上，制定并实施的长远发展目标与战略规划。

什么都可以出错，战略不能出错；什么都可以失败，战略不能失败。战略的失败是企业最彻底的失败，它甚至会导致企业的消亡。无论是一个国家、一个地区或一个行业，还是一个微观组织，都面临发展战略管理的问题。作为一个现代企业，如果没有明确发展战略，就不可能在当今激烈的市场竞争和国际化浪潮冲击下求得长远发展。

企业制定和实施发展战略，具有十分重要的意义。首先，发展战略可以为企业找准市场定位。市场定位就是要在激烈的市场竞争环境中找准位置。定位准了，才能赢得市场，才能获得竞争优势，才能不断发展壮大。定位所要解决的问题很广泛，包括为社会提供什么样的产品或服务、以什么样的方式满足客户和市场需求、如何充分利用内外部资源以保持竞争力、如何才能更好更快地迈进行业前列等。发展战略要着力解决的正是企业发展过程中所面临的这些全局性、长期性的问题。从这个角度来讲，制定发展战略，就是为企业进行市场定位。其次，发展战略是企业执行层行动的指南。发展战略指明了企业的发展方向、目标与实施路径，描绘了企业未来经营方向和目标纲领，是企业发展的蓝图，关系着企业的长远生存与发展。只有制定科学合理的发展战略，企业执行层才有行动的指南，其在日常经营管理和决策时才不会迷失方向，才能知晓哪些是应着力做的"正确的事"；否则，要么盲目决策，要么无所作为，既浪费企业宝贵的资源，难以形成竞争优势，又可能失去发展机会，导致企业走向衰落甚至消亡。最后，发展战略为内部控制设定了最高目标。《企业内部控制基本规范》明确指出，"内部控制的目标是合理保证企业经营管理合法合规、资产安全、财务报告及相关信息真实完整，提高经营效率和效果，促进企业实现发展战略"。从中可以看出，企业内部控制的系列目标中，促进发展战略实现是最高层次的目标。它一方面表明，企业内部控制最终所追求的是如何通过强化风险管控促进企业实现发展战略；另一方面也说明，建立和健全内部控制体系是实现发展战略的基本前提。发展战略为企业内部控制指明了方向，内部控制为企业实现发展战略提供了坚实保障。

二、发展战略的主要问题

企业作为市场经济的主体，要想求得长期生存和持续发展，关键在于制定并有效实施适应外部环境变化和自身实际情况的发展战略。现实中有些企业缺乏明确的发展战略或发展战略实施不到位，结果导致企业盲目发展，难以形成竞争优势，丧失发展机遇和动力；也有些企业发展战略过于激进，脱离企业实际能力或偏离主业，导致过度扩张、经营失控，甚至失败；还有一些企业发展战略频繁变动，导致资源严重浪费，最后危及企业的生存和持续发展。企业在制定与实施发展战略时，存在的主要问题有以下几个。

（1）缺乏明确的发展战略或发展战略实施不到位，可能导致企业盲目发展，难以形成竞争优势，丧失发展机遇和动力。

（2）发展战略过于激进，脱离企业实际能力或偏离主业，可能导致企业过度扩张，甚至经营失败。

（3）发展战略因主观原因频繁变动，可能导致资源浪费，甚至危及企业的生存和持续发展。

三、发展战略的制定

制定发展战略是企业实现健康可持续发展的起点。企业应当按照科学发展观的要求,将企业的前途与国家的命运紧密联系起来,立足当前,面向未来,科学制定切合自身实际又符合市场经济发展规律的发展战略。

首先,企业应当在董事会下设立战略委员会,或指定相关机构负责发展战略管理工作,履行相应职责。战略委员会对董事会负责,委员包括董事长和其他董事。战略委员会委员应当具有较强的综合素质和丰富的实践经验。委员的任职资格和选任程序应符合有关法律法规和企业章程的规定。战略委员会主席应当由董事长担任;委员中应当有一定数量的独立董事,以保证委员会更具独立性和专业性。必要时,战略委员会还可聘请社会专业人士担任顾问,提供专业咨询意见。战略委员会的主要职责是对公司长期发展战略和重大投资决策进行研究并提出建议,具体包括:对公司的长期发展规划、经营目标、发展方针进行研究并提出建议,对公司涉及产品战略、市场战略、营销战略、研发战略、人才战略等经营战略进行研究并提出建议,对公司重大战略性投资、融资方案进行研究并提出建议,对公司重大资本运作、资产经营项目进行研究并提出建议等。为确保战略委员会议事过程透明、决策程序科学民主,企业应当明确相关议事规则,对战略委员会会议的召开程序、表决方式、提案审议、保密要求和会议记录等作出明确规定。为了使公司发展战略管理工作落到实处,企业除了在董事会层面设立战略委员会外,还应在内部机构中设置专门的部门或指定相关部门,承担战略委员会有关具体工作。

其次,要综合分析评价影响发展战略的内外部因素。只有对企业所处的外部环境和拥有的内部资源展开深度分析,才能制定出科学合理的发展战略。在此过程中,企业应当综合考虑宏观经济政策、国内外市场需求变化、技术发展趋势、行业及竞争对手状况、可利用的资源水平和自身优势与劣势等影响因素。外部环境是制定发展战略的重要影响因素,包括企业所处的宏观环境、行业环境及竞争对手、经营环境等。对于企业面临的外部环境,应当着重分析环境的变化和发展趋势及其对企业战略的重要影响,同时评估有哪些机会可以挖掘,以及企业可能面临哪些威胁。内部资源是企业发展战略的重要制约条件,包括企业资源、企业能力、核心竞争力等各种有形资源和无形资源。分析企业拥有的内部资源和能力,应当着重分析这些资源和能力使企业在同行业中处于何种地位,与竞争对手相比,企业有哪些优势和劣势。

最后,要科学编制发展战略。发展战略可分为发展目标和战略规划两个层次。发展目标是企业发展战略的核心和基本内容,是在最重要的经营领域对企业使命的具体化,表明企业在未来一段时期内所要努力的方向和达到的水平。发展目标通常包括盈利能力、生产效率、市场竞争地位、技术领先程度、生产规模、组织结构、人力资源、用户服务、社会责任等。企业在编制发展目标时应突出主业,将其做精做强,不断增强核心竞争力,同时也不能过于激进,不能盲目追逐市场热点,不能脱离企业实际,否则可能导致企业过度扩张或经营失败。战略规划是为了实现发展目标而制订的具体规划,表明企业在每个发展阶段的具体目标、工作任务和实施路径。确定发展目标后,就要考虑使用何种手段、采取何种措施、运用何种方法来达到目标,即编制战略规划。战略规划应当明确企业发展的阶段性和发展程度,制定每个发展阶段的具体目标和工作任务,以及达到发展目标必经的实施路径。

发展战略拟订后,应当按照规定的权限和程序对发展战略方案进行审议与批准。审议战略委员会提交的发展战略建议方案,是董事会的重要职责。在审议过程中,董事会应着力关注发展战略的全局性、长期性和可行性,具体包括以下几个方面。

(1)发展战略是否符合国家行业发展规划和产业政策。

(2)发展战略是否符合国家经济结构战略性调整方向。

(3)发展战略是否突出主业,是否有助于提升企业核心竞争力。

(4)发展战略是否具有可操作性。

(5)发展战略是否客观全面地对未来商业机会和风险进行分析预测。

(6)发展战略是否有相应的人力、财务、信息等资源保障等。

董事会在审议中如果发现发展战略方案存在重大缺陷问题,应当责成战略委员会对其进行调整。企业发展战略方案经董事会审议通过后,应当报经股东(大)会批准后付诸实施。

四、发展战略的实施

科学制定发展战略是一个复杂的过程,实施发展战略更是一个系统工程。企业只有重视和加强发展战略的实施,在所有相关目标领域全力推进,才有可能将发展战略描绘的蓝图转变为现实,铸就核心竞争力。要确保发展战略有效实施,加强组织领导是关键。企业经理层作为发展战略制定的直接参与者,往往比一般员工掌握更多的战略信息,对企业发展目标、战略规划和战略实施路径的理解与体会也更加全面深刻,应当担当发展战略实施的领导者。要本着"统一领导、统一指挥"的原则,围绕发展战略的有效实施,卓有成效地发挥企业经理层在资源分配、内部机构优化、企业文化培育、信息沟通、考核激励相关制度建设等方面的协调、平衡和决策作用,确保发展战略的有效实施。发展战略制定后,企业经理层应着手将发展战略逐步细化,确保"文件上"的发展战略变为现实。第一,根据战略规划,制订年度工作计划;第二,按照上下结合、分级编制、逐级汇总的原则编制全面预算,将发展目标分解并落实到产销水平、资产负债规模、收入及利润增长幅度、投资回报、风险管控、技术创新、品牌建设、人力资源建设、制度建设、企业文化、社会责任等可操作层面,确保发展战略真正有效地指导企业各项生产经营管理活动;第三,进一步将年度预算细分为季度、月度预算,通过实施分期预算控制,促进年度预算目标的实现;第四,通过建立发展战略实施的激励约束机制,将各责任单位年度预算目标完成情况纳入绩效考评体系,切实做到有奖有惩、奖惩分明,以促进发展战略的有效实施。战略实施过程是一个系统的有机整体,需要研发、生产、营销、财务、人力资源等各个职能部门间的密切配合。目前复杂动态的市场环境和激烈的市场竞争,对企业内部不同部门之间的这种协同运作提出了越来越高的要求。因此,企业应当采取切实有效的保障措施,确保发展战略的顺利贯彻实施。企业可考虑从培育与发展战略相匹配的企业文化、优化调整组织结构、整合内外部资源、调整管理方式等方面来制订相应的保护措施。

同时,企业应当重视发展战略的宣传培训工作,为推进发展战略实施提供强有力的思想支撑和行为导向,具体地说,可以从如下几个方面进行。

（1）在企业董事、监事和高级管理人员中树立战略意识和战略思维，充分发挥其在战略制定与实施过程中的模范带头作用。

（2）通过采取内部会议、培训、讲座、知识竞赛等多种行之有效的方式，把发展战略及其分解落实情况传递到内部各管理层级和全体员工，营造战略宣传的强大舆论氛围。

（3）高管层加强与广大员工的沟通，使全体员工充分认清企业的发展思路、战略目标和具体举措，自觉将发展战略与自己的具体工作结合起来，促进发展战略的有效实施。

另外，企业的内外部环境处于不断变化之中。当这种变化累积到一定程度时，发展战略可能会滞后或其执行偏离既定的发展目标。对此，企业战略委员会应当加强对发展战略实施情况的监控，定期收集和分析相关信息，对于明显偏离发展战略的情况，应当及时报告。同时，经济形势、产业政策、技术进步、行业状况以及不可抗力等因素发生变化时确需对发展战略作出调整、优化甚至转型的，应当按照规定权限和程序，调整发展战略或实现战略转型。

第四节　人 力 资 源

一、人力资源及其政策概述

《企业内部控制应用指引第 3 号——人力资源》指出，人力资源是企业组织生产经营活动而录（任）用的各种人员，包括董事、监事、高级管理人员和全体员工，其本质是企业组织中各种人员所具有的脑力和体力的总和。古今中外，在影响一个国家、地区、行业或组织发展的因素当中，起决定性作用的是人力资源因素；国与国 资料 4-3

之间、企业与企业之间的竞争，归根到底是人力资源的竞争。现代企业竞争的关键在于人力资源的竞争。人力资源对实现企业发展战略起到重要的智力支持作用，实现人力资源的合理配置，可以全面提升企业核心竞争力。企业作为创造社会财富的主体，其组织架构和战略目标确定之后，人力资源管理应当被摆在"重中之重"的位置。

小·故事

农夫家里养了三只小白羊和一只小黑羊。三只小白羊常常为自己雪白的皮毛骄傲，而对小黑羊不屑一顾："你看看你身上像什么，黑不溜秋的，像锅底。""像穷人穿了几代的旧旧被褥，脏死了！"就连农夫也瞧不起小黑羊，常给它吃最差的草料，还时不时抽它几鞭。小黑羊过着寄人篱下的日子，经常伤心落泪。

初春的一天，小白羊与小黑羊一起外出吃草，走出很远。不料突然下起了鹅毛大雪，它们只得躲在灌木丛中相互依偎。不一会儿，灌木丛周围全铺满了雪，因为白雪太厚，小羊们只好等待农夫来救它们。农夫上山寻找，起初因为四处雪白，根本看不清小羊在哪里。突然，农夫看见远处有一个小黑点，跑过去一看，果然是他那濒临死亡的四只小羊。

农夫抱起小黑羊，感慨地说："多亏这只小黑羊呀，不然，大家都要冻死在雪地里了！"

故事启示：俗语说，十个指头有长短，荷花出水有高低。组织内部，各种类型的员工都会有。作为企业管理者，不能一叶障目、厚此薄彼，而应因人而异，最大限度地激发他们的潜能。比如让富有开拓创新精神者从事市场开发工作;把坚持原则者安排在质量监督岗位等。从这个意义上说,没有无能的员工,只有无能的企业管理者。

人力资源政策是公司为了实现目标而制定的有关人力资源的获取、开发、保持和利用的政策规定。人力资源政策对企业的影响是多方面的:首先,良好的人力资源管理制度和机制是增强企业活力的源泉。人力资源管理要求企业根据发展战略,合理配置人力资源,调动全体员工的积极性,发挥员工的潜能和创造性,为企业创造价值,确保企业战略目标的实现。其核心和要义体现为"以人为本"的管理理念,力图实现董事、监事、高级管理人员和全体员工与企业之间的良性互动及共同发展。通过健全和实施良好的人力资源管理制度与机制,企业可以实现公开、公平、公正的用人自主权,引进需要的人,淘汰富余的人,建立干部能上能下、员工能进能出的灵活竞争机制,搞活企业,提高生产效率,让优秀人才有用武之地,让他们在适合自己的岗位上得到全面发展,同时为企业和社会作出更大贡献。其次,良好的人力资源管理制度和机制是提升企业核心竞争力的重要基础。随着我国经济社会快速发展和经济全球化,特别是后国际金融危机时期世界经济格局的调整,优秀人才已经成为市场竞争中最重要的战略资源,人力资源在综合国力的提升和企业竞争中起着决定性作用。无论是从宏观角度还是从微观角度,人力资源都是最活跃、最有创造力的因素。人才就是效率,人才就是财富。无数事实证明,一个企业的生死存亡、经营成败,很大程度上取决于人力资源。最后,良好的人力资源管理制度和机制是实现发展战略的根本动力。现代企业要在激烈的竞争中求生存、谋发展,在完善组织架构和制定科学的发展战略之后,起决定作用的就是要建立良好的人力资源制度和机制。在企业发展战略和人力资源政策两者的关系中,发展战略决定了人力资源政策;反过来,良好的人力资源政策又对发展战略具有积极促进作用。其主要表现为:人力资源是企业发展的灵魂,有了良好的人力资源制度和运行机制,才能制定出科学的发展战略,决策才不会失误;有了良好的人力资源制度和运行机制,才能最大限度地促使专业技术人员充分发挥创造力,从事研究与开发;有了良好的人力资源制度,才能激发全体员工为实现发展战略而不懈奋斗,最终确保发展战略有效贯彻落实,实现预期发展目标。

《企业内部控制应用指引第 3 号——人力资源》的主要内容包括:制定指引的必要性和依据,人力资源管理的范畴、人力资源管理中应当关注的主要风险以及人力资源的引进、开发、使用和退出等。其核心是如何建立一套科学的人力资源制度和机制,不断优化人力资源结构,实现人力资源的合理配置和布局,切实做到人尽其才,充分发挥人力资源的作用。决策层和执行层的高管团队建设是企业人力资源管理的重要领域。企业董事会成员,尤其是董事长是决策层的关键成员。执行层通常是指经理层。决策层团队要具有战略眼光,具备对国内、国际形势和宏观政策的分析判断能力,要对同行业、本企业的优势具有很强的认知度。决策层决策失误,很可能葬送企业的前程。现代化企业要通过建立和完善良好的人力资源制度与机制,促进企业决策层处于优化状态。执行层最重要的就是执行力,再科学合理的发展战略,都必须通过执行层的强有力的贯彻执行才能实现。再好的发展战略,如果执行不力,也会导致经营失败。从事实业且提供高科技产品的企业,由于专业技术人员往往掌握着这类企业生存与发展的核心技术和命脉,企业需要建立和完善良好的人力资源制度与机制,激发科技人员研发的积极性,凸显专业技术人员团队的重要性。

二、人力资源政策的主要风险

制定人力资源政策时,至少应关注如下几个方面的风险。

(1) 人力资源缺乏或过剩、结构不合理、开发机制不健全,可能导致企业发展战略难以实现的风险。这类风险侧重于企业决策层和执行层的高管人员。

企业发展过程中,应当通过发展战略的制定与实施,不断验证决策层和执行层的工作能力与效率。如果发现重大风险,或对经营不利,应当及时评估决策层和执行层的高管人员是否具备应有的素质和水平。同时在对决策层和执行层高管团队的评估考核过程中,如果发现有不胜任岗位工作的,应当通过有效方式及早加以解决,避免企业面临崩溃或走向消亡。

(2) 人力资源激励约束制度不合理、关键岗位人员管理不完善,可能导致人才流失、经营效率低下或关键技术、商业秘密和国家机密泄露的风险。

这类风险侧重于企业的专业技术人员,特别是掌握企业发展命脉核心技术的专业人员。企业不仅要有容纳人才共同创造价值的文化和环境;要有识才的慧眼、用才的气魄、爱才的感情;要知人善任,相信人才、依靠人才,做到用人不疑、疑人不用;还要建立良好的人才激励约束机制,做到以事业、待遇、情感留人与有效的约束限制相结合。对于掌握或涉及产品技术、市场、管理等方面关键技术、知识产权、商业秘密和国家机密的工作岗位的员工,要按照国家有关法律法规并结合企业实际情况,加强管理,建立健全相关规章制度,防止企业的核心技术、商业秘密和国家机密泄露,给企业带来严重后果。

(3) 人力资源退出机制不当,可能导致法律诉讼或企业声誉受损的风险。

这类风险侧重于企业辞退员工、解除员工劳动合同等而引发的劳动纠纷。为了避免和减少此类风险,企业应根据发展战略,在遵循国家有关法律法规的基础上,建立健全良好的人力资源退出机制,采取渐进措施执行退出计划。在具体执行过程中,要充分体现人性化和柔性化。

三、人力资源政策的制定与实施

知识链接

在网上查找华为公司的人力资源政策,分析华为如何成为东西方人力资源理论的集大成者,具体内容包括但不限于:①在对知识创新者和人力资本价值的承认与实现上,华为真正建立了与知识分子共创共享的机制,华为有三个东西在全球都是独创的,即虚拟股权计划、获取分享制和 TUP(time unit plan,时间单位计划)激励制度;②华为独创了以奋斗者为本的人才管理理念与人才机制;③华为创造性引入热力学熵减理论,提出了小熵人才管理理论与组织激活模型;④在融合英国职业资格标准及美国合益胜任能力理论与方法的基础上,华为构建了以能力为核心的任职资格体系;⑤全球首创的三位一体价值管理循环模型(全力创造价值、科学评价价值、合理分配价值);⑥独特的轮值 CEO(首席执行官)制度和干部领导团队自律宣言;⑦华为独创的人力资源管理三权分立体制(人力资源委员会、人力资源部、党委会);⑧华为创始人任正非创造性提出的人才灰度管理理论及自我批判运动。

良好的人力资源政策,可以促进企业员工队伍充满活力,保证员工连续的职业生涯,并有利于企业人力资源符合企业发展目标,实现企业和员工的双赢。人力资源作为企业总体资源的组成部分,与其他资源有机结合在一起,共同促进企业健康发展。企业人力资源政策包括人力资源的引进与开发、人力资源的使用和人力资源的退出。

(一)人力资源的引进与开发

无论是新设立企业还是存续企业,为实现其发展目标,都会遇到人力资源的引进和开发问题。企业应当制订高管人员引进计划,并提交董事会审议通过后实施。董事会在审议高管人员引进计划时,应当关注高管人员的引进是否符合企业发展战略,是否满足企业当前和长远的需要,是否有明确的岗位设定和能力要求,是否设定了公平、公正、公开的引进方式。企业引进的高管人员必须对企业所处行业及其在行业的发展定位、优势等有足够的认知,对企业的文化和价值观有充分的认同;必须具有全局性的思维,有对全局性、决定全局的重大事项进行谋划的能力;必须具有解决复杂问题的能力;必须具有综合分析能力和敏锐的洞察力,有广阔的思路和前瞻性、宽广的胸怀等;必须精明强干并具备奉献精神。在引进高管人员的过程中,还要坚持重真才实学、不唯学历。

在现有专业技术人员不能满足发展战略需要的情况下,企业要注重通过各种方式大胆引进专业技术人员为我所用。专业技术人员的引进,既要满足企业当前实际生产经营需要,又要有一定的前瞻性,适量储备人才,以备急需;既要注重专业人才的专业素质、科研能力,又要注意其道德素质、协作精神以及对企业价值观和文化的认同感,也要关注专业技术人员的事业心、责任感和使命感。要建立良好的专业人才激励约束机制,努力做到以事业、待遇、情感留人。

为确保企业生产经营正常运转,企业应当根据年度人力资源计划和生产经营的实际需要,通过公开招聘方式引进一般员工。企业应当严格遵循国家有关法律法规的要求,注意招收那些具有一定技能、能够独立承担工作任务的员工,以确保产品和服务质量。企业要根据组织生产经营需要,不断拓展一般员工的知识和技能,加强岗位培训,提升一般员工的技能和水平。企业要善待一般员工,在最低工资标准、保险保障标准等方面严格按照国家或地区要求办理,努力营造一种宽松的工作环境。

(二)人力资源的使用

人力资源的使用应当重视打破传统的"大锅饭"体制,企业应当设置科学的业绩考核指标体系,对各级管理人员和全体员工进行严格考核与评价,以此作为确定员工薪酬、职级调整和解除劳动合同等的重要依据。为了充分发挥人才的作用,要创新激励保障机制,激发人才做事、创业的积极性;要建立以绩效为核心的分配激励制度;要完善按劳分配为主体、多种分配方式并存的分配制度,坚持效率优先、兼顾公平,多种生产要素按贡献参与分配。要切实做到薪酬安排与员工贡献相协调,既体现效率优先又兼顾公平,杜绝高管人员获得超越其实际贡献的薪酬;要注意发挥企业福利对企业发展的重要促进作用,既吸引企业所需要员工、降低员工的流动率，又同时激励员工，鼓舞和提升员工士气及对企业的认可度与忠诚度。

（三）人力资源的退出

建立企业人力资源退出机制是实现企业发展战略的必然要求。人力资源只进不出，就会造成滞胀，严重影响企业有效运行。实施人力资源退出，可以保证企业人力资源团队的精干、高效和富有活力。通过自愿离职、再次创业、待命停职、提前退休、离岗转岗等途径，可以实现不适合企业战略或流程的员工直接或间接的退出，让更优秀的人员充实相应的岗位，真正做到"能上能下、能进能出"，实现人力资源的优化配置和战略目标。

第五节　社 会 责 任

资料 4-4

一、社会责任制度概述

《企业内部控制应用指引第 4 号——社会责任》指出，社会责任是指企业在经营发展过程中应当履行的社会职责和义务，主要包括安全生产、产品质量（含服务）、环境保护、资源节约、促进就业、员工权益保护等。一般认为，企业就是创造利润的，利润最大化或股东财富最大化是企业发展的唯一目标，社会责任是政府的事情，与己无关。这种观点和定位失之偏颇。企业创造利润或实现股东财富最大化固然重要，但在经济社会高速发展的当今时代，尤其是我国作为发展中国家，大力发展社会主义市场经济，企业作为重要的市场主体，如果不顾一切地追逐利润而不履行社会责任，显然不符合科学发展观与建设和谐社会的要求。即使是西方发达国家，企业也要履行社会责任。履行社会责任是企业应尽的义不容辞的义务，也是企业的光荣使命。

企业履行社会责任至少具有如下意义。

（1）企业创造利润或财富与履行社会责任是统一的有机整体。企业创造利润或财富，要依法纳税、向股东分红，并向管理者和员工发放年薪或工资，企业创造的利润或财富越多，上缴税收和分红就越多，年薪和工资也就随之升高，从而为国家、股东和员工作出贡献，同时促进客户发展等。这在本质上也属于履行社会责任。在这一过程中，要做到安全生产，提升产品质量，重视环境保护和资源节约，促进就业和保护员工权益，属于企业直接为社会相关方面作出贡献。两者的目标是一致的，不应将两者对立起来。正确处理两者的关系，实现两者的有机统一，企业才能进入良性发展的轨道。

（2）企业履行社会责任是提升发展质量的重要标志，也是实现可持续长远发展的根本所在。随着我国经济的高速发展，我国正在进行的转变经济增长方式归根到底是要求提升发展质量问题。履行社会责任是企业提升发展质量的重要标志。企业在制定和实现发展战略过程中，应当充分考虑履行社会责任的要求，否则，企业必然短命。企业只有重视和履行社会责任，才能从根本上转变发展方式、提升发展质量，实现持续长远发展的目标。

（3）企业履行社会责任，是打造和提升企业形象的重要举措。企业形象是指企业的社会认同度,包括国内认同度和国际认同度。社会认同度高的企业必然是优质企业。企业应切实做到安全生产,产品质量第一,环境保护符合国家质量标准,避免掠夺性开发资源,促进社会就业等,从发展质量上下功夫,苦练内功,重视内涵,在认真履行社会责任的前提下实现发展目标,或将履行社会责任作为发展战略的重要组成部分,这样的优质企业才能从根本上改变和不断提升企业形象,在此基础上的企业形象必然被社会广泛认可。

📡 知识链接

在网络上查询以下事件的相关信息,看看这些企业是如何履行自己的社会责任的。

(1)字节跳动将原生创作者与传统村落建立连接,形成"乡村守护人"机制,引导用户种草打卡,告诉更多人"山里都是好风光"!

(2)2021年,在河南和山西的洪灾中,康师傅在政府部门的指导和支持下,利用自身地方行销网络,借助"师傅通"等数字化工具,将超过156万份的方便面和纯净水等爱心物资陆续送至108个受灾单位和慈善机构。此外,康师傅还自行研发"急难救助车",为抗洪一线工作者和受灾群众送去热水、面食等急救物资,在危难时刻发挥重要作用。

(3)2021年鸿星尔克负利润2.2亿元,在自身经营都处于困境中的情况下依然贡献出自己一份力,使出浑身解数拿出了5 000万元捐给了河南。

(4)元气森林每瓶水都与减碳相关。气泡水产品"0防腐剂"、水处理设备"0污染"、自建工厂"0碳",尽显环保责任。

二、社会责任的主要问题

《企业内部控制应用指引第4号——社会责任》指出,社会责任的主要问题体现在以下几个方面。

(一)安全生产

具体来说就是企业要做到以下几点。

(1)建立与安全生产相关的各种制度,并加强落实。企业应当依据国家有关安全生产方面的法律法规规定,结合本企业生产经营的特点,建立健全安全生产方面的规章制度、操作规范和应急预案。建章建制的关键是落实到位。近年来的重大安全事故频发,原因并不是没有建章建制,而是在巨大的经济利益驱动下,无视规章制度。

(2)不断加大安全生产投入和经常性维护管理。企业应当将安全生产投入列为首位,将员工的生命安全视为头等大事,加大安全生产的技术更新,保证投入安全生产所需的资金、人力、财物及时和足额到位。

(3)开展员工安全生产教育,实行特殊岗位资格认证制度。通过培训教育,让员工牢固树立"安全第一、预防为主"的思想,提高他们防范灾害的技能和水平。培训教育应当经常化、制度化,做到警钟长鸣,不能有丝毫放松和懈怠。对于特殊作业人员和特殊资质要求的生产岗位,要持证上岗。

(4)建立安全生产事故应急预警和报告机制。企业必须建立事故应急处理预案,建立专门的应急指挥部门,配备专业队伍和必要的专业器材等,在发生安全生产事故时做到临危不乱,按照预定程序有条不紊地处理好发生的安全生产事故,同时按照国家有关规定及时报告。

(二)产品质量

企业至少应做到以下几点。

(1)建立健全产品质量标准体系。企业应当根据国家法律法规规定,结合企业产品特点,制定完善产品质量标准体系,努力为社会提供优质、安全、健康的产品和服务。

(2)严格执行质量控制和检验制度。企业应当加强对产品质量的检验,严禁未经检验合格的产品流入市场。从原材料进厂,一直到产品销售等各个环节和流程,都必须有严格的质量控制标准做保证。

(3)加强产品售后服务方面。企业应当把售后服务作为企业采取有效竞争策略、提高产品服务增值的重要手段,重视和加强售后服务,创新售后服务方法,力争做到件件有结果、有分析、有整改、有考核。

(三)环境保护与资源节约

企业至少应做到以下几点。

(1)转变发展方式,实现清洁生产和循环经济。企业应加大对环保工作的人力、物力、财力的投入和技术支持,不断改进工艺流程,加强节能减排,降低能耗和污染物排放水平。企业还应加强对废气、废水、废渣的自行回收、利用和处置等综合治理,推动生产、流通和消费过程中对资源的减量化、再利用、资源化。

(2)依靠科技进步和技术创新,着力开发利用可再生资源。企业只有不断增强自主创新能力,通过技术进步推动替代技术和发展替代产品、可再生资源,降低资源消耗和污染物排放,实现低投入、低消耗、低排放和高效率,才能有效实现资源节约和环境保护。

(3)建立完善监测考核体系,强化日常监控。只有建立环境保护和资源节约监测考核体系,完善激励与约束机制,明确职责,各司其职、各尽其责,严格监督,落实岗位责任制,才能保证环境保护和资源节约等各项工作落到实处。

(四)促进就业

促进就业是企业社会责任的重要体现。企业作为就业工作的最大载体,应当以宽广的胸怀接纳各方人士,为国家和社会分担困难,促进充分就业。企业应结合实际需要,转变陈旧或功利的用人观念,在满足自身发展的情况下,公开招聘、公平竞争、公正录用,为社会提供尽可能多的就业岗位。

(五)保护员工合法权益

员工是企业生存发展的内在动力。不断提升员工的素质,维护员工的合法权益,既是社会和谐稳定的需要,也是企业长远发展的需要。企业应当尊重员工、关爱员工、维护员工权益,促进与员工的和谐稳定及共同发展。企业应做到以下几点。

(1)建立完善科学的员工培训和晋升机制。

（2）建立科学合理的员工薪酬增长机制。

（3）维护员工的身心健康。

（六）重视产学研用结合

企业应当重视产、学、研、用结合，牢固确立企业技术创新主体地位这个核心，把产、学、研、用结合的基点放在人才培养方面。企业要充分运用市场机制和手段，积极开展与高校和科研院所的战略合作，联合创建国家重点实验室、工程中心等研发和产业化基地，实行优势互补，激发科研机构的创新活力。

（七）支持慈善事业

企业应在关注公司自身发展的同时，勇于承担社会责任，积极支持慈善事业，奉献爱心和做出善举，扶助社会弱势群体。

三、社会责任的履行

企业重视并切实履行社会责任，既是为企业前途、命运负责，也是为社会、国家、人类负责。企业应当高度重视履行社会责任，积极采取措施促进社会责任的履行。

首先，企业负责人应当高度重视强化企业社会责任的履行，树立社会责任意识，把履行社会责任提上企业重要议事日程，经常研究和部署社会责任工作，加强社会责任全员培训和普及教育，不断创新管理理念和工作方式，努力形成履行社会责任的企业价值观和企业文化。其次，企业应建立和完善履行社会责任的体制与运行机制，要把履行社会责任融入企业发展战略，落实到生产经营的各个环节，明确归口管理部门，建立健全预算安排，逐步建立和完善企业社会责任指标统计与考核体系。最后，企业应建立企业社会责任报告制度，发布社会责任报告，让股东、债权人、员工、客户、社会等各方面知晓自己在社会责任领域所做的工作、所取得的成就。

资料4-5

第六节　企业文化

知识链接

看一个家族的兴败，主要看三个地方：第一，看子孙睡到几点。假如睡到太阳都已经升得很高的时候才起来，那代表这个家族会慢慢懈怠下来。第二，看子孙有没有做家务，因为勤劳、劳动的习惯影响一个人一辈子。第三，看子孙有没有在读圣贤的经典。

一、企业文化概述

《企业内部控制应用指引第5号——企业文化》指出，企业文化是企业在生产经营实践中逐步形成、为整体团队所认同并遵守的价值观、经营理念和企业精神，以及在此基础上形成的行为规范的总称。企业文化是企业的灵魂，渗透于企业的一切经营管理活动之中，是推动企业持续发展的不竭动力。没有优秀的企业文化，就不能统一董事、监事、高级管理人员和全体员工的思想与意志，就不能激发其潜力和热情，就不能培育对企业的认同感,就不能形成卓越的执行力。从这个意义上讲,为了真正发挥内部控制在强化企业管理、提升企业经营管理效率和效果、促进实现发展战略中的重要作用,应当重视和加强企业文化建设,致力打造优秀的企业文化。

知识链接

在网络上查询以下事件的相关信息,分析这些企业的企业文化。

(1)海底捞的情感型企业文化。

(2)华为的"狼性"文化。

(3)谷歌的"四化"企业文化。

首先,企业文化建设可以为企业提供精神支柱。一个人活在世上应该有一点精神,要有理想和追求,因为有了积极向上的精神,人才能活出精彩、活得有价值。一个企业要在市场竞争中取胜,保持可持续健康发展,同样需要具备顽强拼搏、不懈奋斗的精神。有了这种现代企业精神,才能将企业董事、监事、高级管理人员和全体员工的心紧紧连在一起,让他们尽最大努力,充分发挥主观能动性,为企业创造最大价值。有了这种现代企业精神,才能让企业在遭遇国际金融危机等重大困难情况下不致被击倒;才能让企业抓住发展机遇,实现跨越式发展。这种现代企业精神集中体现为企业文化。从这个意义上讲,建设企业文化,可以为企业提供精神支柱。其次,企业文化建设可以提升企业的核心竞争力。企业核心竞争力是企业所具有的不可交易和不可模仿的独特的优势因素,是企业竞争中最具有长远和决定性影响的内在因素。通常认为,拥有核心竞争力的企业具有以下特征:具有良好市场前景的关键技术、真实稳健的财务状况、内外一致的企业形象、真实诚信的服务态度、团结协作的团队精神、以客户为中心的经营理念、公平公正善待员工、鼓励员工开拓创新的激励机制等。所有这些特征,几乎都与企业文化有关。我国中医药行业的著名老字号——北京同仁堂,之所以历经300多年而不衰,不可否认的是其拥有"核心技术",但同样重要的在于历代同仁堂人前赴后继、不懈追求,始终恪守和培育"炮制虽繁必不敢省人工,品味虽贵必不敢减物力""修合无人见,存心有天知"的文化传承。为此,企业应当重视和加强企业文化建设,不断提升核心竞争力。最后,企业文化建设可以为内部控制有效性提供有力保证。《企业内部控制基本规范》明确指出,"企业应当加强文化建设,培育积极向上的价值观和社会责任感,倡导诚实守信、爱岗敬业、开拓创新和团队协作精神,树立现代管理理念,强化风险意识"。企业文化是企业建立和完善内部控制的重要基础。内部控制作为企业管理的重要抓手,表现形式往往是系列规章制度及其落实。这些规章制度连同其他管理规范,甚至包括企业的发展目标和战略规划,要真正落实到位,都必须努力建设优秀的企业文化。规章制度的生命力在于执行。

二、企业文化的构建

构建优秀的企业文化,是一个长期而复杂的系统工程,不可能一蹴而就,具体可从以下几个方面进行。

(一)注重塑造企业核心价值观

核心价值观是企业在经营过程中坚持不懈、努力使全体员工都必须信奉的信条,体现了企业核心团队的精神,往往也是企业家身体力行并坚守的理念。价值观和理念是一个企业的文化核心,凝聚着董事、监事、高级管理人员和全体员工的思想观念,从而使大家的行为朝着一个方向去努力,反映出一个企业的行为和价值取向。企业文化建设始于核心价值观的精心培育,终于核心价值观的维护、延续和创新。塑造企业核心价值观应注重以下几点。

(1) 着力挖掘自身文化。

(2) 着力博采众长。

(3) 根据塑造形成的核心价值观指导企业的实际行动。

(二) 重点打造以主业为核心的品牌

品牌通常是指能够给企业带来溢价、产生增值的一种无形的资产,其载体是用以和其他竞争者的产品或劳务相区分的名称、术语、象征、记号或者设计及其组合。企业产品或劳务的品牌与企业的整体形象联系在一起,是企业的"脸面"或"标识"。企业应当将核心价值观贯穿于自主创新、产品质量、生产安全、市场营销、售后服务等方面的文化建设中,着力打造源于主业且能够让消费者长久认可、在国内外市场彰显强大竞争优势的品牌。

(三) 充分体现"以人为本"的理念

"以人为本"是企业文化建设应当信守的重要原则。企业要在企业文化建设过程中牢固树立以人为本的思想,坚持全心全意依靠全体员工办企业的方针,尊重劳动、尊重知识、尊重人才、尊重创造,用美好的愿景鼓舞人,用宏伟的事业凝聚人,用科学的机制激励人,用优美的环境熏陶人。

(四) 强化企业文化建设中的领导责任

在建设优秀的企业文化过程中,领导是关键。企业主要负责人应当站在促进企业长远发展的战略高度重视企业文化建设,切实履行第一责任人的职责,对企业文化建设进行系统思考,出思想、谋思路、定对策,确定本企业文化建设的目标和内容,提出正确的经营管理理念。

一、美国沃尔玛

美国沃尔玛公司(Walmart,以下简称"沃尔玛")是世界最大的连锁零售商,细究其商业成功,良好的内部控制作为中枢神经系统和推动企业健康发展的引擎功不可没,具体表现在以下几方面。

1. 诚实原则与道德价值观

沃尔玛不但不怕员工犯错误,而且会有专门的人帮助员工去改正错误。但有一个错误是不可以被原谅的,那就是不诚实,因为"诚实"是沃尔玛对员工最基本也是最重要的要求。沃尔玛所提倡的道德价值观,可以归结为:"顾客第一、员工第二、管理层第三。"诚实原则和"顾客第一、员工第二、管理层第三"的道德价值观,不仅为沃尔玛树立了良好的企业形象,更是其长远发展的必要和有力保障。

2. 人力资源保障与激励

西方谚语云,"内部控制是靠人去设计的,也是靠人去执行的",人力资源可谓内部控制的命门。沃尔玛非常重视对员工的培养与教育,60%的管理人员是从普通营业员成长起来的。伴随着每位员工的成长,公司在每个关键环节都会组织员工进行与岗位或职位相对应的培训。沃尔玛还利用利润分享计划、雇员购股计划和损耗奖励计划三管齐下,对员工进行有效激励。人是最重要的"软资产",生产经营和管理活动如此,内部控制也不例外。沃尔玛将人力资源作为一项系统工程来抓,细抠招聘、培训、激励和晋升等细节,体现出以人为本的控制思想。

3. 科技与成本节省

沃尔玛运用科技手段促进业务发展,为各界树立了成功的典范。沃尔玛是传统行业利用科技手段获得竞争力的最好范例,其建立了专门的电脑管理系统、卫星定位系统和电视调度系统,借助高科技平台,实现物流、商流和信息流的统一,达成实质性降低成本、提高效率和加强运营管理等多重目的。

4. 信息沟通与监控

沟通是收集信息、分享信息最重要的途径。沃尔玛认为,沟通须亲力亲为,管理人员必须亲临基层,及时了解和处理店中事务。沃尔玛不仅倡导类似通用电气公司的"Open Door"做法,而且做得更彻底和有效。它不仅倡导管理层的大门向员工敞开,更倡导走出房间、走近基层员工。沃尔玛的管理层奉行"门户开放"政策,既拓宽了信息沟通渠道,也保证了信息沟通效果,而信息共享和机构精简,既让控制无处不在,又让控制不失于简明。

5. 组织结构

沃尔玛每家分店由一位经理和至少两位助理经理经营管理,经理负责整个商店的运营,助理经理则分别负责耐用商品和非耐用商品的管理,他们领导着约36个商品部门经理。分店经理向地区经理汇报工作,每位地区经理负责约12家分店。地区经理向区域副总裁汇报工作,每位区域副总裁下设3~4位地区经理。区域副总裁向公司执行副总裁汇报工作,另外还有两位高级副总裁分别负责新店发展和公司财务。虽然沃尔玛的商业规模早已今非昔比,但是这种监控机制基本与初建时同样简单、精练和有效。通过清晰的责任配置,成功监控这一超大规模的商业帝国。

二、三鹿集团

石家庄三鹿集团股份有限公司(以下简称"三鹿集团")是国内最大的奶粉生产企业,在乳制品加工企业中位居全国第三名。作为农业产业化国家重点龙头企业,三鹿集团曾经先后获得省级以上荣誉200多项。

但是,2008年9月11日,由于三鹿婴幼儿配方奶粉掺杂致毒化学物"三聚氰胺"的曝光,三鹿集团被迅速推向破产边缘,并引发"中国奶业的大地震",田文华由此成为"中国乳业的罪人"。2009年1月22日,三鹿案一审宣判,田文华被判无期徒刑。2009年2月12日,法院正式宣布三鹿集团破产。

三鹿集团身处关系国计民生的食品行业,不仅没有信守承诺——向社会提供优质乳制品,为提高国民身体素质作出贡献,反而在市场和利润的利益诱惑面前,置合法合规性于不顾,在三鹿婴幼儿奶粉里掺入大量的有毒化学原料"三聚氰胺",致使4名婴儿死亡。截至2008年12月底,全国累计因食用三鹿奶粉和其他问题奶粉致泌尿系统出现异常的患儿共29.6万人。这种见利忘义、逆道而行的做法是三鹿集团悲剧的罪魁祸首。

田文华曾强调,"诚信对企业而言,就如同生命对于个人……我们要时刻保持清醒的头脑,诚信地走下去,三鹿最大的对手不是别人,而是自己。"只可惜三鹿集团言行不一,其信息披露没能遵循诚信原则。

2007年12月,三鹿集团就已接到患儿家属投诉。2008年6月,三鹿集团检验发现奶粉异常,确定其中含有"三聚氰胺"。当新西兰恒天然集团得知三鹿集团奶源受污染后,要求采取措施予以恰当应对时,三鹿集团管理层却对此置若罔闻并采取拖延和瞒报的手段,意图瞒天过海。之后,新西兰恒天然集团又向石家庄市反映情况无果,不得已通过新西兰总理直接向时任中国国务院总理温家宝反映情况……不及时披露信息,甚至瞒报、谎报信息,三鹿集团的信息目标与内部控制要求是背道而驰的。

在"毒奶粉"事件中,预警机制的失灵,是"三鹿事件"暴露出的重大问题之一。三鹿集团在明知自己的产品中含有可能致人伤害的"三聚氰胺"情况下,非但不采取积极补救措施,相反存侥幸之心,继续生产和对外销售,导致事态扩大。

同时,三鹿集团的应急机制几近失效。三鹿集团采取对媒体隐瞒和否认的强势危机公关做法,从坚决否认到遮遮掩掩,从推卸责任到被迫道歉,在事件到了无法隐瞒的时候,才开始做产品的全面召回。

三鹿集团"长期隐瞒问题",既没有积极主动地收集、处理和传递相关信息,也没有及时向相关部门报告情况,更没有积极主动地向社会披露信息。

"三鹿事件"所折射出的不仅仅是某个企业或行业的问题,而是我国企业发展过程中普遍面临的如何有效均衡"德"与"利"、如何均衡企业发展与社会责任关系的问题。

扩展阅读

即测即练

第五章

企业主要业务内部控制

- 掌握企业内部控制应用指引——资金活动；
- 掌握企业内部控制应用指引——采购业务；
- 掌握企业内部控制应用指引——资产管理；
- 掌握企业内部控制应用指引——销售业务；
- 掌握企业内部控制应用指引——财务报告。

第一节　资金活动内部控制

资料 5-1

 知识链接

千山药机的违规占用资金风险

　　湖南千山制药机械股份有限公司（以下简称"千山药机"）是从事制药机械、包装机械等系列产品研制、销售及进出口业务的国家级高新技术企业。刘某华担任千山药机董事长、法定代表人、总经理，是公司实际控制人之一。刘某山是刘某华的胞弟，2002年至2012年7月任公司财务部长、财务总监，2017年至处罚决定书发文日在湖南乐福地医药包材科技有限公司担任董事长。刘某华、刘某山为千山药机关联自然人。刘某华、刘某山主要通过三种方式占用千山药机资金：一是直接将千山药机及其子公司的资金转移至其实际控制的个人或单位账户；二是将千山药机通过民间借贷所融得的资金直接从出借方账户转至其实际控制的个人或单位账户；三是通过支付工程款、货款等名义将千山药机的资金转至其实际控制的个人或单位账户。经查，2017年千山药机转入刘某华、刘某山实际控制账户资金额 193 954.06 万元，刘某华、刘某山实际控制账户转回千山药机资金额 80 248.53 万元。截至 2017 年 12 月 31 日，刘某华、刘某山控制本人及陈某华、湖南康都制药有限公司祁阳分公司、湖南新五洲医药包装有限责任公司、湖南新中制药机械股份有限公司等银行账户实际违法占用千山药机资金余额101 208.12 万元。

　　资金是企业生存和发展的重要基础，被视为企业生产经营的血液，决定着企业的竞争能力和可持续发展能力，一直受到企业的高度重视。资金活动，是企业筹资、投资和资金营运等活动的总称。影响资金活动的因素众多且不确定性较大。资金活动中的潜在风险

大多为重要性风险。一旦风险转变为现实,对企业危害重大。加强资金活动风险控制,对于促进企业有效地组织资金活动、防范和控制资金风险、保证资金完整和安全、提高资金使用效益等具有重要意义。

对资金活动实施内部控制,需要建立健全相应的内部控制制度:根据国家和地方有关法律法规和监管制度的要求,结合企业生产经营的实际需要,设计科学合理、重点突出、便于操作的业务流程;同时还要有针对关键控制点以及主要风险来源的内控措施。资金活动内部控制的总体要求可以概括为:科学决策是核心、制度建设是基础、业务流程是重点、风险控制点是关键、资金集中管理是方向、严格执行是保障。

一、筹资活动

筹资活动是企业资金活动的起点,也是企业整个经营活动的基础。通过筹资活动,企业取得投资和日常生产经营活动所需的资金,从而使企业投资、生产经营活动顺利进行。企业应当根据经营和发展战略的资金需要,确定融资战略目标和规划,结合年度经营计划和预算安排,拟订筹资方案,明确筹资用途、规模、结构和方式等相关内容,对筹资成本和潜在风险作出充分估计。如果是境外筹资,还必须考虑所在地的政治、经济、法律和市场等因素。

📡 知识链接

(1) 并购融资监管问题研究——基于"宝万之争"的案例;

(2) 房地产企业信托夹层融资模式探析;

(3) 大数据征信服务小微企业融资案例研究——以江苏银行"e 融"系列产品为例;

(4) 公益性建设项目的 PPP(政府和社会资本合作)投融资模式创新研究——以河南省水生态文明项目为例;

(5) 共享经济背景下乡村旅游企业融资模式——以澧县华诚彭山旅游度假庄园有限公司为例。

筹资活动的内部控制,不仅决定企业能不能顺利筹集生产经营和未来发展所需资金,而且决定企业能以什么样的筹资成本筹集资金、能以什么样的筹资风险筹集所需资金,并决定企业所筹集资金最终的使用效益。较低的筹资成本、合理的资本结构和较低的筹资风险,能够使企业应付自如、进退有据,不至于背负沉重的压力,从而从容地追求长期目标,实现可持续发展;而较高的筹资成本、不合理的资本结构和较高的筹资风险,常常使企业经营压力倍增。一方面,企业要保持更高的资金流动性以应付不合理资本结构带来的财务风险;另一方面,企业要追求更高的投资收益以补偿高额的筹资成本。

(一) 筹资活动的业务流程

企业筹资活动,应该根据筹资活动的业务流程,区分不同筹资方式,按照业务流程中不同环节体现出来的风险,结合资金成本与资金使用效益情况,采用不同措施进行控制。因此,设计筹资活动的内部控制制度,就必须深入分析筹资业务流程。筹资活动业务流程如图 5-1 所示,一般包括以下几点。

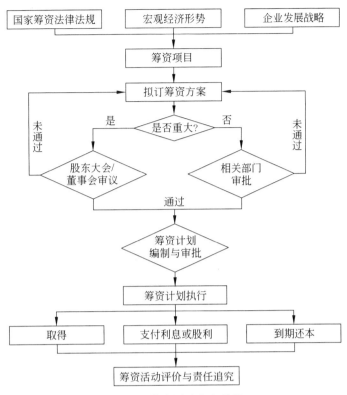

图 5-1　筹资活动业务流程

1. 提出筹资方案

一般由财务部门根据企业经营战略、预算情况与资金现状等因素,提出筹资方案,一个完整的筹资方案应包括筹资金额、筹资形式、利率、筹资期限、资金用途等内容,提出筹资方案的同时还应与其他生产经营相关业务部门沟通协调,在此基础上才能形成初始筹资方案。

2. 筹资方案论证

初始筹资方案还应经过充分的可行性论证。企业应组织相关专家对筹资项目进行可行性论证,可行性论证是筹资业务内部控制的重要环节。一般可以从下列几个方面进行分析论证。

(1) 筹资方案的战略评估。主要评估筹资方案是否符合企业整体发展战略;控制企业筹资规模,防止因盲目筹资而给企业造成沉重的债务负担。企业应对筹资方案是否符合企业整体战略方向进行严格审核,只有符合企业发展需要的筹资方案才具有可行性。另外,企业在筹资规模上,也不可过于贪多求大。资金充裕是企业发展的重要保障,然而任何资金都是有成本的,企业在筹集资金时一定要有战略考虑,切不可盲目筹集过多的资金,造成资金闲置,同时给企业增加财务负担。

(2) 筹资方案的经济性评估。主要分析筹资方案是否符合经济性要求,是否以最低的筹资成本获得了所需的资金,是否还有降低筹资成本的空间以及更好的筹资方式,筹资期限等是否经济合理,利息、股息等水平是否在企业可承受的范围之内。如筹集相同的资金,选择股票与选择债券方式,就会面临不同的筹资成本;选择不同的债券种类或者期限结构,也会面临不同的成本,企业必须认真评估筹资成本,并结合收益与风险进行筹资方案的经济性评估。

(3)筹资方案的风险评估。对筹资方案面临的风险进行分析,特别是对利率、汇率、货币政策、宏观经济走势等重要条件进行预测分析,对筹资方案面临的风险作出全面评估,并有效地应对可能出现的风险。若选择债权方式筹资,其按期还本付息对于企业来说是一种刚性负担,带给企业的现金流压力较大;若选择股权方式筹资,在股利的支付政策上企业有较大的灵活性,且无须还本,但股权筹资的成本也是比较高的,而且股权筹资可能会使企业面临较大的控制权风险。所以,企业应在不同的筹资风险之间进行权衡。

3. 筹资方案审批

通过可行性论证的筹资方案,需要在企业内部按照分级授权审批的原则进行审批,重点关注筹资用途的可行性。重大筹资方案,应当提交股东(大)会审议,筹资方案需经有关管理部门批准的,应当履行相应的报批程序。审批人员与筹资方案编制人员应适当分离。在审批中,应贯彻集体决策的原则,实行集体决策审批或者联签制度。在综合正反两方面意见的基础上进行决策,而不应由少数人主观决策。筹资方案发生重大变更的,应当重新履行可行性研究以及相关审批程序。

4. 筹资计划编制与执行

企业应根据审核批准的筹资方案,编制较为详细的筹资计划,经过财务部门批准后,严格按照相关程序筹集资金:通过银行借款方式筹资的,应当与有关金融机构进行洽谈,明确借款规模、利率、期限、担保、还款安排、相关的权利与义务和违约责任等内容。双方达成一致意见后签署借款合同,据此办理相关借款业务。通过发行债券方式筹资的,应当合理选择债券种类,如普通债券还是可转换债券等,并对还本付息方案作出系统安排,确保按期、足额偿还到期本金和利息。通过发行股票方式筹资的,应当依照《中华人民共和国证券法》等有关法律法规和证券监管部门的规定,优化企业组织架构,进行业务整合,并选择具备相应资质的中介机构,如证券公司、会计师事务所、律师事务所等协助企业做好相关工作,确保符合股票发行条件和要求。同时,企业应当选择合理的股利支付方式,兼顾投资者的近期利益与长远利益,调动投资者的积极性,避免分配不足或过度;股利分配方案最终应经股东大会审批通过,如果是上市公司,还必须按信息披露要求进行公告。

5. 筹资活动的监督、评价与责任追究

要加强筹资活动的检查监督,严格按照筹资方案确定的用途使用资金,确保款项的收支、股息和利息的支付、股票和债券的保管等符合有关规定。筹资活动完成后要按规定进行筹资后评价,对存在违规现象的,严格追究其责任。

（二）筹资活动的主要风险点及管控措施

📡 **知识链接**

值得学习的好制度:西藏矿业(000762)募集资金使用管理制度。

筹资活动的主要风险点及管控措施如下。

1. 缺乏完整的筹资战略规划导致的风险

在企业具体的筹资活动中,应贯彻既定的资金战略,以目标资本结构为指导,协调企业的资金来源结构、期限结构、利率结构等。如果忽视战略导向,缺乏对目标资本结构的清晰认识,则很容易导致盲目筹资,使企业资本结构、资金来源结构、利率结构等处于频繁变动中,给企业的生产经营带来巨大的财务风险。

2. 缺乏对企业资金现状的全面认识导致的风险

企业在筹资之前,应对企业的资金现状有一个全面、正确的了解,并在此基础上结合企业战略和宏、微观形势等提出筹资方案。如果资金预算和资金管控工作不到位,企业将无法全面了解资金现状,无法正确评估资金的实际需要以及期限等,很容易导致筹资过度或者筹资不足。特别是对于大型企业集团来说,如果没有对全集团的资金现状做一个深入、完整的了解,很可能出现一部分企业资金结余,而其他部分企业仍然对外筹资,使得集团的资金利用效率低下,增加了不必要的财务成本。

3. 缺乏完善的授权审批制度导致的风险

筹资方案必须经过完整的授权审批流程方可正式实施,这一流程既是企业上下沟通的过程,同时也是各个部门、各个管理层次对筹资方案进行审核的重要风险控制程序。审批流程中,每一个审批环节都应对筹资方案的风险控制等问题进行评估,并认真履行审批职责。完善的授权审批制度有助于对筹资风险进行管控,如果忽略这一完善的授权审批制度,则有可能忽视筹资方案中的潜在风险,使筹资方案草率决策、仓促上马,给企业带来严重的潜在风险。

4. 缺乏对筹资条款的认真审核导致的风险

企业筹资要签订相应的筹资合同、协议等法律文件,筹资合同一般应载明筹资数额、期限、利率、违约责任等内容,企业应认真审核、仔细推敲筹资合同的具体条款,防止因合同条款而给企业带来潜在的不利影响。企业可以借助专业的法律中介机构来进行合同文本的审核。

5. 因无法保证支付筹资成本导致的风险

任何筹资活动都需要支付相应的筹资成本。债权筹资的成本为固定的利息费用,是刚性成本,企业必须按期足额支付。股权筹资虽然没有固定的利息费用,而且没有还本的压力,但是保证股权投资者的报酬一样不可忽视,企业应认真制订好股利支付方案,包括股利金额、支付时间、支付方式等,如果股利支付不足,或者对股权投资者报酬不足,股东将会抛售股票,从而导致企业股价下跌,这给企业经营带来重大不利影响。

6. 缺乏严密的跟踪管理制度导致的风险

企业筹资活动的流程很长,不仅包括资金的筹集到位,更包括资金使用过程中的利息、股利等筹资费用的计提支付,以及最终的还本工作,筹资流程贯穿企业整个经营活动,是企业的一项常规管理工作。企业在筹资跟踪管理方面应制定完整的管理制度,包括资金到账、资金使用、利息支付、股利支付等,并时刻监控资金的动向。如果缺乏严密的跟踪管理,可能会使企业资金管理失控,资金被挪用而导致财务损失,也可能因此导致利息没有及时支付而被银行罚息,这些都是企业面临的财务风险。

筹资活动的流程较长,企业在相应的内控活动中应识别关键风险控制点,进行风险控制。筹资活动中各环节的关键风险控制点有以下几个。

(1)提出筹资方案。提出筹资方案是筹资活动中的第一个重要环节,也是筹资活动的起点,筹资方案的内容是否完整、考虑是否周密、测算是否准确等,直接决定着筹资决策的正确性,关系到整个筹资活动的效率和风险。

(2)筹资方案审批。相关责任部门拟订投资方案并进行可行性论证以后,股东(大)会或者董事会、高管层应对筹资方案履行严格的审批责任。审批中应实行集体决策审议或者联签制度,避免一人说了算或者拍脑袋行为。

(3)制订筹资计划。根据批准的筹资方案,财务部门应制订严密、细致的筹资计划,通过筹资计划,对筹资活动进行周密安排和控制,使筹资活动在严密控制下高效、有序进行。

(4)实施筹资。筹资计划经层层授权审批之后,就应付诸实施。在实施筹资计划的过程中,企业必须认真做好筹资合同的签订、资金的划拨、使用以及跟踪管理等工作,保证筹资活动按计划进行,妥善管理所筹集的资金,保证资金的安全性。

(5)筹资后的追踪监管环节。筹集资金到位以后,企业应该做好筹资费用的计提、支付以及会计核算等工作。对于债券类筹资,企业应按时计提并及时支付债务利息,保持良好的信用记录;对于股权类筹资,企业应制订科学、合理并能让股东满意的股利支付方案,并严格按方案支付股利。筹资费用的管理事关资金提供者的积极性,对培养企业良好的筹资环境极为重要。

筹资活动的关键风险控制点、控制目标和控制措施见表 5-1。

表 5-1　筹资活动的关键风险控制点、控制目标和控制措施

关键风险控制点	控制目标	控制措施
提出筹资方案	进行筹资方案可行性论证	(1) 进行筹资方案的战略性评估,如是否与企业发展战略相符合,筹资规模是否适当; (2) 进行筹资方案的经济性评估,如筹资成本是否最低,资本结构是否恰当,筹资成本与资金收益是否匹配; (3) 进行筹资方案的风险性评估,如筹资方案面临哪些风险,风险大小是否适当、可控,是否与收益匹配
筹资方案审批	选择批准最优筹资方案	(1) 根据分级授权审批制度,按照规定程序严格审批经过可行性论证的筹资方案; (2) 审批中应实行集体审议或联签制度,保证决策的科学性
制订筹资计划	制订切实可行的具体筹资计划,科学规划筹资活动,保证低成本、高效率筹资	(1) 根据筹资方案,结合当时经济金融形势,分析不同筹资方式的资金成本,正确选择筹资方式和不同方式的筹资数量,财务部门或资金管理部门制订具体筹资计划; (2) 根据授权审批制度报有关部门批准
实施筹资	保证筹资活动正确、合法、有效地进行	(1) 根据筹资计划进行筹资; (2) 签订筹资协议,明确权利与义务; (3) 按照岗位分离与授权审批制度,各环节和各责任人正确履行审批监督责任,实施严密的筹资程序控制和岗位分离控制; (4) 做好严密的筹资记录,发挥会计控制的作用
筹资后的追踪监管环节	保证筹集资金的正确、有效使用,维护筹资信用	(1) 促成各部门严格按照确定的用途使用资金; (2) 监督检查,督促各环节严格保管未发行的股票、债券; (3) 监督检查,督促正确计提、支付利息; (4) 加强债务偿还和股利支付环节的监督管理; (5) 评价筹资活动过程,追究违规人员责任

二、投资活动

企业投资活动是筹资活动的延续,也是筹资的重要目的之一。投资活动作为企业的一种盈利活动,对于筹资成本补偿和企业利润创造具有举足轻重的意义。企业应该根据自身发展战略和规划,结合企业资金状况以及筹资可能性,拟订投资目标,制订投资计划,合理安排资金投放的数量、结构、方向与时机,慎选投资项目,突出主业,谨慎从事股票或衍生金融工具等高风险投资。境外投资还应考虑政治、经济、金融、法律、市场等环境因素。如果采用并购方式进行投资,应当严格控制并购风险,注重并购协同效应的发挥。

📡知识链接

(1)《周礼》财计体制及其内部控制思想;

(2)金融危机中投资银行的内部控制研究——以美国雷曼兄弟公司为例;

(3)国有投资公司在投资某化工企业中内部控制机制的建设和完善。

资料 5-2

(一)投资活动的业务流程

企业应该根据不同投资类型的业务流程,以及流程中各个环节体现出来的风险,采用不同的具体措施进行投资活动的内部控制。投资活动业务流程如图 5-2 所示,一般包括以下几点。

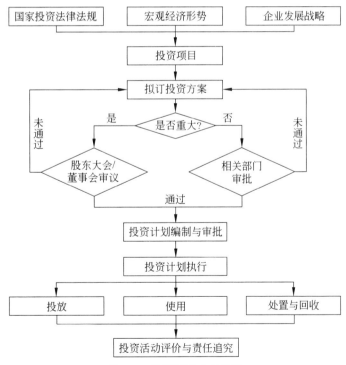

图 5-2　投资活动业务流程

（1）拟订投资方案。应根据企业发展战略、宏观经济环境、市场状况等，提出本企业的投资项目规划。在对规划进行筛选的基础上，确定投资项目。

（2）投资方案可行性论证。对投资项目应进行严格的可行性研究与分析。可行性研究需要从投资战略是否符合企业的发展战略、是否有可靠的资金来源、能否取得稳定的投资收益、投资风险是否处于可控或可承担范围内、投资活动的技术可行性、市场容量与前景等方面进行论证。

（3）投资方案决策。按照规定的权限和程序对投资项目进行决策审批，要通过分级审批、集体决策来进行，决策者应与方案制订者适当分离。重点审查投资方案是否可行、投资项目是否符合投资战略目标和规划、是否具有相应的资金能力、投入资金能否按时收回、预计收益能否实现，以及投资和并购风险是否可控等。重大投资项目，应当报经董事会或股东（大）会批准。投资方案需要经过有关管理部门审批的，应当履行相应的报批程序。

（4）投资计划编制与审批。根据审批通过的投资方案，与被投资方签订投资合同或协议，编制详细的投资计划，落实不同阶段的资金投入数量、投资具体内容、项目进度、完成时间、质量标准与要求等，并按程序报经有关部门批准。

（5）投资计划实施。投资项目往往周期较长，企业需要指定专门机构或人员对投资项目进行跟踪管理，以及有效管控。在投资项目执行过程中，必须加强对投资项目的管理，密切关注投资项目的市场条件和政策变化，准确做好投资项目的会计记录和处理。企业应及时收集被投资方经审计的财务报告等相关资料，定期组织投资效益分析，关注被投资方的财务状况、经营成果、现金流量以及投资合同履行情况，发现异常情况的，应当及时报告并妥善处理。同时，在项目实施中，还必须根据各种条件，准确对投资的价值进行评估，根据投资项目的公允价值进行会计记录。如果发生投资减值，应及时提取减值准备。

（6）投资项目的到期处置。对已到期投资项目同样要经过相关审批流程，妥善处置并实现企业最大的经济收益。企业应加强投资收回和处置环节的控制，对投资收回、转让、核销等决策和审批程序作出明确规定。重视投资到期本金的回收；转让投资应当由相关机构或人员合理确定转让价格，报授权批准部门批准，必要时可委托具有相应资质的专门机构进行评估；核销投资应当取得不能收回投资的法律文书和相关证明文件。

（二）投资活动的主要风险点及管控措施

投资活动的主要风险点及管控措施如下。

（1）投资活动与企业战略不符带来的风险。企业发展战略是企业投资活动、生产经营活动的指南和方向。企业投资活动应该以企业发展战略为导向，正确选择投资项目，合理确定投资规模，恰当权衡收益与风险。要突出主业，妥善选择并购目标，控制并购风险；要避免盲目投资，或者贪大贪快、乱铺摊子，以及投资无所不及、无所不能的现象。

（2）投资与筹资在资金数量、期限、成本与收益上不匹配的风险。投资活动的资金需求，需要通过筹资予以满足。不同的筹资方式，可筹集资金的数量、偿还期限、筹资成本不一样，这就要求投资量力而为，不可贪大求全，超过企业资金实力和筹资能力进行投资；投资的现金流量在数量和时间上要与筹资现金流量保持一致，以避免发生财务危机；投资收益要与筹资成本相匹配,保证筹资成本的足额补偿和投资营利性。

(3) 投资活动忽略资产结构与流动性的风险。企业的投资活动会形成特定资产,并由此影响企业的资产结构与资产流动性。对企业而言,资产流动性和盈利性是一对矛盾,这就要求企业在投资中恰当处理资产流动性和盈利性的关系,通过投资保持合理的资产结构,在保证企业资产适度流动性的前提下追求最大盈利性,这也就是投资风险与收益均衡问题。

(4) 缺乏严密的授权审批制度和不相容职务分离制度的风险。授权审批制度是保证投资活动合法性和有效性的重要手段。不相容职务分离制度则通过相互监督与牵制,保证投资活动在严格控制下进行,这是堵塞漏洞、防止舞弊的重要手段。没有严格的授权审批制度和不相容职务分离制度,企业投资就会呈现出随意、无序、无效的状况,导致投资失误和企业生产经营失败。因此,授权审批制度和不相容职务分离制度是投资内部控制、防范风险的重要手段。同时,与投资责任制度相适应,还应建立严密的责任追究制度,使责、权、利得到统一。

📡 知识链接

值得学习的好制度:

(1) 罗平锌电(002214)风险投资管理制度;

(2) 网宿科技(600507)对外投资管理制度。

(5) 缺乏严密的投资资产保管与会计记录的风险。投资是直接使用资金的行为,也是形成企业资产的过程,容易发生各种舞弊行为。在严密的授权审批制度和不相容职务分离制度以外,是否有严密的投资资产保管制度和会计控制制度,也是避免投资风险、影响投资成败的重要因素。企业应建立严密的资产保管制度,明确保管责任,建立健全账簿体系,严格账簿记录,通过账簿记录对投资资产进行详细、动态的反映和控制。

投资业务的关键风险控制点、控制目标和控制措施详见表 5-2。

表 5-2 投资业务的关键风险控制点、控制目标和控制措施

关键风险控制点	控制目标	控制措施
提出投资方案	进行投资方案可行性论证	(1) 进行投资方案的战略性评估,如是否与企业发展战略相符合; (2) 投资规模、方向和时机是否适当; (3) 对投资方案进行技术、市场、财务可行性研究,深入分析项目的技术可行性与先进性、市场容量与前景,以及项目预计现金流量、风险与报酬,比较或评价不同项目的可行性
投资方案审批	选择批准最优投资方案	(1) 明确审批人对投资业务的授权批准方式、权限、程序和责任,不得越权; (2) 审批中应实行集体决策审议或者联签制度; (3) 与有关被投资方签署投资协议
编制投资计划	制订切实可行的具体投资计划,作为项目投资的控制依据	(1) 核查企业当前资金额及正常生产经营预算对资金的需求量,积极筹措投资项目所需资金; (2) 制订详细的投资计划,并根据授权审批制度报有关部门审批

续表

关键风险控制点	控制目标	控制措施
实施投资方案	保证投资活动按计划合法、有序、有效地进行	(1) 根据投资计划进度,严格分期、按进度适时投放资金,严格控制资金流量和时间; (2) 以投资计划为依据,按照职务分离制度和授权审批制度,各环节和各责任人正确履行审批监督责任,对项目实施过程进行监督和控制,防止各种舞弊行为,保证项目建设的质量和进度要求; (3) 做好严密的会计记录,发挥会计控制的作用; (4) 做好跟踪分析工作,及时评价投资的进展,将分析和评价的结果反馈给决策层,以便及时调整投资策略或制定投资退出策略
投资资产处置控制	保证投资资产的处置符合企业的利益	(1) 投资资产的处置应该通过专业中介机构,选择相应的资产评估方法,客观评估投资价值,同时确定处置策略; (2) 投资资产的处置必须经过董事会的授权批准

三、资金营运活动

资金营运,是指企业日常生产经营中合理组织和调度各类资金,保证各类资金正常循环周转的行为。资金营运有广义和狭义之分。广义的资金营运,是企业筹资取得资金以后,进而使用资金盈利的过程;狭义的资金营运,则是与企业投资活动相对立的一种行为,是企业投资形成项目或资产以后,有效组织项目或资产运营、获得收益的过程,包括企业从货币资金开始,通过采购取得各类存货物资,再组织生产和销售,进行成本补偿和利润分配的全部过程。本章使用狭义的资金营运的概念。

知识链接

(1) 货币资金内部控制一般理论及应用研究——以某房地产公司货币资金内部控制分析为例;

(2) 强化理念 抓准重点 提高内部控制效率——中海集团"资金门"事件的教训与启示;

(3) ERP 系统环境下货币资金控制的特点和内部控制设计——基于某集团企业实施 ERP 案例的分析;

(4) 事业单位货币资金内部控制的探讨——以 A 单位为例;

(5) "互联网+"下医院货币资金内部控制的风险及对策。

企业资金营运内部控制的主要目标有:①保持生产经营各环节资金供求的动态平衡。企业应当将资金合理安排到采购、生产、销售等各环节,做到实物流和资金流相互协调、资金收支在数量及时间上相互协调。②促进资金合理循环和周转,提高资金使用效率。资金只有在不断流动的过程中才能带来增值。加强资金营运的内部控制,就是要努力促使资金正常周转,为短期资金寻找适当投资机会,避免出现资金闲置和沉淀等低效现象。③确保资金安全。企业的资金营运活动大多与流动资金尤其是货币资金相关,这些资金由于流动性很强,出现错弊的可能性更大,保护资金安全的要求更迫切。

（一）资金营运活动的业务流程

企业资金营运活动是一种价值运动,为保证资金价值运动的安全、完整、有效,企业资金营运活动应按照设计严密的流程进行控制。

（1）资金收付需要以业务发生为基础。企业资金收付,应该有根有据,不能凭空付款或收款。所有收款或者付款需求,都由特定的业务引起。因此,有真实的业务发生,是资金收付的基础。

（2）企业授权部门审批。收款方应该向对方提交相关业务发生的票据或者证明,收取资金。资金支付涉及企业经济利益流出,应严格履行授权分级审批制度。不同责任人应该在自己授权范围内,审核业务的真实性、金额的准确性,以及申请人提交票据或者证明的合法性,严格监督资金支付。

（3）财务部门复核。财务部门收到经过企业授权部门审批签字的相关凭证或证明后,应再次复核业务的真实性、金额的准确性、相关票据的齐备性,以及相关手续的合法性和完整性,并签字认可。

（4）出纳或资金管理部门在收款人签字后,根据相关凭证支付资金。

（二）资金营运的主要风险点及管控措施

🛰️ **知识链接**

值得学习的好制度:

（1）广弘控股(000529)资金管理办法;

（2）*ST 嘉瑞(000156)印章管理制度;

（3）北京利尔(002392)防范控股股东及关联方占用上市公司资金管理制度;

（4）富临运业(002357)资金调拨支付审批权限及票据传递程序管理办法。

资金营运内部控制的关键风险控制点及控制措施如下。

（1）审批。把收支审批点作为关键点,是为了控制资金的流入和流出,审批权限的合理划分是资金营运活动业务顺利开展的前提条件。审批活动关键点包括:制订资金的限制接近措施,经办人员进行业务活动时应该得到授权,任何未经授权的人员不得办理资金收支业务;使用资金的部门应提出用款申请,记载用途、金额、时间等事项;经办人员在原始凭证上签章;经办部门负责人、主管总经理和财务部门负责人审批并签章。

（2）复核。复核控制点是减少错误和舞弊的重要措施,根据企业内部层级的隶属关系可以划分为纵向复核和横向复核这两种类型。前者是指上级主管对下级活动的复核;后者是指平级或无上下级关系人员的相互核对,如财务系统内部的核对。复核关键点包括:资金营运活动会计主管审查原始凭证反映的收支业务是否真实合法,经审核通过并签字盖章后才能填制原始凭证;凭证上的主管、审核、出纳和制单等印章是否齐全。

（3）收付。资金的收付导致资金流入流出,反映资金的来龙去脉。该控制点包括:

出纳人员按照审核后的原始凭证收付款,对已完成收付的凭证加盖戳记,并登记日记账;主管会计人员及时、准确地记录在相关账簿中,定期与出纳人员的日记账核对。

(4)记账。资金的凭证和账簿是反映企业资金流入流出的信息源,如果记账环节出现管理漏洞,很容易导致整个会计信息处理结果失真。记账控制点包括:出纳人员根据资金收付凭证登记日记账,会计人员根据相关凭证登记有关明细分类账;主管会计登记总分类账。

(5)对账。对账是账簿记录系统的最后一个环节,也是报表生成前一个环节,对保证会计信息的真实性起到重要作用。对账控制点包括:账证核对、账账核对、账表核对、账实核对等。

(6)保管。为了确保企业财产的安全与完整,企业应当建立健全的资金保管制度、授权专人保管资金,并且定期、不定期地盘点企业财产。

(7)银行账户管理。企业应当严格按照《支付结算办法》等国家有关规定,加强对银行账户的管理,严格按规定开立账户,办理存款、取款和结算。银行账户管理的关键控制点包括:银行账户的开立、使用和撤销是否有授权,下属企业或单位是否有账外账。

(8)票据与印章管理。《中华人民共和国票据法》中规定的"票据",包括汇票、本票和支票,是指由出票人签发、约定自己或者委托付款人在见票时或指定的日期向收款人或持票人无条件支付一定金额的有价证券。印章是明确责任、表明业务执行及完成情况的标记。印章的保管要贯彻不相容职务分离的原则,严禁将办理资金支付业务的相关印章和票据集中让一人保管,印章要与空白票据分管,财务专用章要与企业法人章分管。

资金营运内部控制的关键风险控制点、控制目标和控制措施见表 5-3。

表 5-3　资金营运内部控制的关键风险控制点、控制目标和控制措施

关键风险控制点	控制目标	控制措施
审批	合法性	未经授权,不得经办资金收付业务;明确不同级别管理人员的权限
复核	真实性与合法性	会计对相关凭证进行横向复核和纵向复核
收付	收入入账完整,支出手续完备	出纳人员根据审核后的相关收付款原始凭证收款和付款,并加盖戳记
记账	真实性	出纳人员根据资金收付凭证登记日记账,会计人员根据相关凭证登记有关明细分类账;主管会计登记总分类账
对账	真实性和财产安全	账证核对、账账核对、账表核对与账实核对
保管	财产安全与完整	授权专人保管资金;定期、不定期盘点
银行账户管理	防范小金库;加强业务管控	开立、使用与撤销的授权;是否有账外账
票据与印章管理	财产安全	票据统一印制或购买;票据由专人保管;印章与空白票据分管;财务专用章与企业法人章分管

第二节　采购业务内部控制

资料5-3

 思考与分析

想一想下列公司的采购问题：

(1) 云南红塔集团的烟叶采购问题；

(2) 内蒙古大地基础制糖子公司的甜菜采购问题；

(3) 武汉钢铁集团公司煤的采购问题；

(4) 重庆山城啤酒的啤酒瓶回收问题。

它们的共同点是：①存在"二次入库"问题，并且首次入库与二次入库客观上存在数量差异，这就加大了内控的难度。例如，烟叶、甜菜由于存在除杂率、降土率以及含水量的自然差异必然导致两次入库存在量的差异。②盘存难度大，事后监督几乎不可能。例如，煤不仅库存量大，且每天动态变化，同时，煤的吸水性很强，很可能在盘存的头一天晚上被灌水而导致盘存失败。

采购是指企业购买物资(或接受劳务)及支付款项等相关活动。其中，物资主要包括企业的原材料、商品、工程物资、固定资产等。采购是企业生产经营的起点，既是企业"实物流"的重要组成部分，又与"资金流"密切关联。采购物资的质量和价格、供应商的选择、采购合同的订立、物资的运输、验收等供应链状况，在很大程度上决定了企业的生存与可持续发展。采购流程的环节虽然不是很复杂，但蕴藏的风险却是巨大的。

案例

采购控制不严引发的风险

2013年10月，某企业与某钢厂签订了5 600余吨钢板的采购合同，货值人民币2 400余万元，交货期为2013年12月31日，交货地点位于广东省惠州市的一个船运码头，运输方式为水运。该合同包含88种型号的钢板，共计107条物料，并约定了−5%～5%的溢短装条款。在实际执行过程中，发生如下风险。

(1) 钢厂延迟交货。2013年12月下旬，钢厂提出最后一批550吨钢板延迟至2014年1月上旬交货。2014年1月初，钢厂又告知由于生产延误且春节前后订船困难，推迟到2月中旬发货。

(2) 钢厂开出的增值税发票与货物不能一一对应。钢厂在未告知该企业的情况下，于2014年1月初寄出了钢板的增值税发票(以下简称"发票")，希望配合办理结算，并尽快支付货款。该企业在审票环节发现以下情况：完全合规的发票共12份，对应钢板共计2 800余吨，金额共计1 200余万元；有13份发票下的钢板既含有部分已完成发货和验收的钢板，又包括已生产完毕但未发货的钢板，数量共计2 500吨，金额共计1 100余万元；有8份发票下的钢板属于已生产完毕，但未发货，数量共计300吨，金额共计130余万元；

有2份发票下的钢板仍未生产完毕,数量共计5吨,金额共计2万余元。此外,通过与合同下的物料逐项对比发现,仍有不到9吨的钢板未开票。经钢厂确认,扣除溢短装,还有约8吨正在生产。

（3）造成采购单位的资金计划发生大幅偏差。考虑到钢厂资金方面面临的实际困难,采购单位在2013年年底提前实行在2014年1月向钢厂付款的资金计划。该资金计划占到采购单位当月资金计划的60%。但钢厂在2014年1月初提供的单据不能满足结算和付款的要求,造成了采购单位不能按计划与最终用户办理结算并收取货款,也不能向钢厂支付货款,使采购单位2014年1月的收款和付款计划发生大幅偏差。

资料来源:中国石化国际事业北京有限公司.建立正确流程 控制结算风险:钢材采购合同结算环节典型案创[J].石油石化物资采购,2014(8):60-61.

一、采购业务流程

采购业务流程主要涉及编制需求计划和采购计划、请购、选择供应商、确定采购价格、订立框架协议或采购合同、管理供应过程、验收、退货、付款、会计控制等环节。图5-3给出的采购业务流程适用于各类企业的一般采购业务,具有通用性。企业在实际开展采购业务时,可以参照此流程,并结合自身情况予以扩充和具体化。

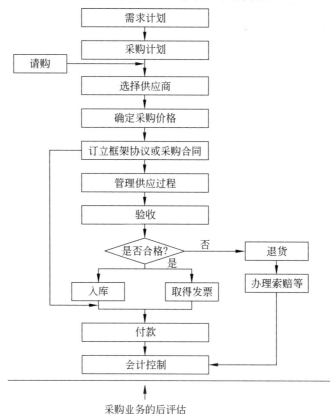

图5-3 采购业务流程

二、采购业务的主要风险点及管控措施

知识链接

(1) 供应链整合视角下的采购业务内部控制研究——以 A 集团为例；

(2) 基于财务云平台的采购管理内部控制优化研究——以重庆海事局为例；

(3) 企业采购业务内部控制问题研究——以 M 公司为例；

(4) 企业采购业务内部控制优化策略研究——以 H 公司为例。

采购业务的主要风险点及管控措施如下。

(一) 编制需求计划和采购计划

采购业务从计划(或预算)开始,包括需求计划和采购计划。企业实务中,需求部门一般根据生产经营需要向采购部门提出物资需求计划,采购部门根据该需求计划归类汇总平衡现有库存物资后,统筹安排采购计划,并按规定的权限和程序审批后执行。该环节的主要风险有:需求或采购计划不合理、不按实际需求安排采购或随意超计划采购,甚至与企业生产经营计划不协调等。

主要管控措施有以下几个。

(1) 生产、经营、项目建设等部门,应当根据实际需求准确、及时编制需求计划。需求部门提出需求计划时,不能指定或变相指定供应商。对独家代理、专有、专利等特殊产品应提供相应的独家、专有资料,经专业技术部门研讨后,由具备相应审批权限的部门或人员审批。

(2) 采购计划是企业年度生产经营计划的一部分,在制订年度生产经营计划的过程中,企业应当根据发展目标的实际需要,结合库存和在途情况,科学安排采购计划,防止采购过高或过低。

(3) 采购计划应纳入采购预算管理,经相关负责人审批后,作为企业刚性指令严格执行。

(二) 请购

请购是指企业生产经营部门根据采购计划和实际需要,提出的采购申请。该环节的主要风险有:缺乏采购申请制度,请购未经适当审批或超越授权审批,可能导致采购物资过量或短缺,影响企业正常生产经营。

主要管控措施有以下几个。

(1) 建立采购申请制度,依据购买物资或接受劳务的类型,确定归口管理部门,授予相应的请购权,明确相关部门或人员的职责权限及相应的请购程序。企业可以根据实际需要设置专门的请购部门,对需求部门提出的采购需求进行审核,并进行归类汇总,统筹安排企业的采购计划。

(2) 具有请购权的部门对于预算内采购项目,应当严格按照预算执行进度办理请购手续,并根据市场变化提出合理采购申请。对于超预算和预算外采购项目,应先履行预算

调整程序,由具备相应审批权限的部门或人员审批后,再行办理请购手续。

（3）具备相应审批权限的部门或人员审批采购申请时,应重点关注采购申请内容是否准确、完整,是否符合生产经营需要,是否符合采购计划,是否在采购预算范围内等。对不符合规定的采购申请,应要求请购部门调整请购内容或拒绝批准。

（三）选择供应商

选择供应商,也就是确定采购渠道。它是企业采购业务流程中非常重要的一个环节。该环节的主要风险有：供应商选择不当,可能导致采购物资质次价高,甚至出现舞弊行为。

主要管控措施有以下几个。

（1）建立科学的供应商评估和准入制度,对供应商资质、信誉情况的真实性和合法性进行审查,确定合格的供应商清单,健全企业统一的供应商网络。企业新增供应商的市场准入、供应商新增服务关系以及调整供应商物资目录,都要由采购部门根据需要提出申请,并按规定的权限和程序审核批准后,纳入供应商网络。企业可委托具有相应资质的中介机构对供应商进行资信调查。

（2）采购部门应当按照公平、公正和竞争的原则,择优确定供应商,在切实防范舞弊风险的基础上,与供应商签订质量保证协议。

（3）建立供应商管理信息系统和供应商淘汰制度,对供应商提供物资或劳务的质量、价格、交货及时性、供货条件及其资信、经营状况等进行实时管理和考核评价。根据考核评价结果,提出供应商淘汰和更换名单,经审批后对供应商进行合理选择和调整,并在供应商管理系统中作出相应记录。

（四）确定采购价格

如何以最优"性价比"采购到符合需求的物资,是采购部门的永恒主题。该环节的主要风险有：采购定价机制不科学,采购定价方式选择不当,缺乏对重要物资品种价格的跟踪监控,引起采购价格不合理,可能造成企业资金损失。

主要管控措施有以下两个。

（1）健全采购定价机制,采取协议采购、招标采购、询比价采购、动态竞价采购等多种方式,科学合理地确定采购价格。对标准化程度高、需求计划性强、价格相对稳定的物资,通过招标、联合谈判等公开、竞争方式签订框架协议。

（2）采购部门应当定期研究大宗通用重要物资的成本构成与市场价格变动趋势,确定重要物资品种的采购执行价格或参考价格。建立采购价格数据库,定期开展重要物资的市场供求形势及价格走势商情分析并合理利用。

（五）订立框架协议或采购合同

框架协议是企业与供应商之间为建立长期物资购销关系而作出的一种约定。采购合同是指企业根据采购需要、采购方式、采购价格等情况与供应商签订的具有法律约束力的协议,该协议对双方的权利、义务和违约责任等情况作出了明确规定（企业向供应商支付合同规定的金额,供应商按照约定时间、期限、数量与质量、规格交付物资给采购方)。该环节的主要风险有:框架协议签订不当,可能导致物资采购不顺畅;未经授权对外订立采购合同,合同对方主体资格、履约能力等未达要求、合同内容存在重大疏漏和欺诈,可能导致企业合法权益受到侵害。

主要管控措施有以下几个。

(1) 对拟签订框架协议的供应商的主体资格、信用状况等进行风险评估;框架协议的签订应引入竞争制度,确保供应商具备履约能力。

(2) 根据确定的供应商、采购方式、采购价格等情况,拟订采购合同,准确描述合同条款,明确双方权利、义务和违约责任,按照规定权限签署采购合同。对于影响重大、涉及较高专业技术或法律关系复杂的合同,应当组织法律、技术、财会等专业人员参与谈判,必要时可聘请外部专家参与相关工作。

(3) 对重要物资验收量与合同量之间允许的差异,应当作出统一规定。

(六) 管理供应过程

管理供应过程,主要是指企业建立严格的采购合同跟踪制度,科学评价供应商的供货情况,并根据合理选择的运输工具和运输方式,办理运输、投保等事宜,实时掌握物资采购供应过程的情况。该环节的主要风险有:缺乏对采购合同履行情况的有效跟踪,运输方式选择不合理,忽视运输过程风险,可能导致采购物资损失或无法保证供应。

主要管控措施有以下几个。

(1) 依据采购合同中确定的主要条款跟踪合同履行情况,对有可能影响生产或工程进度的异常情况,应出具书面报告并及时提出解决方案,采取必要措施,保证需求物资的及时供应。

(2) 对重要物资建立并执行合同履约过程中的巡视、点检和监造制度。对需要监造的物资,择优确定监造单位,签订监造合同,落实监造责任人,审核确认监造大纲,审定监造报告,并及时向技术等部门通报。

(3) 根据生产建设进度和采购物资特性等因素,选择合理的运输工具和运输方式,办理运输、投保等事宜。

(4) 实行全过程的采购登记制度或信息化管理,确保采购过程的可追溯性。

(七) 验收

验收是指企业对采购物资和劳务的检验接收,以确保其符合合同相关规定或产品质量要求。该环节的主要风险有:验收标准不明确、验收程序不规范、对验收中存在的异常情况不做处理,可能造成账实不符、采购物资损失。

主要管控措施有以下几个。

(1) 制定明确的采购验收标准,结合物资特性确定必检物资目录,规定此类物资出具质量检验报告后方可入库。

(2) 验收机构或人员应当根据采购合同及质量检验部门出具的质量检验证明,重点关注采购合同、发票等原始单据与采购物资的数量、质量、规格型号等核对一致。对验收合格的物资,填制入库凭证,加盖物资"收讫章",登记实物账,及时将入库凭证传递给财会部门。物资入库前,采购部门须检查质量保证书、商检证书或合格证等证明文件。验收时涉及技术性强的、大宗的以及新、特物资,还应进行专业测试,必要时可委托具有检验资质的机构或聘请外部专家协助验收。

（3）对于验收过程中发现的异常情况,如无采购合同或大额超采购合同的物资、超采购预算采购的物资、毁损的物资等,验收机构或人员应当立即向企业有权管理的相关机构报告,相关机构应当查明原因并及时处理。对于不合格物资,采购部门依据检验结果办理让步接收、退货、索赔等事宜。对延迟交货造成生产建设损失的,采购部门要按照合同约定索赔。

（八）付款

付款是指企业在对采购预算、合同、相关单据凭证、审批程序等内容审核无误后,按照采购合同规定及时向供应商办理支付款项的过程。该环节的主要风险有：付款审核不严格、付款方式不恰当、付款金额控制不严,可能导致企业资金损失或信用受损。

主要管控措施有：加强采购付款的管理,完善付款流程,明确付款审核人的责任和权力,严格审核采购预算、合同、相关单据凭证、审批程序等相关内容,审核无误后按照合同规定,合理选择付款方式,及时办理付款。要着力关注以下几个方面。

（1）严格审查采购发票等票据的真实性、合法性和有效性,判断采购款项是否确实应予支付。如审查发票填制的内容是否与发票种类相符、发票加盖的印章是否与票据的种类相符等。企业应当重视采购付款的过程控制和跟踪管理,如果发现异常情况,应当拒绝向供应商付款,避免出现资金损失和信用受损的情况。

（2）根据国家有关支付结算的相关规定和企业生产经营的实际,合理选择付款方式,并严格遵循合同规定,防范付款方式不当带来的法律风险,保证资金安全。除了达不到转账起点金额的采购可以支付现金外,采购价款应通过银行办理转账。

（3）加强预付账款和定金的管理,涉及大额或长期的预付款项,应当定期进行追踪核查,综合分析预付账款的期限、占用款项的合理性、不可收回风险等情况,发现有疑问的预付款项,应当及时采取措施,尽快收回款项。

另外,由于采购业务对企业生存与发展具有重要影响,企业应当建立采购业务后评估制度,即企业应当定期对物资需求计划、采购计划、采购渠道、采购价格、采购质量、采购成本、协调或合同签约与履行情况等物资采购供应活动进行专项评估和综合分析,及时发现采购业务薄弱环节,优化采购流程；同时,将物资需求计划管理、供应商管理、储备管理等方面的关键指标纳入业绩考核体系,促进物资采购与生产、销售等环节的有效衔接,不断防范采购风险,全面提升采购效率。

思考与分析

长期以来,以药养医、药品价格虚高等问题一直困扰着我国公共卫生改革与发展。近年来,国家大力推行"两票制、药品集采"等医改政策,其目的是通过减少药品流通环节来挤压药品价格中的水分,请从内部控制的角度,谈谈药品采购问题。

资料 5-4

第三节　资产管理内部控制

资产作为企业重要的经济资源,是企业从事生产经营活动并实现发展战略的物质基础。资产管理贯穿于企业生产经营全过程,也就是通常所说的"实物流"管控。在企业早期的资产管理实践中,如何保障货币性资产的安全是内部控制的重点。在现代企业制度下,资产业务内部控制已从如何防范资金挪用、非法占用和实物资产被盗拓展到重点关注资产效能,充分发挥资产资源的物质基础作用。鉴于资产管理的重要性,《企业内部控制基本规范》将合理保证资产安全作为内部控制目标之一,同时单独制定了《企业内部控制应用指引第 8 号——资产管理》,着重对存货、固定资产和无形资产等提出了全面风险管控要求,旨在促进企业在保障资产安全的前提下,提高资产效能。

一、存货管理

(一)存货管理的业务流程

存货主要包括原材料、在产品、产成品、半成品、商品及周转材料等;企业代销、代管、代修、受托加工的存货,虽不归企业所有,也应纳入企业存货管理范畴。不同类型的企业有不同的存货业务特征和管理模式;即使同一企业,不同类型存货的业务流程和管控方式也可能不尽相同。企业建立和完善存货内部控制制度,需要结合本企业的生产经营特点,针对业务流程中主要风险点和关键环节,制订有效的控制措施;同时,充分利用计算机信息管理系统,强化会计、出入库等相关记录,确保存货管理全过程的风险得到有效控制。

知识链接

(1) 存货内部控制缺陷及改进建议——基于广州浪奇的案例研究;

(2) 基于存货跌价角度的制造业存货管理内部控制研究——以 F 上市公司为例;

(3) 业财融合视角下卷烟企业存货管理改进研究——以 A 卷烟厂为例;

(4) 中小企业存货内部控制调查与研究——以东莞市服装制造业为例。

图 5-4 列示了生产企业存货流转的程序。一般生产企业的存货业务流程可分为取得、验收、仓储保管、生产加工、盘点处置等几个阶段,历经取得存货、验收入库、仓储保管、领用发出、原料加工、装配包装、盘点清查、存货处置等主要环节。具体到某个特定生产企业,存货业务流程可能较为复杂,不仅涉及上述所有环节,甚至有更多、更细的流程,且存货在企业内部要经历多次循环。例如,原材料要经历验收入库、领用加工,形成半成品后又入库保存或现场保管、领用半成品继续加工,加工完成为产成品后再入库保存,直至发出销售等过程。也有部分生产企业的生产经营活动较为简单,其存货业务流程可能只涉及上述阶段中的某几个环节。

图 5-5 列示了商品流通企业存货流转的程序。零售商从生产企业或批发商(经销商)那里取得商品,经验收后入库保管或者直接放置在经营场所对外销售。例如,仓储式超市货架里摆放的商品就是超市的存货,商品仓储与销售过程紧密联系在一起。

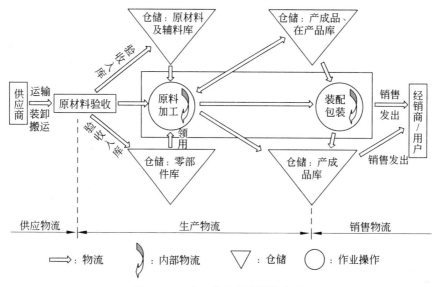

图 5-4　生产企业存货流转的程序

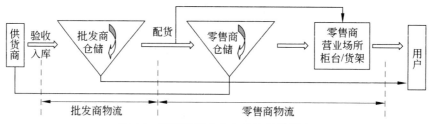

图 5-5　商品流通企业存货流转的程序

（二）存货管理的主要风险点及管控措施

📡 知识链接

值得学习的好制度：

(1) 精伦电子(600355)存货盘点与报废制度；

(2) 四川圣达(000835)费用支出管理制度；

(3) 东华能源(002221)液化石油气成本锁定业务管理制度；

(4) 联环药业(600513)专业推广队伍行政费用管理制度。

无论是生产企业，还是商品流通企业，取得存货、验收入库、仓储保管、领用发出、盘点清查、存货处置等都是其共有的环节。存货管理的主要风险点及管控措施如下。

1. 取得存货

取得存货有外购、委托加工或自行生产等多种方式，企业应根据行业特点、生产经营计划和市场因素等综合考虑，本着成本效益原则，确定不同类型的存货取得方式。该环节的主要风险有：存货预算编制不科学、采购计划不合理，可能导致存货积压或短缺。

主要管控措施有：企业存货管理实务中，应当根据各种存货采购间隔期和当前库存，综合考虑企业生产经营计划、市场供求等因素,充分利用信息系统,合理确定存货采购日期和数量,确保存货处于最佳库存状态。考虑到取得存货的风险管控措施主要体现在预算编制和采购环节,将由相关的预算和采购内部控制应用指引加以规范。

2. 验收入库

不论是外购原材料或商品,还是本企业生产的产品,都必须经过验收(质检)环节,以保证存货的数量和质量符合合同等有关规定或产品质量要求。该环节的主要风险有:验收程序不规范、标准不明确,可能导致数量克扣、以次充好、账实不符。

主要管控措施有:企业应当重视存货验收工作,规范存货验收程序和方法,着力做好以下工作。

(1) 外购存货的验收应当重点关注合同、发票等原始单据与存货的数量、质量、规格等核对一致。涉及技术含量较高的货物,必要时可委托具有检验资质的机构或聘请外部专家协助验收。

(2) 自制存货的验收,应当重点关注产品质量,通过检验合格的半成品、产成品才能办理入库手续,不合格品应及时查明原因、落实责任、报告处理。

(3) 其他方式取得存货的验收,应当重点关注存货来源、质量状况、实际价值是否符合有关合同或协议的约定。

经验收合格的存货进入入库或销售环节。仓储部门对于入库的存货,应根据入库单的内容对数量、质量、品种等进行检查,符合要求的予以入库;不符合要求的,应当及时办理退换货等相关事宜。入库记录要真实、完整,定期与财会等相关部门核对,不得擅自修改。

3. 仓储保管

一般而言,生产企业为保证生产过程的连续性,需要对存货进行仓储保管;商品流通企业的存货从购入到销往客户之间也存在仓储保管环节。该环节的主要风险有:存货仓储保管方法不适当、监管不严密,可能导致损坏变质、价值贬损、资源浪费。

主要管控措施有以下几个。

(1) 存货在不同仓库之间流动时,应当办理出入库手续。

(2) 存货仓储期间要按照仓储物资所要求的储存条件妥善储存,做好防火、防洪、防盗、防潮、防病虫害、防变质等保管工作,不同批次、型号和用途的产品要分类存放。生产现场的在加工原料、周转材料、半成品等要按照有助于提高生产效率的方式摆放,同时防止浪费、被盗和流失。

(3) 对代管、代销、暂存、受托加工的存货,应单独存放和记录,避免与本单位存货混淆。

(4) 结合企业实际情况,加强存货的保险投保,保证存货安全,合理降低存货意外损失风险。

(5) 仓储部门应对库存物料和产品进行每日巡查与定期抽检,详细记录库存情况;发现毁损、存在跌价迹象,应及时与生产、采购、财务等相关部门沟通。对于进入仓库的人员应办理进出登记手续,未经授权人员,不得接触存货。

4. 领用发出

生产企业、生产部门领取原材料、辅料、燃料和零部件等用于生产加工,仓储部门根据销售部门开出的发货单向经销商或用户发出产成品,商品流通领域的批发商根据合同或订货单等向下游经销商或零售商发出商品,消费者凭交款凭证等从零售商处取走商品等,都涉及存货领用发出问题。该环节的主要风险有:存货领用发出审核不严格、手续不完备,可能导致货物流失。

主要管控措施有:企业应当根据自身的业务特点,确定适用的存货发出管理模式,制定严格的存货准出制度,明确存货发出和领用的审批权限,健全存货出库手续,加强存货领用记录。通常情况下,对于一般的生产企业,仓储部门应核对经过审核的领料单或发货通知单的内容,做到单据齐全,名称、规格、计量单位准确;符合条件的准予领用或发出,并与领用人当面核对、点清交付。对于商场超市等商品流通企业,在存货销售发出环节应侧重于防止商品失窃、随时整理弃置商品、每日核对销售记录和库存记录等。无论是何种企业,对于大批存货、贵重商品或危险品的发出,均应当实行特别授权;仓储部门应当根据经审批的销售(出库)通知单发出货物。

5. 盘点清查

存货盘点清查,一方面要核对实物的数量,看其是否与相关记录相符、是否账实相符;另一方面也要关注实物的质量,看其是否有明显的损坏。该环节的主要风险有:存货盘点清查制度不完善、计划不可行,可能导致工作流于形式、无法查清存货真实状况。

主要管控措施有:企业应当建立存货盘点清查工作规程,结合本企业实际情况确定盘点周期、盘点流程、盘点方法等相关内容,定期盘点和不定期抽查相结合。盘点清查时,应拟订详细的盘点计划,合理安排相关人员,使用科学的盘点方法,保持盘点记录的完整,以保证盘点的真实性、有效性。盘点清查结果要及时编制盘点表,形成书面报告,包括盘点人员、时间、地点、实际所盘点存货名称、品种、数量、存放情况以及盘点过程中发现的账实不符情况等内容。对盘点清查中发现的问题,应及时查明原因,落实责任,按照规定权限报经批准后处理。多部门人员共同盘点,应当充分体现相互制衡,严格按照盘点计划,认真记录盘点情况。此外,企业至少应当于每年年度终了开展全面的存货盘点清查,及时发现存货减值迹象,将盘点清查结果形成书面报告。

6. 存货处置

存货处置是存货退出企业生产经营活动的环节,包括商品和产成品的正常对外销售以及存货因变质、毁损等进行的处置。该环节的主要风险有:存货报废处置责任不明确、审批不到位,可能导致企业利益受损。

主要管控措施有:企业应定期对存货进行检查,及时、充分了解存货的存储状态,对于存货变质、毁损、报废或流失的处理要分清责任、分析原因、及时合理。

二、固定资产

(一)固定资产管理的业务流程

📡知识链接

(1)关于固定资产内部控制典型案例分析;

(2)内部控制演进机理研究——以广东OC医院固定资产管理为例;

（3）基于 COSO 框架的民办高校固定资产内部控制优化探究——以 L 学院为例；

（4）联动销售模式下医药公司固定资产内部控制分析——以万孚生物为例；

（5）事业单位固定资产内控管理质量提升路径——以 A 事业单位为例。

固定资产主要包括房屋、建筑物、机器、机械、运输工具以及其他与生产经营活动有关的设备、器具、工具等。固定资产属于企业的非流动资产，是企业开展正常的生产经营活动必要的物资条件，其价值随着企业生产经营活动逐渐转移到产品成本中。固定资产的安全、完整直接影响到企业生产经营的可持续发展能力。企业应当根据固定资产的特点，分析、归纳、设计合理的业务流程，查找管理的薄弱环节，健全全面风险管控措施，保证固定资产安全、完整、高效运行。固定资产业务流程通常可以分为取得、验收移交、日常维护、更新改造和淘汰处置等环节。

（二）固定资产管理的主要风险点及管控措施

知识链接

值得学习的好制度：富临运业（002357）固定资产管理办法。

固定资产管理的主要风险点及管控措施如下。

1. 固定资产取得

固定资产涉及外购、自行建造、非货币性资产交换换入等方式。生产设备、运输工具、房屋建筑物、办公家具和办公设备等不同类型固定资产有不同的验收程序和技术要求，同一类固定资产也会因其标准化程度、技术难度等的不同而对验收工作提出不同的要求。通常来说，办公家具、电脑、打印机等标准化程度较高的固定资产验收过程较为简化；对一些复杂的大型生产设备，尤其是定制的高科技精密仪器以及建筑物竣工验收等，需要一套规范、严密的验收制度。该环节的主要风险有：新增固定资产验收程序不规范，可能导致资产质量不符要求，进而影响资产运行效果；固定资产投保制度不健全，可能导致应投保资产未投保、索赔不力，不能有效防范资产损失风险。

主要管控措施有以下两个。

（1）建立严格的固定资产交付使用验收制度。企业外购固定资产应当根据合同、供应商发货单等对所购固定资产的品种、规格、数量、质量、技术要求及其他内容进行验收，出具验收单，编制验收报告。企业自行建造的固定资产，应由建造部门、固定资产管理部门、使用部门共同填制固定资产移交使用验收单，验收合格后移交使用部门投入使用。未通过验收的不合格资产，不得接收，必须按照合同等有关规定办理退换货或其他弥补措施。对于具有权属证明的资产，取得时必须有合法的权属证书。

（2）重视和加强固定资产的投保工作。企业应当通盘考虑固定资产状况，根据其性质和特点，确定和严格执行固定资产的投保范围与政策。投保金额与投保项目力求适当，对应投保的固定资产项目按规定程序进行审批，办理投保手续，规范投保行为，应对固定资产损失风险。对于重大固定资产项目的投保，应当考虑采取招标方式确定保险人，防范固定资产投保舞弊。已投保的固定资产发生损失的，及时调查原因及受损金额，向保险公司办理相关的索赔手续。

2. 资产登记造册

企业取得每项固定资产后均需要进行详细登记,编制固定资产目录,建立固定资产卡片,以便固定资产的统计、检查和后续管理。该环节的主要风险有:固定资产登记内容不完整,可能导致资产流失、资产信息失真、账实不符。

主要管控措施有以下两个。

(1) 根据固定资产的定义,结合自身实际情况,制定适合本企业的固定资产目录,列明固定资产编号、名称、种类、所在地点、使用部门、责任人、数量、账面价值、使用年限、损耗等内容,有利于企业了解固定资产使用情况的全貌。

(2) 按照单项资产建立固定资产卡片,资产卡片应在资产编号上与固定资产目录保持对应关系,详细记录各项固定资产的来源、验收、使用地点、责任单位和责任人、运转、维修、改造、折旧、盘点等相关内容,便于固定资产的有效识别。固定资产目录和卡片均应定期或不定期复核,保证信息的真实和完整。

3. 固定资产运行维护

该环节的主要风险有:固定资产操作不当、失修或维护过剩,可能造成资产使用效率低下、产品残次率高,甚至发生生产事故或资源浪费。

主要管控措施有以下几个。

(1) 固定资产使用部门会同资产管理部门负责固定资产日常维修、保养,将资产日常维护流程体制化、程序化、标准化,定期检查,及时消除风险,提高固定资产的使用效率,切实消除安全隐患。

(2) 固定资产使用部门及管理部门建立固定资产运行管理档案,据以制订合理的日常维修和大修理计划,并经主管领导审批。

(3) 固定资产实物管理部门审核施工单位资质和资信,并建立管理档案;修理项目应分类,明确需要招投标项目。修理完成,由施工单位出具交工验收报告,经资产使用部门和实物管理部门核对工程量并审批。重大项目应专项审计。

(4) 企业生产线等关键设备的运作效率与效果将直接影响企业的安全生产和产品质量,操作人员上岗前应由具有资质的技术人员对其进行充分的岗前培训,特殊设备实行岗位许可制度,需持证上岗,必须对资产运转进行实时监控,保证资产使用流程与既定操作流程相符,确保安全运行,提高使用效率。

4. 固定资产升级改造

企业需要定期或不定期对固定资产进行升级改造,以便不断提高产品质量,开发新品种,降低能源资源消耗,保证生产的安全环保。固定资产更新有部分更新与整体更新两种情形,部分更新的目的通常包括局部技术改造、更换高性能部件、增加新功能等方面,需权衡更新活动的成本与效益综合决策;整体更新主要指对陈旧设备的淘汰与全面升级,更侧重于资产技术的先进性,符合企业的整体发展战略。该环节的主要风险有:固定资产更新改造不够,可能造成企业产品线老化、缺乏市场竞争力。

主要管控措施有以下两个。

(1) 定期对固定资产技术先进性进行评估,结合盈利能力和企业发展可持续性,资产使用部门根据需要提出技改方案,与财务部门一起进行预算可行性分析,并且经过管理部门的审核批准。

（2）管理部门需对技改方案实施过程适时监控、加强管理，有条件的企业可以建立技改专项资金并定期或不定期审计。

5. 资产清查

企业应建立固定资产清查制度，至少每年全面清查，保证固定资产账实相符，及时掌握资产盈利能力和市场价值。固定资产清查中发现的问题，应当查明原因，追究责任，妥善处理。该环节的主要风险有：固定资产丢失、毁损等造成账实不符或资产贬值严重。

主要管控措施有以下几个。

（1）财务部门需组织固定资产使用部门和管理部门定期进行清查，明确资产权属，确保实物与卡、财务账表相符，在清查作业实施之前编制清查方案，经过管理部门审核后进行相关的清查作业。

（2）在清查结束后，清查人员需要编制清查报告，管理部门需就清查报告进行审核，确保真实性、可靠性。

（3）清查过程中发现的盘盈（盘亏），应分析原因，追究责任，妥善处理，报告审核通过后及时调整固定资产账面价值，确保账实相符，并上报备案。

6. 抵押质押

抵押是指债务人或者第三人不转移对财产的占有权，而将该财产抵押作为债权的担保，当债务人不履行债务时，债权人有权依法以抵押财产折价或以拍卖、变卖抵押财产的价款优先受偿。质押也称质权，就是债务人或第三人将其动产移交债权人占有，将该动产作为债权的担保，当债务人不履行债务时，债权人有权依法就该动产卖得价金优先受偿。企业有时因资金周转等原因以其固定资产做抵押物或质押物向银行等金融机构借款，如到期不能归还借款，银行则有权依法将该固定资产折价或拍卖。该环节的主要风险有：固定资产抵押制度不完善，可能导致抵押资产价值低估和资产流失。

主要管控措施有以下两个。

（1）加强固定资产抵押、质押的管理，明晰固定资产抵押、质押流程，规定固定资产抵押、质押的程序和审批权限等，确保资产抵押、质押经过授权审批及适当程序。同时，应做好相应记录，保障企业资产安全。

（2）财务部门办理资产抵押时，如需要委托专业中介机构鉴定评估固定资产的实际价值，应当会同金融机构有关人员、固定资产管理部门、固定资产使用部门现场勘验抵押品，对抵押资产的价值进行评估。对于抵押资产，应编制专门的抵押资产目录。

7. 固定资产处置

该环节的主要风险有：固定资产处置方式不合理，可能造成企业经济损失。

主要管控措施有：企业应当建立健全固定资产处置的相关制度，区分固定资产不同的处置方式，采取相应控制措施，确定固定资产处置的范围、标准、程序和审批权限，保证固定资产处置的科学性，使企业的资源得到有效的运用。对于使用期满、正常报废的固定资产，应由固定资产使用部门或管理部门填制固定资产报废单，经企业授权部门或人员批准后对该固定资产进行报废清理；对于使用期限未满、非正常报废的固定资产，应由固定资产使用部门提出报废申请,注明报废理由、估计清理费用和可回收残值、预计处置价格等。企业应组织有关部门进行技术鉴定,按规定程序审批后进行报废清理;对于拟出售或投资转出及非货币交换的固定资产,应由有关部门或人员提出处置申请,对固定资产价值进行评估,并出具资产评估报告,报经企业授权部门或人员批准后予以出售或转让。企业应特别关注固定资产处置中的关联交易和处置定价,固定资产的处置应由独立于固定资产管理部门和使用部门的相关授权人员办理,固定资产处置价格应报经企业授权部门或人员审批后确定。重大固定资产处置,应当考虑聘请具有资质的中介机构进行资产评估,采取集体审议或联签制度。涉及产权变更的,应及时办理产权变更手续;对于出租的固定资产,应由相关管理部门提出出租或出借的申请,写明申请的理由和原因,并由相关授权人员和部门就申请进行审核。审核通过后应签订出租或出借合同,合同包括双方的具体情况,出租的原因和期限等内容。

三、无形资产

(一)无形资产管理的业务流程

无形资产是企业拥有或控制的没有实物形态的可辨认非货币性资产,通常包括专利权、非专利技术、商标权、著作权、特许权、土地使用权等。企业应当加强对无形资产的管理,建立健全无形资产分类管理制度,保护无形资产的安全,提高无形资产的使用效率,充分发挥无形资产对提升企业创新能力和核心竞争力的作用。

知识链接

(1)不把植物新品种权确认为无形资产——无形资产禁忌系列案例之一;

(2)把商誉确认为无形资产进行会计处理——无形资产禁忌系列案例之二;

(3)商业秘密不采取保密措施——无形资产禁忌系列案例之三;

(4)城市无形资产与形象工程、品牌混为一谈——无形资产禁忌系列案例之四;

(5)商标与商号权利冲突——无形资产禁忌系列案例之五;

(6)专利缺乏新颖性——无形资产禁忌系列案例之六;

(7)商标权滥施许可——无形资产禁忌系列案例之七;

(8)专著:无形资产36忌——无形资产失败案例分析与研究。

如图5-6所示,无形资产业务流程包括无形资产的取得、验收并落实权属、自用或授权其他单位使用、安全防范、技术升级与更新换代、处置与转移等环节。

(二)无形资产管理的主要风险点及管控措施

无形资产管理的主要风险点及管控措施如下。

1. 无形资产的取得与验收

该环节的主要风险有:取得的无形资产不具先进性或权属不清,可能导致企业资源浪费或引发法律诉讼。

主要管控措施有:企业应当建立严格的无形资产交付使用验收制度,明确无形资产的权属关系,及时办理产权登记手续。企业外购无形资产,必须仔细审核有关合同协议等

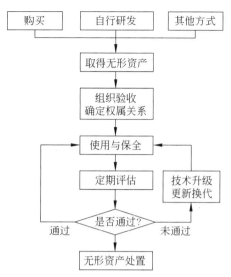

图 5-6 无形资产业务流程

法律文件,及时取得无形资产所有权的有效证明文件,同时特别关注外购无形资产的技术先进性;企业自行开发的无形资产,应由研发部门、无形资产管理部门、使用部门共同填制无形资产移交使用验收单,移交使用部门使用;企业购入或者以支付土地出让金方式取得的土地使用权,必须取得土地使用权的有效证明文件。当无形资产权属关系发生变动时,应当按照规定及时办理权证转移手续。

2. 无形资产的使用与保全

该环节的主要风险有:无形资产使用效率低下,效能发挥不到位;缺乏严格的保密制度,致使体现在无形资产中的商业机密泄露;商标等无形资产疏于管理,导致其他企业侵权,严重损害企业利益。

主要管控措施有:企业应当强化无形资产使用过程的风险管控,充分发挥无形资产对提升企业产品质量和市场影响力的重要作用;建立健全无形资产核心技术保密制度,严格限制未经授权人员直接接触技术资料,对技术资料等无形资产的保管及接触应保有记录,实行责任追究,保证无形资产的安全与完整;对侵害本企业无形资产的,要积极取证并形成书面调查记录,提出维权对策,按规定程序审核并上报,等等。

3. 无形资产的技术升级与更新换代

该环节的主要风险有:无形资产内含的技术未能及时升级换代,导致技术落后或存在重大技术安全隐患。

主要管控措施有:企业应当定期对专利、专有技术等无形资产的先进性进行评估。发现某项无形资产给企业带来经济利益的能力受到重大不利影响时,应当考虑淘汰落后技术,同时加大研发投入,不断推动企业自主创新与技术升级,确保企业在市场经济竞争中始终处于优势地位。

4. 无形资产的处置

该环节的主要风险有:无形资产长期闲置或低效使用,就会逐渐失去其使用价值;

无形资产处置不当,往往造成企业资产流失。

主要管控措施有:企业应当建立无形资产处置的相关管理制度,明确无形资产处置的范围、标准、程序和审批权限等要求。无形资产的处置应由独立于无形资产管理部门和使用部门的其他部门或人员按照规定的权限和程序办理;应当选择合理的方式确定处置价格,并报经企业授权部门或人员审批;重大的无形资产处置,应当委托具有资质的中介机构进行资产评估。

第四节　销售业务内部控制

销售业务是指企业出售商品(或提供劳务)及收取款项等相关活动。企业生存、发展、壮大的过程,在相当程度上就是不断加大销售力度、拓宽销售渠道、扩大市场占有的过程。生产企业的产品或流通企业的商品如不能实现销售的稳定增长,售出的货款如不能足额收回或不能及时收回,必将导致企业持续经营受阻、难以为继。《企业内部控制应用指引第9号——销售业务》以促进企业销售稳定增长、扩大市场份额为出发点,提出了销售业务应当关注的主要风险以及相应的管控措施。

知识链接

(1) J公司销售与收款环节内部控制分析;

(2) 国际货运代理公司应收账款风险控制研究——以上海联通国际货运代理有限公司为例;

(3) 化工类企业销售环节内部控制问题研究——基于T石化科技股份有限公司的案例分析;

(4) 基于SAP系统的公司销售业务内部控制研究——以丰林集团为例;

(5) 企业销售与收款内部控制水平及其应用——以重庆市中小型企业为例。

一、销售业务流程

企业强化销售业务管理,应当对现行销售业务流程进行全面梳理,查找管理漏洞,及时采取切实措施加以改正;与此同时,还应当注重健全相关管理制度,明确以风险为导向的、符合成本效益原则的销售管控措施,实现与生产、资产、资金等方面管理的衔接,落实责任制,有效防范和化解经营风险。图5-7列示了销售业务流程。在实际操作中,企业应当充分结合自身的业务特点和管理要求,构建和优化销售业务流程。

二、销售业务内部控制的主要风险点及管控措施

销售业务内部控制的主要风险点及管控措施如下。

(一)销售计划管理

销售计划是指在进行销售预测的基础上,结合企业生产能力,设定总体目标额及不同产品的销售目标额,进而为实现该目标而设定具体营销方案和实施计划,以支持未来一定期间内销售额的实现。该环节的主要风险有:销售计划缺乏或不合理,或未经授权审批,导致产品结构和生产安排不合理,难以实现企业生产经营的良性循环。

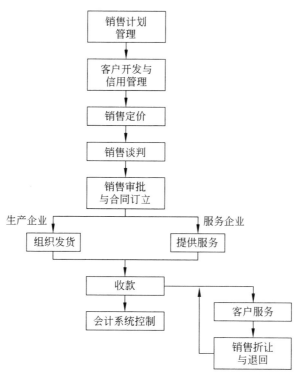

图 5-7　销售业务流程

主要管控措施有以下两个。

（1）企业应当根据发展战略和年度生产经营计划，结合企业实际情况，制订年度销售计划，在此基础上，结合客户订单情况，制订月度销售计划，并按规定的权限和程序审批后下达执行。

（2）定期对各产品（商品）的区域销售额、进销差价、销售计划与实际销售情况等进行分析，结合生产现状，及时调整销售计划，调整后的销售计划需履行相应的审批程序。

（二）客户开发与信用管理

企业应当积极开拓市场份额，加强现有客户维护，开发潜在目标客户，对有销售意向的客户进行资信评估，根据企业自身风险接受程度确定具体的信用等级。该环节的主要风险有：现有客户管理不足、潜在市场需求开发不够，可能导致客户丢失或市场拓展不利；客户档案不健全，缺乏合理的资信评估，可能导致客户选择不当，销售款项不能收回或遭受欺诈，从而影响企业的资金流转和正常经营。

主要管控措施有以下两个。

（1）企业应当在进行充分市场调查的基础上，合理细分市场并确定目标市场，根据不同目标群体的具体需求，确定定价机制和信用方式，灵活运用销售折扣、销售折让、信用销售、代销和广告宣传等多种策略和营销方式，促进销售目标实现，不断提高市场占有率。

（2）建立和不断更新维护客户信用动态档案，由与销售部门相对独立的信用管理部门对客户付款情况进行持续跟踪和监控，提出划分、调整客户信用等级的方案。根据客户信用等级和企业信用政策,拟定客户赊销限额和时限,经销售、财会等部门具有相关权限的人员审批。对于境外客户和新开发客户,应当建立严格的信用保证制度。

（三）销售定价

销售定价是指商品价格的确定、调整及相应审批。该环节的主要风险有:定价或调价不符合价格政策,未能结合市场供需状况、盈利测算等进行适时调整,造成价格过高或过低、销售受损;商品销售价格未经恰当审批,或存在舞弊,可能导致损害企业经济利益或者企业形象。

主要管控措施有以下几个。

(1) 应根据有关价格政策,综合考虑企业财务目标、营销目标、产品成本、市场状况及竞争对手情况等多方面因素,确定产品基准价格。定期评价产品基准价格的合理性,定价或调价需经具有相应权限人员的审核批准。

(2) 在执行基准价格的基础上,针对某些商品可以授予销售部门一定限度的价格浮动权,销售部门可结合产品市场特点,将价格浮动权向下实行逐级递减分配,同时明确权限执行人。价格浮动权限执行人必须严格遵守规定的价格浮动范围,不得擅自突破。

(3) 销售折扣、销售折让等政策的制定应由具有相应权限的人员审核批准。销售折扣、销售折让授予的实际金额、数量、原因及对象应予以记录,并归档备查。

（四）订立销售合同

企业与客户订立销售合同,明确双方的权利和义务,以此作为开展销售活动的基本依据。该环节的主要风险有:合同内容存在重大疏漏和欺诈,未经授权对外订立销售合同,可能导致企业合法权益受到侵害;销售价格、收款期限等违背企业销售政策,可能导致企业经济利益受损。

主要管控措施有以下几个。

(1) 订立销售合同前,企业应当指定专门人员与客户进行业务洽谈、磋商或谈判,关注客户信用状况,明确销售定价、结算方式、权利与义务条款等相关内容。重大的销售业务谈判还应当吸收财会、法律等专业人员参加,并形成完整的书面记录。

(2) 企业应当建立健全销售合同订立及审批管理制度,明确必须签订合同的范围,规范合同订立程序,确定具体的审核、审批程序和所涉及的部门人员及相应权责。审核、审批应当重点关注销售合同草案中提出的销售价格、信用政策、发货及收款方式等。重要的销售合同,应当征询法律专业人员的意见。

(3) 销售合同草案经审批同意后,企业应授权有关人员与客户签订正式销售合同。

（五）发货

发货是根据销售合同的约定向客户提供商品的环节。该环节的主要风险有:未经授权发货或发货不符合合同约定,可能导致货物损失或客户与企业的销售争议、销售款项不能收回。

主要管控措施有以下几个。

(1) 销售部门应当按照经审核后的销售合同开具相关的销售通知交仓储部门和财会部门。

（2）仓储部门应当落实出库、计量、运输等环节的岗位责任，对销售通知进行审核，严格按照所列的发货品种和规格、发货数量、发货时间、发货方式、接货地点等组织发货，形成相应的发货单据，并应连续编号。

（3）应当以运输合同或条款等形式明确运输方式、商品短缺、毁损或变质的责任、到货验收方式、运输费用承担、保险等内容，货物交接环节应做好装卸和检验工作，确保货物的安全发运，由客户验收确认。

（4）应当做好发货各环节的记录，填制相应的凭证，设置销售台账，实现全过程的销售登记制度。

（六）收款

收款是指企业经授权发货后与客户结算的环节，按照发货时是否收到货款，可分为现销和赊销。该环节的主要风险有：企业信用管理不到位，结算方式选择不当，票据管理不善，账款回收不力，导致销售款项不能收回或遭受欺诈；收款过程中存在舞弊，使企业经济利益受损。

主要管控措施有以下几个。

（1）结合公司销售政策，选择恰当的结算方式，加快款项回收，提高资金的使用效率。对于商业票据，结合销售政策和信用政策，明确应收票据的受理范围和管理措施。

（2）建立票据管理制度，特别是加强商业汇票的管理：一是对票据的取得、贴现、背书、保管等活动予以明确规定；二是严格审查票据的真实性和合法性，防止票据欺诈；三是由专人保管应收票据，对即将到期的应收票据，及时办理托收，定期核对盘点；四是票据贴现、背书应经恰当审批。

（3）加强赊销管理。一是需要赊销的商品，应由信用管理部门按照客户信用等级审核，并经具有相应权限的人员审批；二是赊销商品一般应取得客户的书面确认，必要时，要求客户办理资产抵押、担保等收款保证手续；三是应完善应收款项管理制度，落实责任，严格考核、实行奖惩。销售部门负责应收款项的催收，催收记录(包括往来函电)应妥善保存。

（4）加强代销业务款项的管理，及时与代销商结算款项。

（5）收取的现金、银行本票、汇票等应及时缴存银行并登记入账。防止由销售人员直接收取款项，如必须由销售人员收取的，应由财会部门加强监控。

（七）客户服务

客户服务是在企业与客户之间建立信息沟通机制，对客户提出的问题，企业应予以及时解答或反馈、处理，不断改进商品质量和服务水平，以提升客户满意度和忠诚度。客户服务包括产品维修、销售退回、维护升级等。该环节的主要风险有：客户服务水平低，消费者满意度不足，影响公司的品牌形象，造成客户流失。

主要管控措施有以下几个。

（1）结合竞争对手客户服务水平，建立和完善客户服务制度，包括客户服务内容、标准、方式等。

（2）设专人或部门进行客户服务和跟踪。有条件的企业可以按产品线或地理区域建立客户服务中心。加强售前、售中和售后技术服务,实行客户服务人员的薪酬与客户满意度挂钩制度。

(3) 建立产品质量管理制度,加强销售、生产、研发、质量检验等相关部门之间的沟通协调。

(4) 做好客户回访工作,定期或不定期开展客户满意度调查;建立客户投诉制度,记录所有的客户投诉,并分析产生原因及解决措施。

(5) 加强销售退回控制。销售退回需经具有相应权限的人员审批后方可执行;销售退回的商品应当参照物资采购入库管理。

(八) 会计系统控制

会计系统控制是指利用记账、核对、岗位职责落实和相互分离、档案管理、工作交接程序等会计控制方法,确保企业会计信息真实、准确、完整。会计系统控制包括销售收入的确认、应收款项的管理、坏账准备的计提和冲销、销售退回的处理等内容。该环节的主要风险有:缺乏有效的销售业务会计系统控制,可能导致企业账实不符、账证不符、账账不符或者账表不符,影响销售收入、销售成本、应收款项等会计核算的真实性和可靠性。

主要管控措施有以下几个。

(1) 企业应当加强对销售、发货、收款业务的会计系统控制,详细记录销售客户、销售合同、销售通知、发运凭证、商业票据、款项收回等情况,确保会计记录、销售记录与仓储记录核对一致,具体为:财会部门开具发票时,应当依据相关单据(计量单、出库单、货款结算单、销售通知单等)并经相关岗位审核。销售发票应遵循有关发票管理规定,严禁开具虚假发票。财会部门对销售报表等原始凭证审核销售价格、数量等,并根据国家统一的会计准则制度确认销售收入,登记入账。财会部门与相关部门月末应核对当月销售数量,保证各部门销售数量的一致性。

(2) 建立应收账款清收核查制度,销售部门应定期与客户对账,并取得书面对账凭证,财会部门负责办理资金结算并监督款项回收。

(3) 及时收集应收账款相关凭证资料并妥善保管;及时要求客户提供担保;对未按时还款的客户,采取申请支付令、申请诉前保全和起诉等方式及时清收欠款。收回的非货币性资产应经评估和恰当审批。

(4) 企业对于可能成为坏账的应收账款,应当按照国家统一的会计准则规定计提坏账准备,并按照权限范围和审批程序进行审批。对确定发生的各项坏账,应当查明原因,

资料 5-5

明确责任,并在履行规定的审批程序后作出会计处理。企业核销的坏账应当进行备查登记,做到账销案存。已核销的坏账又收回时应当及时入账,防止形成账外资金。

第五节　财务报告内部控制

财务报告,是指反映企业某一特定日期财务状况和某一会计期间经营成果、现金流量的文件。加强财务报告内部控制有助于提高会计信息质量,确保财务报告的真实、完整,

满足财务报告使用者的需求,还有助于确保财务报告的合法合规,防范和化解企业的法律责任。总之,加强财务报告内部控制,确保财务报告的真实、完整,对于改进经营管理、促进资本市场稳定等至关重要。

知识链接

(1) 审计委员会的功能缺失与公司财务报告违规——基于五粮液的案例研究;

(2) 财务报表重述与财务报告内部控制评价——基于戴尔公司案例的分析;

(3) 财务总监、独立董事与注册会计师如何提升财务报告质量?——基于康美药业财务舞弊事件的思考;

(4) 企业财务报告内部控制案例研究——以瑞幸咖啡舞弊案为例;

(5) 我国上市公司财务报告质量提升研究——基于万福生科财务造假案例分析研究。

一、财务报告业务流程

财务报告业务流程由财务报告编制、财务报告对外提供、财务报告分析利用三个阶段组成。图 5-8 列示了财务报告业务流程。在实际操作中,企业应当充分结合自身业务特点和管理要求,构建和优化财务报告内部控制流程。

资料 5-6

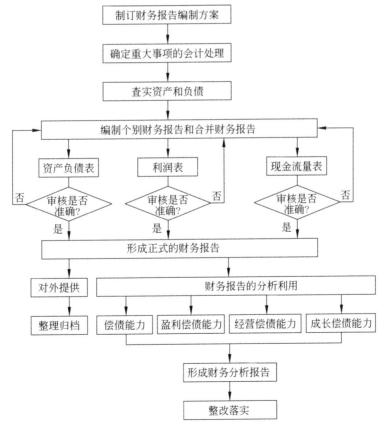

图 5-8　财务报告业务流程

二、财务报告内部控制的主要风险点及管控措施

财务报告内部控制的主要风险点及管控措施包括：财务报告编制阶段的主要风险点及管控措施、财务报告对外提供阶段的主要风险点及管控措施、财务报告分析利用阶段的主要风险点及管控措施。

📡 知识链接

值得学习的好制度：

（1）农业银行（601288）信息披露制度；

（2）深长城（000042）信息披露管理规定；

（3）联信永益（002373）信息披露管理办法。

（一）财务报告编制阶段的主要风险点及管控措施

（1）制订财务报告编制方案。该环节的主要风险有：会计政策未能有效更新，不符合有关法律法规；重要会计政策、会计估计变更未经审批，导致会计政策使用不当；会计政策未能有效贯彻、执行；各部门职责、分工不清，导致数据传递出现差错、遗漏、格式不一致等；各步骤时间安排不明确，导致整体编制进度延后，违反相关报送要求。

主要管控措施有以下几个。

① 会计政策应符合国家有关会计法规和最新监管要求的规定。

② 会计政策和会计估计的调整，无论是强制的还是自愿的，均需按照规定的权限和程序审批。

③ 企业的内部会计规章制度至少要经财会部门负责人审批后才能生效，财务报告流程、年报编制方案应当经公司分管财务会计工作的负责人核准后签发。

④ 企业应建立完备的信息沟通渠道，将内部会计规章制度和财务流程、会计科目表和相关文件及时、有效地传达至相关人员，使其了解相关职责要求，掌握适当的会计知识、会计政策并加以执行。

⑤ 应明确各部门的职责分工，由总会计师或分管会计工作的负责人负责组织领导；财会部门负责财务报告编制工作；各部门应当及时向财会部门提供编制财务报告所需的信息，并对所提供信息的真实性和完整性负责。

⑥ 应根据财务报告的报送要求，倒排工时，为各步骤设置关键时间点，并由财会部门负责督促和考核各部门的工作进度，及时进行提醒，对未能及时完成的进行相关处罚。

（2）确定重大事项的会计处理。该环节的主要风险有：重大事项，如债务重组、非货币性交易、公允价值的计量、收购兼并、资产减值等的会计处理不合理，会导致会计信息扭曲，无法如实反映企业实际情况。

主要管控措施有以下两个。

① 企业应对重大事项予以关注，建立重大事项的处理流程，报适当管理层审批后，予以执行。

② 及时沟通需要专业判断的重大会计事项并确定相应会计处理。

（3）清查资产、核实债务。该环节的主要风险有：资产、负债账实不符，虚增或虚减资产、负债；资产计价方法随意变更；提前、推迟甚至不确认资产、负债等。

主要管控措施有以下几个。

① 确定具体可行的资产清查、负债核实计划，安排合理的时间和工作进度，配备足够的人员，确定实物资产盘点的具体方法和过程，同时做好业务准备工作。

② 做好各项资产、负债的清查、核实工作。

③ 对清查过程中发现的差异，应当分析原因，提出处理意见。

（4）结账。该环节的主要风险有：账务处理存在错误，导致账证、账账不符；虚列或隐瞒收入，推迟或提前确认收入；随意改变费用、成本的确认标准或计量方法，虚列、多列、不列或者少列费用、成本；结账的时间、程序不符合相关规定；关账后又随意打开已关闭的会计期间等。

主要管控措施有以下几个。

① 核对各会计账簿记录与会计凭证的内容、金额等是否一致，记账方向是否相符。

② 检查相关账务处理是否符合国家统一的会计准则制度和企业制定的核算方法。

③ 调整有关账项，合理确定本期应计的收入和应计的费用。

④ 检查是否存在因会计差错、会计政策变更等原因需要调整前期或者本期相关项目。

⑤ 不得为了赶编财务报告而提前结账，或把本期发生的经济业务事项延至下期登账，也不得先编财务报告后结账。

⑥ 如果在关账之后需要重新打开已关闭的会计期间，需填写相应的申请表，经总会计师或分管会计工作的负责人审批后进行。

（5）编制个别财务报告。该环节的主要风险有：提供虚假财务报告，误导财务报告使用者，造成决策失误，干扰市场秩序；报表数据不完整、不准确；报表种类不完整；附注内容不完整等。

主要管控措施有以下几个。

① 企业财务报告列示的资产、负债、所有者权益金额应当真实可靠。

② 企业财务报告应当如实列示当期收入、费用和利润。

③ 企业财务报告列示的各种现金流量由经营活动、投资活动和筹资活动的现金流量构成，应当按照规定划清各类交易和事项的现金流量的界限。

④ 按照岗位分工和规定的程序编制财务报告。

⑤ 按照国家统一的会计准则制度编制附注。

（6）编制合并财务报告。该环节的主要风险有：合并范围不完整；合并内部交易和事项不完整；合并抵销分录不准确。

主要管控措施有以下几个。

① 编报单位财会部门应依据经同级法律事务部门确认的产权（股权）结构图，并考虑所有相关情况以确定合并范围符合国家统一的会计准则制度的规定，由财会部门负责人审核、确认合并范围是否完整。

② 财会部门收集、审核下级单位财务报告，并汇总出本级次的财务报告，经汇总单位

财会部门负责人审核。

③ 财会部门制定内部交易和事项核对表及填制要求，报财会部门负责人审批后下发纳入合并范围内各单位。

④ 合并抵销分录应有相应的标准文件和证据进行支持，由财会部门负责人审核。

⑤ 对合并抵销分录实行交叉复核制度。

（二）财务报告对外提供阶段的主要风险点及管控措施

（1）财务报告对外提供前的审核。该环节的主要风险有：在财务报告对外提供前未按规定程序进行审核，对内容的真实性、完整性以及格式的合规性等审核不充分。

主要管控措施有以下几个。

① 企业应严格按照规定的财务报告编制中的审批程序，由各级负责人逐级把关，对财务报告内容的真实性、完整性，格式的合规性等予以审核。

② 企业应保留审核记录，建立责任追究制度。

③ 财务报告在对外提供前应当装订成册，加盖公章，由企业负责人、总会计师或分管会计工作的负责人、财会部门负责人签名并盖章。

（2）财务报告对外提供前的审计。该环节的主要风险有：财务报告对外提供前未经审计，审计机构不符合相关法律法规的规定，审计机构与企业串通舞弊。

主要管控措施有以下几个。

① 企业应根据相关法律法规的规定，选择符合资质的会计师事务所对财务报告进行审计。

② 企业不得干扰审计人员的正常工作，并应对审计意见予以落实。

③ 注册会计师及其所在的事务所出具的审计报告，应随财务报告一并提供。

（3）财务报告的对外提供。该环节的主要风险有：对外提供未遵循相关法律法规的规定，导致承担相应的法律责任；对外提供的财务报告的编制基础、编制依据、编制原则和方法不一致，影响各方对企业情况的判断和经济决策的作出；未能及时对外报送财务报告，导致财务报告信息的使用价值降低，同时也违反有关法律法规；财务报告在对外提供前泄露或使不应知晓的对象获悉，导致发生内幕交易等，使投资者或企业本身蒙受损失。

主要管控措施有以下几个。

① 企业应根据相关法律法规的要求，在企业相关制度中明确负责财务报告对外提供的对象，并由企业负责人监督。

资料 5-7

② 企业应严格按照规定的财务报告编制中的审批程序，由财会部门负责人、总会计师或分管会计工作的负责人、企业负责人逐级把关，对财务报告内容的真实性、完整性，格式的合规性等予以审核，确保提供给投资者、债权人、政府监管部门、社会公众等各方面的财务报告的编制基础、编制依据、编制原则和方法完全一致。

③ 企业应严格遵守相关法律法规和国家统一的会计准则制度对报送时间的要求，在财务报告的编制、审核、报送流程中的每一步骤设置时间点，对未能按时完成的相关人员

进行处罚。

④ 企业应设置严格的保密程序,对能够接触财务报告信息的人员进行权限设置,保证财务报告信息在对外提供前控制在适当的范围。

⑤ 企业对外提供的财务报告应当及时整理归档,并按有关规定妥善保存。

(三)财务报告分析利用阶段的主要风险点及管控措施

(1)制定财务分析制度。该环节的主要风险有:制定的财务分析制度不符合企业实际情况,财务分析制度未充分利用企业现有资源,财务分析的流程、要求不明确,财务分析制度未经审批等。

主要管控措施有以下几个。

① 企业在对基本情况分析时,应当重点了解企业的发展背景,包括企业的发展史、企业组织机构、产品销售及财务资产变动情况等,熟悉企业业务流程,分析研究企业的资产及财务管理活动。

② 企业在制定财务报告分析制度时,应重点关注:财务报告分析的时间、组织形式、参加的部门和人员;财务报告分析的内容、分析的步骤、分析方法和指标体系;财务报告分析报告的编写要求等。

③ 财务报告分析制度草案经由财会部门负责人、总会计师或分管会计工作的负责人、企业负责人检查、修改、审批之后,根据制度设计的要求进行试行,发现问题,及时总结上报。

④ 财会部门根据试行情况进行修正,确定最终的财务报告分析制度文稿,并经财会部门负责人、总会计师或分管会计工作的负责人、企业负责人进行最终的审批。

(2)编写财务分析报告。该环节的主要风险有:财务分析报告的目的不正确或者不明确,财务分析方法不正确;财务分析报告的内容不完整,未对本期生产经营活动中发生的重大事项做专门分析;财务分析局限于财会部门,未充分利用相关部门的资源,影响质量和可用性;财务分析报告未经审核等。

主要管控措施有以下几个。

① 编写时要明确分析的目的,运用正确的财务分析方法,并能充分、灵活地运用各项资料。

② 总会计师或分管会计工作的负责人应当在财务分析和利用工作中发挥主导作用,负责组织领导。

③ 企业财务分析会议应吸收有关部门负责人参加。

④ 修订后的分析报告应及时报送企业负责人,企业负责人负责审批分析报告,并据此进行决策,对于存在的问题及时采取措施。

(3)整改落实。该环节的主要风险有:财务分析报告的内容传递不畅,未能及时使有关各部门获悉;各部门对财务分析报告不够重视,未对其中的意见进行整改落实。

主要管控措施有以下两个。

① 定期的财务分析报告应构成内部报告的组成部分,并充分利用信息技术和现有内部报告体系在各个层级上进行沟通。

②根据分析报告的意见,明确各部门职责。责任部门按要求落实改正,财会部门负责监督、跟踪责任部门的落实情况,并及时向有关负责人反馈落实情况。

一、美国通用电气公司案例

美国通用电气公司(以下简称"通用电气")的业务遍及能源、医疗、交通、高新材料、消费及工业品、基础设施、电视传媒和金融服务等领域。作为一家久负盛名的百年老店(创建于 1878 年),它是道琼斯工业指数自 1896 年设立以来唯一仍在榜上的公司,并连续多年被著名的《金融时报》评为全球最受尊敬的公司。那么,通用电气长盛不衰的秘诀在哪儿呢?

1. 控制环境

(1) 文化价值观。文化基调对企业的快速发展非常有益。通用电气认为,卓越和竞争力与诚实和清白是可以完全相容的,只要同时拥有质量、价格和技术优势,便能赢得胜利。通用电气的每位职员都要接受所谓的清白测试,每天面对镜子反省自己的所作所为。通用电气的哲学是,"不允许业绩与诚信发生矛盾",一旦出现矛盾,会坚定选择诚信。

通用电气的每位职员都有一张"通用电气价值观"卡:痛恨官僚主义、开明、讲究速度、自信、高瞻远瞩、精力充沛、果敢地设定目标、将变化视为机遇,以及适应全球化。这些价值观是通用电气进行职员培养的主题,也是决定公司职员晋升的最重要的评价标准。

(2) 战略目标与人才。通用电气是多元化经营最为成功的企业,也是全球化最为成功的公司。此外,通用电气还用现代的服务导向取代了传统的产品导向。公司的首要任务从提供产品并辅之以提供服务,转变为提供以客户为中心、以信息技术为基础、旨在提高生产率的各种高价值的解决方案。也就是说,通用电气不仅是一个销售高质量产品的公司,更是一个提供高价值服务的公司。

即使公司有世界上最好的战略,但如果没有合适的人去发展、实现,这些战略恐怕也是"只开花,不结果"。通用电气认为,"让合适的人做合适的事,远比开发一项新战略更重要",并因此只接受高素质的职员。通用电气还坚持认为,在全球的每一个企业都应重用本地人才,而本地人才也要有足够的才能胜任在全球工作,即"全球本土化和本土全球化"。通用电气的职员可能来自不同的国家,分属不同的业务部门,或服务于不同的分支机构,但都会被一视同仁,得到相同级别的培训与发展机会,而 85% 的管理人员是从内部提拔上去的。

2. 风险评估

通用电气认为,风险评估必须具有灵活性和预见性,要进行策略性思考:①你了解你的企业和你的竞争对手在全球的详细地位(包括市场占有率、生产能力、当今在区域内的地位)吗?②在过去的两三年里,你的部分对手采取了哪些行动以改变竞争局面?③你在这两年里做了什么来改变这个局面?④在未来的两年中,你最害怕竞争对手采取何种措施来改变竞争态势?⑤在今后的两年里,你将会采取何种防范措施来避开他们的策略?

经过长期验证,通用电气还总结出两条关于如何应对竞争的真谛:一是如果你的竞争对手占据了比你更有利的位置,或是他们的行动有充分的策略性理论基础,你就要扪心自问哪个地方出了错,而他们没有出错。二是试图了解每一项新的产品计划,同时认真考虑最精明的竞争对手将如何胜过我们。

3. 控制活动

(1) 市场原则与统一、多样化。通用电气为多元化确立了"数一数二"的市场原则,即任何事业部门存在的条件都是在市场上"数一数二",否则就要被砍掉——整顿、关闭或出售,将最优秀的员工和最丰富的资源集中在最有优势的领域。这样做非但没有使公司的营业额下降,反而使专注于核心业务的通用电气的竞争力更加强大,具有远高于一般水准的投资报酬率,与专业化经营的效果相比也毫不逊色。

(2) 组织精简与扁平化。通用电气是个规模庞大的企业,而市场要求组织必须简洁。要想既拥有大型企业的力量与资源,同时又具备小型公司的效率和灵活性,进而克服规模和效率的矛盾,就必须进行体制创新。20 世纪 80 年代前,通用电气采用的是职能管理制,从公司、区域部、事业部、事业分部到工厂,至少有五个管理层次。其按照组织精简的原则,最终形成公司—产业集团—工厂三级管理体系,分别按照投资中心、利润中心和成本中心来运作,从而减少了大量的行政管理人员,提高了组织效率,增强了企业的竞争能力。

通用电气倡导扁平化管理,做到顾客第一,不摆架子,省去繁文缛节。在此思想指导下,通用电气压缩了会议、裁减了分支机构领导,使会议务实、领导班子高效,大大提高了公司的决策、运营能力。管理层次的减少,使企业负责人与业务最高负责人之间可以直接沟通。杰克·韦尔奇有一个形象的比喻:"一栋建筑物有墙壁和地板,墙壁分开了职务,地板则区分了层级,而我要将所有的人全都聚在一个打通的大房间里。"

(3) 质量成本控制与网络化。六西格玛(6δ)是一种将犯错误的概率降到最低的统计学概念,即在 100 万个造成缺陷的机会中,实际只有不到 3.4 个缺陷。但通用电气将其变成了一门管理艺术,广泛应用于公司所经营的一切活动中,如债务记账、信用卡处理系统、卫星时间租赁、法律合同设计等。每一种新产品和新服务项目也都是按 6δ 设计的,以客户需要和工序为标准,努力做到使偏差降为零。

对于通用电气而言,网络化的机会可分成三块:采购、制造和销售。第一,把集团采购变为网上拍卖,通过接触更多的供货商,大大降低了成本(通常占利润的 5%～10%)。第二,把网络化运用于"制造",这也是通用电气的"秘密宝藏"。例如,2001 年通用电气网络化投入 6 亿美元,而从网络化"制造"部分所得到的节支金额达到 10 亿美元。第三,在销售方面,网络化帮助通用电气为客户提供更好的服务,新老客户无须多次打电话就可以收到所订的货物,发货人从此不必再欺瞒客户说货物已经上路了。

通用电气建立的网络系统把分散在美国各地的销售部门、产品仓库以及制造部门连接起来。在顾客打电话来订货时,销售人员输入数据,网络系统自动查询顾客的信用状况,以及附近的仓库有无存货,办理接受订货、开发票、登记仓库账目,通知销售人员顾客所需的货物已经发货,全部过程在不到 15 秒的时间内即可完成。除了大大提高工作效率之外,这个网络系统实际上已把销售、存货管理和生产调度等不同的职能结合在一起了。

4. 信息与沟通

(1) 无边界的理念。通用电气提出 21 世纪的企业特色在于不分界限,目的就是拆毁所有阻碍沟通、阻碍找出好想法的"高墙"。在无边界理念下，通用电气打破业务集团间的界限，广泛地进行横向交流。这不但没有与有序的组织管理发生冲突，反而创造了一种自由、轻松、平等的沟通环境。按照人力资源、公共关系、销售、市场、财务等不同职能部门，通用电气有许多松散的组织、协会，如人力资源协会等。这种职能上的协会经常横跨13大业务集团开展相关的沟通活动，比如就激励方法等经验或问题进行畅谈，对价值观的感受进行交流。每一个业务集团，都非常重视与职员的沟通，经常会把公司最近的发展情况发表在内部网络上，让职员及时了解。

（2）门户开放的政策。通用电气是奉行"门户开放"政策最坚决、最彻底的公司，提倡"服务与客户"的概念，淡化"谁是谁的上司"的观念，坚决"扫除"那些在办公室里"表演"出"经理"架势的人。通用电气认为，"总部大楼不可能制造出任何热销的产品"，扎根基层才是了解实情的最有效途径。杰克·韦尔奇经常"微服私访"，甚至会直接给全球任何一位员工写信或打电话，他每年至少花1/3的时间和下属企业在一起。

（3）群策群力的做法。群策群力的做法创建了一种能够面对面平等交流与沟通的文化，开放、坦诚、建设性冲突、不分彼此是唯一的管理规则。它的宗旨是反对盲目服从，每位职员都能全身心地投入工作中，有表达反对意见的自由和自信，从而寻求集体智慧的最大化。通用电气善于接受每个人提供的最好的想法，让每个人都能感受到不断扩大的一种开放精神，然后在整个机构中交流传播这些想法，使其不断得到改进和完善并付诸实施。

5. 监控

（1）审计中的监督。在检查和改善下属单位的经营状况，保证投资效果符合公司总体战略目标，以及培养企业管理人才方面，通用电气的内部审计部门开创了极为成功的范例。它们平均每3个月便会接受一项新使命，每次都是不同的审计对象、不同的组成人员、不同类型的业务问题。值得赞许的是，内部审计人员决不止步于单纯查账，而是花费更多的时间和精力去研究可能有问题的业务，包括业务流程和有关策略、措施，意在从中发现经营效果、内部资源的开发利用、产品质量和服务等各个方面有无可改进之处。与此同时，他们还担负着帮助决策层和管理层制定战略、改进营销、提高工作效率，最终提高公司整体盈利能力的重任，成为对下属企业进行强力控制的有效工具。整个通用电气内部，包括副总裁在内的各级管理干部中有相当数量的人有内部审计的工作经历，中级以上财会管理人员中有60%~70%由内部审计部门输送。

（2）考评中的激励。通用电气采用了一种极具达尔文进化论思想的激励机制，以业绩做纵轴、公司价值观做横轴构建了一个坐标轴，依次将每名职员归入相应的象限：第一象限两方面都好，为应奖励的对象；第二象限业绩不好但符合公司价值观，有待帮助和考验；第三象限两方面都不符合规则，即应被淘汰的职员；第四象限业绩好但价值观不符，为最值得注意的"害群之马"，需要及时改正或开除。从人员考评来看，任何公司或部门都被划分为20%的优秀职员、70%的中等职员和10%的落后职员，分别给予奖励、帮助和培养或淘汰与开除。为了满足职员自我发展和自我提高的需要，通用电气还采用了360度考核。进行考核评价的是上级、下级、同事和客户，由被考核者在这些人中各选择几人来做评价，考核的结果由外部的专业机构来分析，从而保证结果的客观性与科学性。

6. 启示

（1）战略目标：进取与稳健的平衡。多元化经营、做大做强直至全球化，是众多企业的战略梦想。但作为多元化和全球化最为成功的企业，通用电气并不是盲目多元化，也不是盲目做大。为了实现可持续发展和保持核心竞争力，它既为多元化确立了"数一数二"的市场原则，也为全球化设计了"全球本土化和本土全球化"的人才条件，并配以公司大学的教育和文化价值观的整合要求。我国企业在成长过程中，需要慎重对待多元化扩张，注重文化的融合与人才的储备，而只有在做专、做强的基础上做大，才是现实的选择。

（2）控制手段：三管齐下的变革。通用电气的经验告诉我们，企业再大也是可以控制的，关键是要找到一个既符合现代企业管理精神又切实可行的办法，统一多样化、扁平化和网络化就是三大手段。按照通用电气的逻辑，企业经营可以多元化，但必须统一规范管理，同样具有专业化的品牌优势；企业规模可以是商业触角遍及全球的"巨无霸"，但必须做到组织精简，同样具有小企业的灵活和效率；企业归宿可以是传统产业，但必须充分利用现代科学技术，同样分享朝阳产业的市场机遇。我国多元化经营的大型传统企业需要时刻保持清醒的头脑和危机意识，积极进行观念、制度和技术创新，不断推进组织的精简以及管理的统一性和网络化，避免陷入"经营一多就杂，规模一大就乱，时间一长就没落"的怪圈。

（3）沟通方式：全方位的深入。沟通可以消除管理中的阻力以及由于信息不对称所造成的误解和抵制，达到资源共享、优势互补的功效。但如何确保职员与管理层之间的纵向沟通，以及部门、职员之间的横向沟通，保证信息的畅通传递，对企业的管理者来说是一个很大的挑战。无边界的横向沟通、门户开放的纵向沟通和群策群力的平行沟通，都是通用电气沟通中的杰作，值得我国企业学习和深思。

（4）审计考评：不懈的完美追求。通用电气的经验还告诉我们，如果没有审计监督和考评跟踪，内部控制的效果恐怕就会像纸糊的老虎那样一捅就破。通用电气的内部审计在独立确认的基础上，注重提供旨在增加价值和改善组织运营的高质量的咨询活动。与此同时，它采用的极具达尔文进化论思想的考评机制，也将"优胜劣汰、适者生存"的自然界法则和 ABC 分类管理原则体现得淋漓尽致。有压力才有活力，我国企业也应强化内部审计和考评工作，时刻谨记通用电气的认识："任何事物都不可能是完美无缺的，我们的使命就是去改善它们，追求完美。"

二、巨人集团公司案例

"巨人"演绎了中国知识青年冲浪市场经济最惨烈的悲喜剧和最为传奇、商业史书般的财富故事。其掌门人史玉柱从一穷二白的创业青年，到《福布斯》排名内地富豪第八位；继而在遭受几乎毁灭性的失败后，又从负债 2.5 亿元之巨的全国"首负"，重新崛起甚至超越过往的成就，成长为身家 500 亿元的内地新"首富"（2007 年）。

"其兴也勃焉，其亡也忽焉"，以 1997 年为分界线，之前为老"巨人"，高开低走、盛极而衰；之后为新"巨人"，惊天逆转、涅槃重生。究其原因，内部控制的严重缺陷是老"巨人"衰落的根本原因，而内部控制的保驾护航则是新"巨人"崛起的决定因素。

1989 年 8 月，史玉柱用先打广告后付款的方式，将其研制的 M-6401 桌面排版印刷系统软件推向市场,赚到了经商生涯中的"第一桶金",奠定了巨人集团创业的基石。1991年4月,他成立珠海巨人新技术公司,迈开"巨人"的第一步。1993年7月,巨人集团下属全资子公司已经发展到38个,是仅次于四通公司的中国第二大民营高科技企业。1994年年初,号称中国第一高楼的巨人大厦一期工程动土。同年,史玉柱当选为"中国改革风云人物"。1997年年初,巨人大厦在只完成相当于三层楼高的首层大堂后停工,各方债主纷纷上门,老"巨人"的资金链断裂,负债2.5亿元的史玉柱黯然隐退。1999年,他成立上海健特(Giant,巨人的音译)生物科技有限公司。2000年,史玉柱悄悄还清了老"巨人"时期所欠的全部债务——预售楼花款。2001年,他成立上海黄金搭档生物科技有限公司,当选为"CCTV中国经济年度人物"。2003年,他购入民生银行6.98亿股流通股和华夏银行的1.012亿股流通股,并将脑白金和黄金搭档的知识产权及其营销网络75%的股权卖给了香港上市公司四通电子,交易总价为12.4亿元人民币。2004年,他成立上海征途网络科技有限公司。2005年,他推出《征途》,为全球第三款同时在线人数超过100万的中文网络游戏。2006年,他在开曼群岛注册巨人网络科技有限公司。2007年,巨人网络科技有限公司更名为巨人网络集团,在全球规模最大、历史最悠久的纽约交易所挂牌上市,成为中国登陆美国最大IPO(首次公开募股)民营企业,也是除美国本土外最大IPO的IT(信息技术)企业。手握68.43%巨人股权的史玉柱,跃升为拥有500亿元身价的内地新"首富"。

对于老"巨人"的失败,史玉柱将主要原因归结为全面冒进的多元化战略方向失误,例如,先后开发出的服装、保健品、药品、软件等30多类产品,最后大都不了了之。有了惨痛教训的史玉柱意识到,发展速度太快、负债率很高的公司容易出事,投资产业需要慎重考虑以下三点:首先判断它是否为朝阳产业;其次是人才储备够不够;最后,资金是否够。如果失败了,是否还要添钱,如果要添钱,是否准备得足够多。因此,新"巨人"业务的发展强调安全,第一个项目做成功后,再考虑做第二个项目,一点点往前推进。在新的战略思想指导下,新"巨人"环环相扣地进入保健品、金融、IT行业,全面取得成功,史玉柱因此也被誉为罕见的商业奇才。

对于巨人大厦的失败,史玉柱自称变为"完全的保守主义者",为自己制定了"铁律":必须时时刻刻保持危机意识,每时每刻提防公司明天会突然垮掉,随时防备最坏的结果;让企业永远保持充沛的现金流。新"巨人"最在乎的事情,就是公司的现金流和时刻保持财务健康(负债率维持在5%的标准上)。

自从"三大战役"失败后,史玉柱就养成一个习惯:"谁消费我的产品,我就要把他研究透。"他专注地研究消费者,琢磨消费者的需求并满足消费者的需求,在此基础上打破陈规,自己琢磨规则、创造规则,特别是盯准中小城市及农村市场,其理论号称"史氏营销理论"。

内部控制作为公司治理的关键环节和经营管理的重要举措,在企业的发展壮大中具有举足轻重的作用。通过对比分析不难发现,老"巨人"的失败和新"巨人"的成功不是偶然的,内部控制因素是引起"巨人"变迁的内在原因。

三、美国西南航空公司案例

美国西南航空公司(Southwest Airlines)创建于1971年,是美国排名前列的航空公司。它从仅有56万美元、3架波音737客机,经营达拉斯、休斯敦和圣安东尼奥的短程航运业务的地方性小公司,发展至2016年,已拥有超过700架波音737客机。最令人惊奇的是,它创下了 1973 年以来连续 40 多年盈利的业界奇迹,也是连续盈利时间最长的航空公司,连续 4 年被《财富》杂志评为全球最受赞赏的公司之一。究其原因可以发现,美国西南航空公司十分注重内部控制管理,与大型软件公司联手打造内部管理和控制系统,有着成熟的做法和先进的经验,从而为达成持续获利目标保驾护航。

1. 内部环境特征

(1)企业文化。美国西南航空公司的企业文化是"员工第一,顾客第二,只有快乐的员工才有满意的顾客",并在此基础上形成了三项基本的经营哲学:一是工作应该是愉快的,可以尽情享受;二是工作很重要,别把它搞砸了;三是员工也很重要,每个人都应受到尊重。为了找到真正需要的人,公司采取同行招聘的方式,让员工自己挑选可以愉快合作的工作伙伴。而集体奖励的方式、灵活的工会合同、优厚的员工待遇和较高的员工期权拥有率构成了有效的激励机制。美国西南航空公司认为裁员是短视行为,对公司文化的伤害最大。其平均每年的员工流动率低于 5%,相对于美国其他同行来说,这个比例是最低的。即便"9·11"事件后一度每天亏损三四百万美元,美国西南航空公司仍然坚持不裁员。

作为一家大型公司,美国西南航空公司保持扁平的组织架构以降低集权风险,把"打破官僚主义"作为自己的口号。公司内部结构呈倒置的金字塔形,管理层在底层为前线员工提供各种支持,员工随时可以掌握公司任何和旅客以及竞争形势有关的资讯并参与决策和控制,这样不仅提高了各级的管理效率,而且能根据市场变动及时进行调整。高层主管倾听员工的意见是美国西南航空公司的一项惯例。美国西南航空公司规定,如果有员工提出一项建议,有关部门主管必须尽快弄清楚是否可行并及时作出回应。公司没有采纳的建议,必须向员工解释清楚,给出拒绝的充分理由。绝大多数员工随时可以拿起电话和公司副总裁级的人员直接沟通,而总裁会在周末的凌晨和地勤人员一起清洁飞机。事实表明,当员工认为自己受到应有的人性化对待并且受到关怀和尊重时,他们也会为乘客加倍提供热诚周到的服务并充分尊重他们,让乘坐美国西南航空公司的飞机成为一种乐趣,这亦是其吸引大批忠诚旅客的主要原因。

(2)制度管理。美国西南航空公司的内部环境非常强调制度的作用。新员工在接受正式培训后,基本上不再需要他人的教导和提醒就能很明确地知道自己在何时、何地该以何种姿态采取何种行为。美国西南航空公司是技术导向管理,技术系统负责一切,倚重总工程师和总飞行师,地区总经理只抓与市场直接有关的行政工作。

(3)财务策略。美国西南航空公司在财务方面非常谨慎,资产负债表非常稳健。它一直保持着明显低于美国航空业平均水平的资本负债率,也是全球少数几家拥有投资级信用的航空公司之一。这也使它有足够的营运资金去把握一些重要的商机,并且减轻财务压力。

2. 战略目标的设计与实施

从开业的第一天起,美国西南航空公司就奉行低价策略,把自己定位为票价最低的航空公司,提供全美绝大多数的折扣机票,通过低价和优良的服务开拓市场。美国西南航空公司管理层的思路是:不是要和其他航空公司打价格战,而是要和地面的运输业竞争。按照传统的经商原则,当飞机每班都客满时,票价就要上涨。但美国西南航空公司在载客增加时并不提价,而是增开班机扩展市场。在淡季时,更是通过降低票价来提高班机搭载率,结果飞机票价有时比乘坐陆地的运输工具还要便宜。

在每位竞争对手都对对方的经营策略、营运成本了如指掌的航空市场中,美国西南航空公司的低价竞争战略之所以得以实现,完全依赖于其将短程运输方式、标准化机队、高效的员工团队和稳健的品质保证相结合的运营模式。

(1)短程运输方式。美国西南航空公司不买大型客机,不飞国际航线,不与其他航空公司形成联运服务,不和大型航空公司硬碰硬。相反,它只提供效率高、班次多的短程运输,选择的航线也大多是中等城市之间的点对点航线,在位于邻近大都会地区但尚未充分利用的二流机场降落,并采取低票价、多班次的方式来增加旅客的载运量。这不仅有效地降低了管理成本和运营成本,同时也使快速离港和飞机上限量供应等低成本运作具有可行性。美国西南航空公司在飞行中不提供餐点服务,只供应饮料与花生;较长一点的旅程则仅提供饼干之类的点心,从而把成本维持在低水平。

(2)标准化机队。美国西南航空公司首创了标准化机队的概念,采用单一机型波音737提供服务,这样做的好处是既简化了管理又减少了培训和维护成本。作为使用同一机种的忠诚顾客,美国西南航空公司在向波音公司购买飞机时还可获得更多折扣。再加上购买的部分飞机是尚在安全使用年限内、未"退伍"的二手飞机,更进一步降低了航空公司运营中比例最大的固定成本支出。

(3)高效的员工团队。美国西南航空公司拥有美国航空界最有生产力的团队,员工平均服务旅客的数量是其他航空公司的两倍。由于工作人员的配合和努力,美国西南航空公司的班机从抵达目的地机场、开放登机门上下旅客,至关上登机门再度准备起飞的作业时间平均只需15分钟。而其他航空公司需要两倍到三倍的时间才能完成同样的工作。

通过精简业务流程,美国西南航空公司降低了成本并加快了运作速度:不提供托运行李的服务,以节省时间;不设头等舱,采用先到先上制,先到的旅客可以有更多的座位选择,促使旅客尽快登机;建立自动验票系统,加快验票速度;当时间非常紧张时,乘务员也会帮助检票,加快乘客的登机速度;飞机降落后,一般只有4个地勤人员提供飞机检修保养、加油、物资补给和清洁等服务,人手不够时,驾驶员也会帮助地勤工作。在此基础上,美国西南航空公司减少了地勤服务和机务人员,每架飞机仅需要90名员工就可以开航,比其他航空公司几乎少用了1倍的员工。

(4)稳健的品质保证。在追求低成本的同时,美国西南航空公司并没有降低服务品质,其拥有最佳的飞行安全记录、最年轻的飞机队和最高的完航指数,在定期航班中取消的班次最少,无论是从航班准点率还是从旅客抱怨申诉情况评比结果来看,均居领先地位。美国西南航空公司对于过度扩张也保持着足够的警惕,每年经过严格挑选,只新增几个城市,以实现平稳增长。

综合来看,美国西南航空公司的低价策略是基于公司运营模式而确立的独特战略,既能阻止竞争对手的模仿复制,又能做到持久有效。而我国国内航空公司普遍采取"会员制"的竞争策略,现在几乎每家航空公司都有自己的会员卡,这种简单雷同的方式使得"会员制"的战略价值大大降低。

3. 成本动因与控制

美国西南航空公司的低价策略实质上是成本领先战略,需要借助严格的成本控制与管理。特别是短程飞航服务因为起降次数频繁、在登机门上下旅客的次数较多且时间较长,营运成本自然要比提供长途飞航服务高。在这种情况下,谁能提供成本最低的短程服务,谁就占有优势。

(1) 成本驱动:航班分析。航班是影响收入的巨大杠杆,也是影响成本的主要因素。据统计,航空公司85%的成本是由航班驱动的。美国西南航空公司的飞行员与空服员是按航次计薪的,并以密集的班次著称。2000年的统计显示,美国西南航空公司的飞机平均每天有8次飞行,飞机的使用时间是12小时,而且会在一些热门航线上比其他竞争对手开出两倍或者更多的航班。这背后的理念就是:"飞机停在停机坪是赚不了钱的。"

有效的成本结构不仅要求机型大小与需求规模相适应,而且要求机型与飞行距离相匹配。众所周知,大型飞机飞短航程有两大弊端:一是油料使用不经济;二是与飞机运转有关的成本会增加。美国西南航空公司不买大型客机,采用单一机型波音737提供短程运输服务,无疑是理性的选择。

(2) 航油和航材成本管理。自2001年11月油价从每桶17美元左右开始攀升以来,美国西南航空公司一直在稳步扩大对冲计划。无论是海湾战争,还是"9·11"事件,尽管国际原油价格经历了多次剧烈震荡,但美国西南航空公司并不理会短期的油价起伏,通过套期保值业务成功锁定了航油成本,从而专注于主营业务。其航油成本如下:2008年平均成本是每桶51美元,2009年也是51美元,2010年为63美元,2011年是64美元。

航材使用得当则寿命长,平均成本就小;备件在不同时期内该有多大库存,则直接决定着资金的占用情况。因此,航材保管人员的专业技术水平十分重要。美国西南航空公司有完全电脑化的先进管理模式,在提高人员技术水平上也是不遗余力,极尽所能地延长航材寿命,保证最经济的航材动态库存。

(3) 成本效益管理。据统计,航空公司的员工工资水平是各行业中最高的,而且国外航空公司的工会势力也比较强大,这使得国外航空公司的劳动力成本较高,但其总成本却控制得很好。国际劳工组织的研究表明,全世界劳动力成本占运营收入比例最低的地区是北美,美国西南航空公司更是其中的佼佼者。

 即测即练

第六章

企业其他业务活动内部控制

- 掌握企业内部控制应用指引——研究与开发；
- 掌握企业内部控制应用指引——工程项目；
- 掌握企业内部控制应用指引——担保业务；
- 掌握企业内部控制应用指引——业务外包。

第一节　研究与开发活动内部控制

研究与开发是企业核心竞争力的本源，是企业自主创新的重要体现，是企业加快转变经济发展方式的强大推动力。在经济全球化背景下，特别是为了抢抓后危机时期重要发展机遇，企业应坚定不移地走自主创新之路，重视和加强研究与开发，并将相关成果转化为生产力，在竞争中赢得主动权，夺得先机。《企业内部控制应用指引第 10 号——研究与开发》旨在有效控制研发风险，提升企业自主创新能力，充分发挥科技的支撑引领作用，促进实现企业发展战略。

资料 6-1

知识链接

（1）高新技术企业研发活动内部控制建设研究——以 A 公司为例；

（2）高新技术企业研发活动内部控制研究——以 Z 公司为例；

（3）基于 CMMI 四级体系模型的研发外包量化管理研究——光大银行研发领域外部资源量化管理实践；

（4）民营通讯制造企业研发管理内部控制研究——以华为公司为例。

一、研究与开发的业务流程

如图 6-1 所示，研究与开发业务的基本流程主要包括：立项申请、评审与审批，研究过程管理，结题验收，研究成果开发，研究成果保护等。

二、研究与开发业务的主要风险点及管控措施

研究与开发业务的主要风险点及管控措施如下。

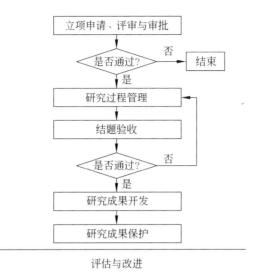

图 6-1　研究与开发业务的基本流程

(一) 立项

立项主要包括立项申请、评审与审批。该环节的主要风险有：研发计划与国家(或企业)科技发展战略不匹配,研发承办单位或专题负责人不具有相应资质,研究项目未经科学论证或论证不充分,评审和审批环节把关不严,可能导致创新不足或资源浪费。

主要管控措施有以下几个。

(1) 建立完善的立项、审批制度,确定研究开发计划制订原则和审批人,审查承办单位或专题负责人的资质条件和评估、审批流程等。

(2) 结合企业发展战略、市场及技术现状,制订研究项目开发计划。

(3) 根据实际需要,结合研发计划,提出研究项目立项申请,开展可行性研究,编制可行性研究报告。

(4) 按照规定的权限和程序进行审批,重大研究项目应当报经董事会或类似权力机构集体审议决策。

(5) 制订开题计划和报告。

(二) 研究过程管理

研究过程是研发的核心环节。实务中,研发通常分为自主研发、委托研发和合作研发。

1. 自主研发

自主研发是指企业依靠自身的科研力量,独立完成项目,包括原始创新、集成创新和在引进消化基础上的再创新三种类型。其主要风险包括以下几个。

(1) 研究人员配备不合理,导致研发成本过高、舞弊或研发失败。

(2) 研究过程管理不善,费用失控或科技收入形成账外资产,影响研发效率,提高研发成本甚至造成资产流失。

（3）多个项目同时进行时，相互争夺资源，出现资源的短期局部缺乏，可能造成研发效率下降。

（4）研究过程中未能及时发现错误，导致修正成本提高。

（5）科研合同管理不善，导致权属不清，知识产权存在争议。

主要管控措施有以下几个。

（1）建立研发项目管理制度和技术标准，建立信息反馈制度和研发项目重大事项报告制度，严格落实岗位责任制。

（2）合理设计项目实施进度计划和组织结构，跟踪项目进展，建立良好的工作机制，保证项目顺利实施。

（3）精确预计工作量和所需资源，提高资源使用效率。

（4）建立科技开发费用报销制度，明确费用支付标准及审批权限，遵循不相容岗位牵制原则，完善科技经费入账管理程序。

（5）开展项目中期评审，及时纠偏调整；优化研发项目管理的任务分配方式。

2. 委托(合作)研发

委托研发是指企业委托具有资质的外部承办单位进行研究和开发。合作研发是指合作双方基于研发协议，就共同的科研项目，以某种合作形式进行研究或开发。委托(合作)研发的主要风险有：委托(合作)单位选择不当，知识产权界定不清。合作研发的风险还包括与合作单位沟通不畅、合作方案设计不合理、权责利不能合理分配、资源整合不当等。

主要管控措施有以下几个。

（1）加强委托(合作)研发单位资信、专业能力等方面管理。

（2）委托研发应采用招标、议标等方式确定受托单位，制定规范、详尽的委托研发合同，明确产权归属、研究进度和质量标准等相关内容。

（3）合作研发应对合作单位进行尽职调查，签订书面合作研发合同，明确双方投资、分工、权利与义务、研究成果产权归属等。

（4）加强对项目的管理监督，严格控制项目费用，防止挪用、侵占等。

（5）根据项目进展情况、国内外技术最新发展趋势和市场需求变化情况，对项目的目标、内容、进度、资金进行适当调整。

（三）结题验收

结题验收是对研究过程形成的交付物进行有质量的验收。结题验收分为检测鉴定、专家评审和专题会议三种方式。结题验收的主要风险有：验收人员的技术、能力、独立性等造成验收成果与事实不符；测试与鉴定投入不足，导致测试与鉴定不充分，不能有效地降低技术失败的风险。

主要管控措施有以下几个。

（1）建立健全技术验收制度，严格执行测试程序。

（2）对验收过程中发现的异常情况应重新进行验收申请或补充进行研发，直至研发项目达到研发标准。

（3）落实技术主管部门验收责任，由独立、具备专业胜任能力的测试人员进行鉴定试验，并按计划进行正式、系统、严格的评审。

（4）加大企业在测试和鉴定阶段的投入，对重要的研究项目可以组织外部专家参加鉴定。

（四）研究成果开发

研究成果开发是指企业将研究成果经过开发过程转换为企业的产品。研究成果开发的主要风险有：研究成果转化应用不足，导致资源闲置；新产品未经充分测试，导致大批量生产不成熟或成本过高；营销策略与市场需求不符，导致营销失败。

主要管控措施有以下几个。

（1）建立健全研究成果开发制度，促进成果及时有效转化。

（2）科学鉴定大批量生产的技术成熟度，力求降低产品成本。

（3）坚持开展以市场为导向的新产品开发的消费者测试。

（4）建立研发项目档案，推进有关信息资源的共享和应用。

（五）研究成果保护

研究成果保护是企业研发管理工作的有机组成部分。有效的研发成果保护，可保护研发企业的合法权益。研究成果保护的主要风险有：未能有效识别和保护知识产权，权属未能得到明确规范，开发出的新技术或产品被限制使用；对核心研究人员缺乏管理激励制度，导致形成新的竞争对手或技术秘密外泄。

主要管控措施有以下几个。

（1）进行知识产权评审，及时取得权属。

（2）研发完成后确定采取专利或技术秘密等不同保护方式。

（3）利用专利文献选择较好的工艺路线。

（4）建立研究成果保护制度，加强对专利权、非专利技术、商业秘密及研发过程中形成的各类涉密图纸、程序、资料的管理，严格按照制度规定借阅和使用，禁止无关人员接触研究成果。

（5）建立严格的核心研究人员管理制度，明确界定核心研究人员范围和名册清单并与之签署保密协议。

（6）企业与核心研究人员签订劳动合同时，应当特别约定研究成果归属、离职条件、离职移交程序、离职后保密义务、离职后竞业限制年限及违约责任等内容。

（7）实施合理有效的研发绩效管理，制定科学的核心研究人员激励体系，注重长效激励。

第二节　工程项目内部控制

资料6-2

工程项目是企业自行或者委托其他单位进行的建造、安装活动。重大工程项目往往体现企业发展战略和中长期发展规划，对于提高企业再生产能力和支撑保障能力、促进企业可持续发展具有关键作用。由于工程项目投入资源多、占用资金大、建设工期长、涉及环节多、多种利益关系错综复杂,因此构成经济犯罪和腐败问题的"高危区"。现实中,工程资金高估冒算,招投标环节暗箱操作,"豆腐渣"工程,以及相关经济犯罪和腐败案例时有发生,引发社会各界对工程领域的关注和批评。

📡 知识链接

(1) 帕克西桥工程项目分包工程合同管理案例;

(2) 工程项目竣工结算的内部控制研究——以广东医科大学为例;

(3) 五要素视角下工程项目内部控制风险及应对策略——以 D 建设集团公司 G 工程项目为例;

(4) 协同理论视角下高校工程建设项目内部控制问题研究——以 Y 大学为例。

一、工程项目的业务流程

如图 6-2 所示,工程项目的业务流程包括工程立项、工程设计、工程招标、工程建设、竣工验收和项目后评估六大环节。工程立项是对拟建项目的必要性和可行性进行技术经济论证,对不同建设方案进行技术经济比较并作出判断和决定的过程。立项决策正确与否,直接关系到项目建设的成败。工程立项阶段主要工作包括编制项目建议书、可行性研究、立项评审与立项决策等几个环节。工程设计是根据建设工程的要求,对可行性研究的深入和继续,对建设工程所需的技术、经济、资源、环境等条件进行更加深入、细致的分析,编制建设设计文件和绘制施工图的工作。工程设计是在可行性研究确定的条件下解决怎么进行建设的具体工程技术和经济问题。工程设计是工程如期保质完成的关键。工程设计一般分为初步设计和施工图设计,对于技术上比较复杂的工程项目,在施工图设计之前还应进行技术设计。工程招标是建设单位在立项之后、项目发包之前,依照法定程序,以公开招标或邀请招标等方式,鼓励潜在的投标人依据招标文件参与竞争,通过评标择优选定中标人的一种经济活动。工程招标一般包括招标、投标、开标、评标和定标、签订施工合同等几个主要环节。工程建设指的是工程建设实施,即施工阶段。建设成本、进度和质量的具体控制主要就在这一阶段。工程建设阶段的主要工作有工程监理、工程物资采购、施工及施工组织、资金管理和工程价款结算等。竣工验收指工程项目竣工后由建设单位会同设计、施工、监理单位以及工程质量监督部门等,对该项目是否符合规划设计要求以及建筑施工和设备安装质量进行全面检验的过程。竣工验收一般建立在分阶段验收的基础之上,前一阶段已经完成验收的工程项目在全部工程验收时原则上不再重新验收。竣工验收是全面检验建设项目质量和投资使用情况的重要环节。项目后评估是指在建设项目已经完成并运行一段时间后,对项目的目的、执行过程、效益、作用和影响进行系统的、客观的分析和总结的一种技术经济活动。

二、工程项目内部控制的主要风险点及管控措施

📡 知识链接

值得学习的好制度:富临运业(002357)工程款拨付管理办法。

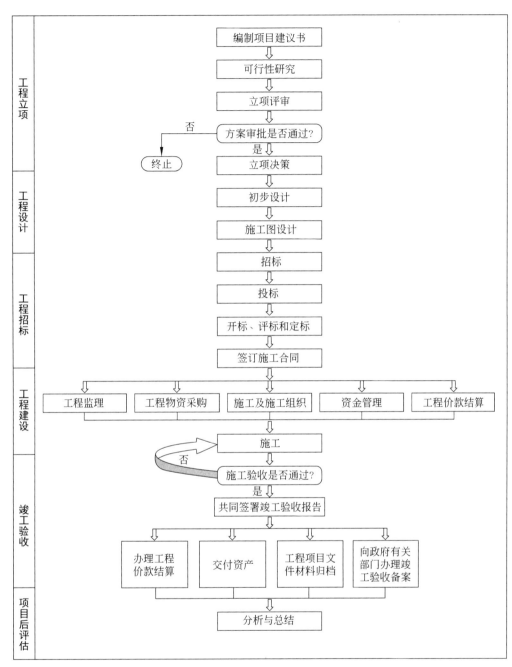

图 6-2 工程项目业务流程

工程项目各环节内部控制的主要风险点及管控措施如下。

（一）工程立项

1. 编制项目建议书

项目建议书是企业（项目建设单位）根据工程投资意向，综合考虑产业政策、发展战略、经营计划等提出的建设某一工程项目的建议文件,是对拟建项目提出的框架性总体设想。对于非重大项目,也可以不编制项目建议书,但仍需开展可行性研究。项目建议书的内容一般包括以下几个。

(1)项目的必要性和依据。

(2)产品方案、拟建规模和建设地点的初步设想。

(3)投资估算、资金筹措方案设想。

(4)项目的进度安排。

(5)经济效果和社会效益的初步估计。

(6)环境影响的初步评价等。

项目建议书编制完成后,应报企业决策机构审议批准,并视法规要求和具体情况报有关政府部门审批或备案。

该环节的主要风险有:投资意向与国家产业政策和企业发展战略脱节;项目建议书内容不合规、不完整,项目性质、用途模糊,拟建规模、标准不明确,项目投资估算和进度安排不协调。

主要管控措施有以下几个。

(1)企业应当明确投资分析、编制和评审项目建议书的职责分工。

(2)企业应当全面了解所处行业和地区的相关政策规定,以法律法规和政策规定为依据,结合实际建设条件和经济环境变化趋势,客观分析投资机会,确定工程投资意向。

(3)企业应当根据国家和行业有关要求,结合本企业实际,规定项目建议书的主要内容和格式,明确编制要求;在编制过程中,要对工程质量标准、投资规模和进度计划等进行分析论证,做到协调平衡。

(4)对于专业性较强和较为复杂的工程项目,可以委托专业机构进行工程投资分析,编制项目建议书。

(5)企业决策机构应当对项目建议书进行集体审议,必要时,可以成立专家组或委托专业机构进行评审;承担评审任务的专业机构不得参与项目建议书的编制。

(6)根据国家规定应当报批的项目建议书必须及时报批并取得有效批文。

🔍 小·故事

宋仁宗庆历初年,东南漕粮的供应出现了问题。参知政事范仲淹推荐许元出任江浙荆淮制置发运判官,负责征收茶盐等税,向京师运送谷粟等事。许元到任后,"悉发濒江州县藏粟,所在留三月食,远近以次相补,引千余艘转漕而西"。但航行中好些船散架沉入江中,造成巨大损失。许元怀疑是造船的工匠偷工减料,少用了铁钉,但却没有证据。而船坊主则自认为木已成舟,船已沉入江中,面对人们的指责极力狡辩。

有一天,许元突然来到造船的工场,下令拖出一艘新船,立即放火烧掉,又从灰堆中拣出铁钉,一过秤,发现只有应该用钉量的1/10。许元大怒,当即严惩船坊主,杀一儆百,并以真实的用钉量作为今后每艘船的用钉量定额,从此造船工匠们再也不敢偷工减料。

2. 可行性研究

企业应当根据经批准的项目建议书开展可行性研究、编制可行性研究报告。可行性研究报告的主要内容包括以下几点。

（1）项目概况。

（2）项目建设的必要性和市场预测。

（3）项目建设选址及建设条件论证。

（4）建设规模和建设内容。

（5）项目外部配套建设。

（6）环境保护,劳动保护与卫生防疫,消防、节能、节水。

（7）总投资及资金来源。

（8）经济、社会效益。

（9）项目建设周期及进度安排。

（10）招投标法规定的相关内容等。

该环节的主要风险有：缺乏可行性研究,或可行性研究流于形式,导致决策不当,难以实现预期效益,甚至可能导致项目失败;可行性研究的深度达不到质量标准和实际要求,无法为项目决策提供充分、可靠的依据。

主要管控措施有以下几个。

（1）企业应当根据国家和行业有关规定以及本企业实际,确定可行性研究报告的内容和格式,明确编制要求。

（2）委托专业机构进行可行性研究的,应当制定专业机构的选择标准,确保可行性研究科学、准确、公正。

（3）切实做到投资、质量和进度控制的有机统一,即技术先进性和经济可行性要有机结合。

3. 项目评审与决策

可行性研究报告形成后,企业应当组织有关部门或委托具有相应资质的专业机构,对可行性研究报告进行全面审核和评价,提出评审意见,作为项目决策的重要依据。该环节的主要风险有：项目评审流于形式,误导项目决策;权限配置不合理,或者决策程序不规范,导致决策失误,给企业带来巨大的经济损失。

主要管控措施有以下几个。

（1）组建项目评审组或委托具有资质的专业机构对可行性研究报告进行评审。评审可行性研究报告实行当事人回避制度;评审组成员应当熟悉工程业务,并具有较广泛的代表性;评审组的决策机制不能简单采用"少数服从多数"原则,而要充分兼顾项目投资、质量、进度各方面的不同意见;项目评审应实行问责制。

（2）项目评审中重点关注项目投资方案、投资规模、资金筹措、生产规模、布局选址、技术、安全、环境保护等方面情况,核实相关资料的来源和取得途径是否真实、可靠,特别要对经济技术可行性进行深入分析和全面论证。

（3）按照规定的权限和程序对工程项目进行决策,决策过程必须有完整的书面记录,并实行决策责任追究制度。重大工程项目,应当报经董事会或者类似决策机构集体审议批准,任何个人不得单独决策或者擅自改变集体决策意见,防止出现"一言堂""一支笔"现象。

(二)工程设计

1. 初步设计

建设单位可以自行完成初步设计或委托其他单位进行初步设计。初步设计是整个设计构思基本形成的阶段。通过初步设计可以明确拟建工程在指定地点和规定期限内建设的技术可行性和经济合理性,同时确定主要技术方案、工程总造价和主要技术经济指标。初步设计阶段的一项重要工作是编制设计概算。该环节的主要风险有:设计单位不符合项目资质要求;初步设计未进行多方案比选;设计人员对相关资料研究不透彻,初步设计出现较大疏漏;设计深度不足,造成施工组织不周密、工程质量存隐患、投资失控以及投产后运行成本过高等。

主要管控措施有以下几个。

(1)建设单位应当引入竞争机制,尽量采用招标方式确定设计单位,根据项目特点选择具有相应资质和经验的设计单位。

(2)在工程设计合同中,要细化设计单位的权利和义务,特别是一个项目由几个单位共同设计时,要指定一个设计单位为主体设计单位,主体设计单位对建设项目设计的合理性和整体性负责。

(3)建设单位应当向设计单位提供开展设计所需的详细基础资料,并进行有效的技术经济交流,避免因资料不完整造成设计保守、投资失控等问题。

(4)建立严格的初步设计审查和批准制度,通过严格的复核、专家评议等制度,层层把关,确保评审工作质量。

2. 施工图设计

施工图设计主要是通过图纸,把设计者的意图和全部设计结果表达出来,作为施工建造的依据。与施工图设计直接关联的是施工图预算。施工图预算是在施工图设计完成后、工程开工前,根据已批准的施工图纸、现行的预算定额、费用定额和所在地区人工、材料、设备与机械台班等资源价格,按照规定的计算程序确定工程造价的技术经济文件。该环节的主要风险有:概预算严重脱离实际,导致项目投资失控;工程设计与后续施工未有效衔接或过早衔接,导致技术方案未得到有效落实,影响工程质量,或造成工程变更,发生重大经济损失。

主要管控措施有以下几个。

(1)建立严格的概预算编制与审核制度。概预算的编制要严格执行国家、行业和地方政府有关建设和造价管理的各项规定与标准,完整、准确地反映设计内容和当时当地的价格水平。建设单位应当组织工程、技术、财会等部门的相关专业人员或委托具有相应资质的中介机构对编制的概算进行审核,重点审查编制依据、项目内容、工程量的计算、定额套用等是否真实、完整和准确。

(2)建立严格的施工图设计管理制度和交底制度。在对施工图设计进行审查时,应重点关注施工图设计深度能否满足全面施工及各类设备安装要求,施工图设计质量是否符合国家和行业规定,各专业工种之间是否做到了有效配合等。

(3)制定严格的设计变更管理制度。设计单位应当提供全面、及时的现场服务,避免设计与施工相脱节的现象发生,减少设计变更的发生。

(4)建设单位应当严格按照国家法律法规和本单位管理要求执行各项设计报批要求,上一环节尚未批准的,不得进入下一环节,杜绝出现边勘察、边设计、边施工的"三边"现象。

(三)工程招标

1. 招标

这一阶段的主要工作包括招标前期准备和招标公告、资格预审公告的编制与发布。在招标前期准备阶段,应确定招标组织方式(自行招标、委托招标)和招标方式(公开招标、邀请招标)等。该环节的主要风险有:招标人肢解建设项目,致使招标项目不完整,或逃避公开招标;投标资格条件因人而设,未做到公平、合理,可能导致中标人并非最优选择;相关人员违法违纪泄露标底,存在舞弊行为。

主要管控措施有以下几个。

(1)建设单位应当按照《中华人民共和国招标投标法》等相关法律法规,结合本单位实际情况,本着公开、公正、平等竞争的原则,建立健全本单位的招投标管理制度,明确应当进行招标的工程项目范围、招标方式、招标程序,以及投标、开标、评标、定标等各环节的管理要求。

(2)工程立项后,对于是否采用招标,以及招标方式、标段划分等,应由建设单位工程管理部门牵头提出方案,报经建设单位招标决策机构集体审议通过后执行。

(3)建设单位确需划分标段组织招标的,应当进行科学分析和评估,提出专业意见;划分标段时,应当考虑项目的专业要求、管理要求、对工程投资的影响以及各项工作的衔接,不得违背工程施工组织设计和招标设计方案,将应当由一个承包单位完成的工程项目肢解成若干部分发包给几个承包单位。

(4)招标公告的编制要公开、透明,严格根据项目特点确定投标人的资格要求,不得根据"意向中标人"的实际情况确定投标人资格要求。建设单位不具备自行招标能力的,应当委托具有相应资质的招标机构代理招标。

(5)建设单位应当根据项目特点决定是否编制标底;需要编制标底的,标底编制过程和标底应当严格保密。

2. 投标

投标主要包括项目现场考察、投标预备会、投标文件的编制和递交。招标人可以根据招标项目的具体情况,组织投标人考察项目现场,以便投标人更为深入地了解项目情况。该环节的主要风险有:招标人与投标人串通投标,存在舞弊行为;投标人的资质条件不符合要求或挂靠、冒用他人名义投标,可能导致工程质量难以达到规定标准。

主要管控措施有以下几个。

(1)对投标人的信息采取严格的保密措施,防止投标人之间串通舞弊。

(2)科学编制招标公告,合理确定投标人资格要求,尽量扩大潜在投标人的范围,增强市场竞争性。

(3)严格按照招标公告或资格预审文件中确定的投标人资格条件对投标人进行实质审查,通过查验资质原件、实地考察,或到市场监督管理和税务机关调查核实等方式,确定投标人的实际资质,预防假资质中标。

(4) 建设单位应当履行完备的标书签收、登记和保管手续。签收人要记录投标文件签收日期、地点和密封状况,签收标书后应将投标文件存放在安全保密的地方,任何人不得在开标前开启投标文件。

3. 开标、评标和定标

投标工作结束后,建设单位应当组织开标、评标和定标。开标时间和地点应当在招标文件中预先确定。评标由招标人依法组建的评标委员会负责。评标委员会应当按照招标文件确定的评标标准和方法,对投标文件进行评审和比较,推荐合格的中标候选人。该环节的主要风险有:开标不公开、不透明,损害投标人利益;评标委员会成员缺乏专业水平,或者建设单位向评标委员会施加影响,致使评标流于形式;评标委员会成员与投标人串通作弊,损害招标人利益。

主要管控措施有以下几个。

(1) 开标过程应邀请所有投标人或其代表出席,并委托公证机构进行检查和公证。

(2) 依法组建评标委员会,确保其成员具有较高的职业道德水平,并具备招标项目专业知识和丰富经验。评标委员会成员名单在中标结果确定前应当严格保密。评标委员会成员和参与评标的有关工作人员不得私下接触投标人,不得收受投标人任何形式的商业贿赂。

(3) 建设单位应当为保证评标委员会独立、客观地进行评标工作创造良好条件,不得向评标委员会成员施加影响,干扰其客观评判。

(4) 评标委员会应当在评标报告中详细说明每位成员的评价意见以及集体评审结果,对于中标候选人和落标人要分别陈述具体理由。每位成员应对其出具的评审意见承担个人责任。

(5) 中标候选人是 1 个以上时,招标人应当按照规定的程序和权限,由决策机构审议决定中标人。

4. 签订施工合同

中标人确定后,建设单位应当在规定期限内同中标人订立书面合同,双方不得另行订立背离招标文件实质性内容的其他协议。在工程项目的合同管理方面,除应当遵循《企业内部控制应用指引第 16 号——合同管理》的统一要求外,还应特别注意以下几个方面的情况:①建设单位应当制定工程合同管理制度,明确各部门在工程合同管理和履行中的职责,严格按照合同行使权力和履行义务。②建设工程施工合同、各类分包合同、工程项目施工内部承包合同应当按照国家或本建设单位制定的示范文本的内容填写,清楚列明质量、进度、资金、安全等各项具体标准,有施工图纸的,施工图纸是合同的重要附件,与合同具有同等法律效力。③建设单位应当建立合同履行执行情况台账,记录合同的实际履约情况,并随时督促对方当事人及时履行其义务,建设单位的履约情况也应及时做好记录并经对方确认。

(四) 工程建设

1. 施工质量、进度和安全

建设单位和承包单位(施工单位)应按设计和开工前签订的合同所确定的工期、进度计划等相关要求进行施工建设,并采用科学规范的管理方式保证施工质量、进度和安全。该环节的主要风险有:盲目赶进度,牺牲质量、费用目标,导致质量低劣,费用超支;质量、安全监管不到位,存在质量隐患。

主要管控措施分为三个方面。

工程进度管控:

(1) 监理单位应当建立监理进度控制体系,明确相关程序、要求和责任。

(2) 承包单位应按合同规定的工程进度编制详细的分阶段或分项进度计划,报送监理机构审批后,严格按照进度计划开展工作。

(3) 承包单位至少应按月对完成投资情况进行统计、分析和对比,工程的实际进度与批准的合同进度计划不符时,承包单位应提交修订合同进度计划的申请报告,并附原因分析和相关措施,报监理机构审批。

工程质量管控:

(1) 承包单位应当建立全面的质量控制制度,按照国家相关法律法规和本单位质量控制体系进行建设,并在施工前列出重要的质量控制点,报经监理机构同意后,在此基础上实施质量预控。

(2) 承包单位应按合同约定对材料、工程设备以及工程的所有部位及其施工工艺进行全过程的质量检查和检验,定期编制工程质量报表,报送监理机构审查。关键工序作业人员必须持证上岗。

(3) 监理机构有权对工程的所有部位及其施工工艺进行检查验收,发现工程质量不符合要求的,应当要求承包单位立即返工修改,直至符合验收标准。

安全建设管控:

(1) 建设单位应当加强对施工单位的安全检查,并授权监理机构按合同约定的安全工作内容监督、检查承包单位安全工作的实施。

(2) 工程监理单位和监理工程师应当按照法律法规和工程建设强制性标准实施监理,并对建设工程安全生产承担监理责任。

(3) 承包单位应当设立安全生产管理机构,配备专职安全生产管理人员,依法建立安全生产、文明施工管理制度,细化各项安全防范措施。

2. 工程物资采购

工程物资采购分为自行采购和承包单位采购。该环节的主要风险有:采购控制不力,质次价高,对承包单位采购物资监督不足,影响工程质量与进度。

主要控制措施有以下两个。

(1) 重大设备和大宗材料的采购应当采用招标方式。

(2) 由承包单位采购工程物资的,企业应当加强监督,确保工程物资采购符合设计标准和合同要求。严禁不合格工程物资投入工程项目建设。

3. 工程价款结算

工程价款结算是指对建设工程的发包承包合同价款进行约定和依据合同约定进行工程预付款、工程进度款、工程竣工价款结算的活动。该环节的主要风险有:建设资金使用管理混乱,项目资金未落实,导致工程进度延迟或中断。

主要管控措施有以下几个。

(1) 建立完善的工程价款结算制度,明确工作流程和职责权限划分,并切实遵照执行。

(2) 资金筹集和使用应与工程进度协调一致。

(3) 财会部门应当加强与承包单位和监理机构的沟通,准确掌握工程进度,确保财务报表准确、全面地反映资产价值,并根据施工合同约定,按照规定的审批权限和程序办理工程价款结算。

(4) 施工过程中,如果工程的实际成本突破了工程项目预算,建设单位应当及时分析原因,按照规定的程序予以处理。

4. 工程变更

工程变更包括工程量变更、项目内容的变更、进度计划的变更、施工条件的变更等,但最终往往表现为设计变更。该环节的主要风险有:现场控制不当,工程变更频繁,导致费用超支、工期延误。

主要管控措施有以下几个。

(1) 建设单位要建立严格的工程变更审批制度,严格控制工程变更,确需变更的,要按照规定程序尽快办理变更手续,减少经济损失。对于重大的变更事项,必须经建设单位、监理机构和承包单位集体商议,同时严加审核文件,提高审批层级,依法需报有关政府部门审批的,必须取得同意变更的批复文件。

(2) 工程变更获得批准后,应尽快落实变更设计和施工,承包单位应在规定期限内全面落实变更指令。

(3) 如因人为原因引发工程变更,如设计失误、施工缺陷等,应当追究当事单位和人员的责任。

(4) 对工程变更价款的支付实施更为严格的审批制度,变更文件必须齐备,变更工程量的计算必须经过监理机构复核并签字确认,防止承包单位虚列工程费用。

(五) 竣工验收

该环节的主要风险有:竣工验收不规范,质量检验把关不严,可能导致工程存在重大质量隐患;虚报项目投资完成额、虚列建设成本或者隐匿结余资金,竣工决算失真;固定资产达到预定可使用状态后,未及时进行估价、结转。

主要管控措施有以下几个。

(1) 建设单位应当健全竣工验收各项管理制度,明确竣工验收的条件、标准、程序、组织管理和责任追究等。

(2) 竣工验收必须履行规定的程序,至少应经过承包单位初检、监理机构审核、正式竣工验收三个程序。正式竣工验收前,根据合同规定应当进行试运行的,应当由建设单位、监理机构和承包单位共同参与试运行。

(3) 初检后,确定固定资产达到预定可使用状态的,承包单位应及时通知建设单位,建设单位会同监理机构初验后应及时对项目价值进行暂估,转入固定资产核算。

（4）建设单位应当加强对工程竣工决算的审核,应先自行审核,再委托具有相应资质的中介机构实施审计;未经审计的,不得办理竣工验收手续。

（5）工程竣工后,建设单位对各种节约的材料、设备、施工机械工具等,要清理核实、妥善处理。

（6）建设单位应当按照国家有关档案管理的规定,及时收集、整理工程建设各环节的文件资料,建立工程项目档案。需报政府有关部门备案的,应当及时备案。

（六）项目后评估

项目后评估通常安排在工程项目竣工验收 6 个月或 1 年后,多为效益后评价和过程后评价。工程项目后评估本身就是一项重要的管控措施,建设单位要予以重视并认真用好。首先,建设单位应当建立健全完工项目的后评估制度,对完工工程项目预期目标的实现情况和项目投资效益等进行综合分析与评价,总结经验教训,为未来项目的决策和提高投资决策管理水平提出建议。其次,建设单位应当采取切实有效措施,保证项目后评估的公开、客观和公正。原则上,凡是承担项目可行性研究报告编制、立项决策、设计、监理、施工等业务的机构不得从事该项目的后评估工作,以保证后评估的独立性。最后,要严格落实工程项目决策及执行相关环节责任追究制度,项目后评估结果应当作为绩效考核和责任追究的依据。

第三节　担保业务内部控制

《企业内部控制应用指引第 12 号——担保业务》中所称担保,是指企业作为担保人按照公平、自愿、互利的原则与债权人约定,当债务人不履行债务时,依照法律规定和合同协议承担相应法律责任的行为。担保制度起源于商品交易活动,只有当商品交易从早期的以物易物或者是钱货两清的即时交易发展到赊购赊销业务时,担保才逐渐产生。一方面,担保有利于银行等债权人降低贷款风险;另一方面,担保使债权人与债务人形成稳定可靠的资金供需关系。

📡 知识链接

（1）T 公司对外担保内部控制问题、成因与对策;

（2）集团公司对外担保风险的管理问题研究——基于BH 活塞集团的案例分析;

 资料 6-3

（3）浅析 ST 海润对外担保行为的风险控制;

（4）浅析担保业务内部控制——隧道股份担保案例分析;

（5）中小规模融资担保企业风险管理研究——基于 BX 融资担保公司的案例分析。

一、担保业务的流程

如图 6-3 所示,担保业务的基本流程包括受理申请、调查与评估、审批、签订担保合同、日常监控、代为清偿和权利追索等。

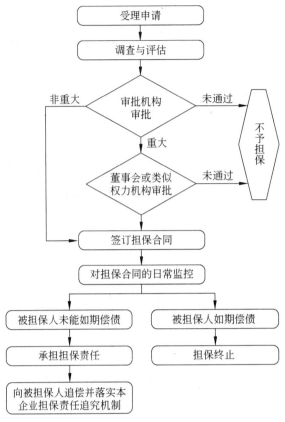

图 6-3 担保业务流程

二、担保业务的主要风险点及管控措施

知识链接

值得学习的好制度:

(1) 南都电源(300068)对外担保管理制度;

(2) 美盈森(002303)对外担保管理办法。

(一)受理申请

受理申请是企业办理担保业务的第一道关口,其主要风险有:企业担保政策和相关管理制度不健全,导致难以对担保申请人提出的担保申请进行初步评价和审核;或者虽然建立了担保政策和相关管理制度,但对担保申请人提出的担保申请审查把关不严,导致申请受理流于形式。

主要管控措施有以下两个。

(1) 依法制定和完善本企业的担保政策和相关管理制度,明确担保的对象、范围、方式、条件、程序、担保限额和禁止担保的事项。

(2) 严格按照担保政策和相关管理制度对担保申请人提出的担保申请进行审核。一般情况，只有在申请人与本企业存在密切业务往来，并且对申请人整体实力、经营状况、信用水平非常了解的情况下才能进行担保。

（二）调查与评估

企业在受理担保申请后对担保申请人进行资信调查和风险评估，是办理担保业务中不可或缺的重要环节，在相当程度上影响甚至决定担保业务的未来走向。该环节的主要风险有：对担保申请人的资信调查不深入、不透彻，对担保项目的风险评估不全面、不科学，导致企业担保决策失误或遭受欺诈，为担保业务埋下巨大隐患。

主要管控措施有以下几个。

（1）对担保业务进行调查和风险评估。企业应当指定相关部门负责办理担保业务，对担保申请人进行资信调查和风险评估，评估结果应出具书面报告。企业也可委托中介机构对担保业务进行资信调查和风险评估。调查评估人员与担保业务审批人员应当分离。

（2）企业对担保业务风险评估至少应当采取下列措施：第一，审查担保业务是否符合国家有关法律法规以及本企业发展战略和经营需要；第二，评估担保申请人的资信状况，评估内容一般包括申请人基本情况、资产质量、经营情况、行业前景、偿债能力、信用状况，用于担保和第三方担保的资产及其权利归属等；第三，审查担保项目的合法性、可行性；第四，综合考虑担保业务的可接受风险水平，并设定担保风险限额；第五，企业要求担保申请人提供反担保的，还应当对与反担保有关的资产状况进行评估。

（3）对担保项目经营前景和盈利能力进行合理预测。

（4）划定不予担保的"红线"，并结合调查评估情况作出判断。

被担保人出现下列情形之一的，企业不得提供担保。

（1）担保项目不符合国家法律法规和本企业担保政策的。

（2）已进入重组、托管、兼并或破产清算程序的。

（3）财务状况恶化、资不抵债、管理混乱、经营风险较大的。

（4）与其他企业存在较大经济纠纷，面临法律诉讼且可能承担较大赔偿责任的。

（5）与本企业已发生过经济纠纷且未妥善解决的，或不能及时足额缴纳担保费用的。

（三）审批

审批环节在担保业务中具有承上启下的作用，既是对调查评估结果的判断和认定，也是决定担保业务能否进入实际执行阶段的必经之路。该环节的主要风险有：授权审批制度不健全，导致对担保业务的审批不规范；审批不严格或者越权审批，导致担保决策出现重大疏漏，可能引发严重后果；审批过程存在舞弊行为，可能导致经办审批等相关人员涉案或企业利益受损。

主要管控措施有以下几个。

（1）建立和完善担保授权审批制度，明确授权批准的方式、权限、程序、责任和相关控制措施，规定各层级人员应当在授权范围内进行审批，不得超越权限审批。

（2）建立和完善重大担保业务的集体决策审批制度。企业应当根据《公司法》等国家法律法规，结合企业章程和有关管理制度，明确重大担保业务的判断标准、审批权限和程序。上市公司的重大对外担保,应取得董事会全体成员 2/3 以上签署同意或者经股东大会批准,未经董事会或者类似权力机构批准,不得对外提供重大担保。

（3）认真审查对担保申请人的调查评估报告,在充分了解掌握有关情况的基础上,权衡比较本企业净资产状况、担保限额与担保申请人提出的担保金额,确保将担保金额控制在企业设定的担保限额之内。

（4）从严办理担保变更审批。被担保人要求变更担保事项的,企业应当重新履行调查评估程序,根据新的调查评估报告重新履行审批手续。

（四）签订担保合同

该环节的主要风险有:未经授权对外订立担保合同,或者担保合同内容存在重大疏漏和欺诈,可能导致企业诉讼失败、权利追索被动、经济利益和形象信誉受损。

主要管控措施有以下几个。

（1）严格按照经审核批准的担保业务订立担保合同。合同订立经办人员应当在职责范围内,按照审批人员的批准意见拟订合同条款。

（2）认真审核合同条款,确保担保合同条款内容完整、表述严谨准确、相关手续齐备。在担保合同中应明确被担保人的权利、义务、违约责任等相关内容,并要求被担保人定期提供财务报告和有关资料,及时通报担保事项的实施情况。

（3）实行担保合同会审联签。除担保业务经办部门之外,鼓励和倡导企业法律部门、财会部门、内审部门等参与担保合同会审联签,增强担保合同的合法性、规范性、完备性,有效避免权利和义务约定、合同文本表述等方面的疏漏。

（4）加强对有关身份证明和印章的管理。

（5）规范担保合同记录、传递和保管,确保担保合同运转轨迹清晰完整、有案可查。

（五）日常监控

企业应切实加强对担保合同执行情况的日常监控,通过及时、准确、全面地了解掌握被担保人的经营状况、财务状况和担保项目运行情况,最大限度地实现企业担保权益,最大限度地降低企业担保责任。该环节的主要风险有:重合同签订,轻后续管理,对担保合同履行情况疏于监控或监控不当,导致企业不能及时发现和妥善应对被担保人的异常情况,可能延误处置时机,加剧担保风险,加重经济损失。

主要管控措施有以下两个。

（1）指定专人定期监测被担保人的经营情况和财务状况,对被担保人进行跟踪和监督,了解担保项目的执行、资金的使用、贷款的归还、财务运行及风险等情况,促进担保合同有效履行。

（2）及时报告被担保人异常情况和重要信息。

（六）会计控制

担保业务直接涉及担保财产、费用收取、财务分析、债务承担、会计处理和相关信息披露等,决定了会计控制在担保业务经办中具有举足轻重的作用。该环节的主要风险有:

会计系统控制不力,可能导致担保业务记录残缺不全,日常监控难以奏效,或者担保会计处理和信息披露不符合有关监管要求,可能引发行政处罚。

主要管控措施有以下几个。

(1)健全担保业务经办部门与财会部门的信息沟通机制,促进担保信息及时有效沟通。

(2)建立担保事项台账,详细记录担保对象、金额、期限,用于抵押和质押的物品或权利以及其他有关事项;同时,及时足额收取担保费用,维护企业担保权益。

(3)严格按照国家统一的会计准则制度进行担保会计处理,发现被担保人出现财务状况恶化、资不抵债、破产清算等情形的,应当合理确认预计负债和损失。

(4)切实加强对反担保财产的管理,妥善保管被担保人用于反担保的权利凭证,定期核实财产的存续状况和价值,发现问题及时处理,确保反担保财产安全、完整。

(5)夯实担保合同基础管理,妥善保管担保合同、与担保合同相关的主合同、反担保函或反担保合同,以及抵押、质押的权利凭证和有关原始资料,做到担保业务档案完整无缺。

(七)代为清偿和权利追索

当被担保人无法偿还到期债务,担保企业应按照担保合同约定代其清偿债务,并同时享有对其的追索权。该环节的主要风险有:违背担保合同约定,不履行代为清偿义务,可能被银行等债权人诉诸法律成为连带被告,影响企业形象和声誉;承担代为清偿义务后向被担保人追索权利不力,可能造成较大经济损失。

主要管控措施有以下几个。

(1)强化法制意识和责任观念,在被担保人确实无力偿付债务或履行相关合同义务时,自觉按照担保合同承担代偿义务,维护企业诚实守信的市场形象。

(2)运用法律武器向被担保人追索赔偿权利,在此过程中,企业担保业务经办部门、财会部门、法律部门等应当通力合作,做到在司法程序中举证有力。

(3)启动担保业务后评估工作,严格落实担保业务责任追究制度,对在担保中出现重大决策失误、未履行集体审批程序或不按规定管理担保业务的部门及人员,严格追究其行政责任和经济责任。

第四节　业务外包活动内部控制

资料6-4

业务外包是指企业利用专业化分工优势,将日常经营中的部分业务委托给本企业以外的专业服务机构或经济组织(以下简称"承包方")完成的经营行为,通常包括研发、资信调查、可行性研究、委托加工、物业管理、客户服务、IT 服务等。随着社会主义市场经济发展及国际产业分工呈细化趋势,我国业务外包市场必将有较大发展。

知识链接

(1)企业业务外包内部控制要点分析——以某制造业企业采购业务外包方案为例;

(2) F 集团公司业务外包优化研究;

(3) 基于内控机制视角下的医疗机构非核心业务外包管理研究初探;

(4) 浅谈医院服务外包业务内部控制——以 X 医院为例。

一、业务外包的流程

业务外包的流程主要包括制订业务外包实施方案、审核批准、选择承包方、签订业务外包合同、组织实施业务外包、业务外包过程管理、验收、会计控制等环节。制订业务外包实施方案,是指企业根据年度生产经营计划和业务外包管理制度,结合确定的业务外包范围,制订实施方案。审核批准是指企业应当按照规定的权限和程序审核批准业务外包实施方案。选择承包方是指企业应当按照批准的业务外包实施方案选择承包方。签订业务外包合同是在确定承包方后,企业与选定的承包方签订旨在约定业务外包的内容和范围,双方权利和义务,服务和质量标准,保密事项,费用结算标准和违约责任等事项的书面文书。组织实施业务外包是指企业严格按照业务外包管理制度、工作流程和相关要求,组织业务外包过程中人、财、物等方面的资源分配,建立与承包方的合作机制,为下一环节的业务外包过程管理做好准备,确保承包方严格履行业务外包合同。业务外包过程管理是指根据业务外包合同的约定,承包方会采取在特定时点向企业一次性交付产品或在一定期间内持续提供服务的方式交付业务外包成果。验收是指对外包业务完成并作出终结的过程。会计控制是指企业应当根据国家统一的会计准则制度,加强对外包业务的核算与监督,并做好外包费用结算等工作。

二、业务外包的主要风险点及管控措施

知识链接

值得学习的好制度:

(1) 亿纬锂能(300014)分公司、子公司管理制度;

(2) 国元证券(000728)控股子公司管理办法。

(一)制订业务外包实施方案

该环节的主要风险有:企业缺乏业务外包管理制度,导致制订实施方案时无据可依;业务外包管理制度未明确业务外包范围,可能导致有关部门在制订实施方案时,对不宜外包的核心业务进行外包;实施方案不合理、不符合企业生产经营特点或内容不完整,可能导致业务外包失败。

主要管控措施有以下几个。

(1) 建立和完善业务外包管理制度,根据各类业务与核心主业的关联度、对外包业务的控制程度以及外部市场成熟度等标准,合理确定业务外包的范围,并根据是否对企业生产经营有重大影响对外包业务实施分类管理,以突出管控重点,同时明确规定业务外包的方式、条件、程序和实施等相关内容。

(2) 严格按照业务外包管理制度规定的业务外包范围、方式、条件、程序和实施等内

容制订实施方案,避免将核心业务外包,同时确保方案的完整性。

(3) 根据企业年度预算以及生产经营计划,对实施方案的重要方面进行深入评估及复核,包括承包方的选择方案、外包业务的成本效益及风险、外包合同期限、外包方式、员工培训计划等,确保方案的可行性。

(4) 认真听取外部专业人员对业务外包的意见,并根据其合理化建议完善实施方案。

(二) 审核批准

该环节的主要风险有:审批制度不健全,导致对业务外包的审批不规范;审批不严格或者越权审批,导致业务外包决策出现重大疏漏,可能引发严重后果;未能对业务外包实施方案是否符合成本效益原则进行合理审核以及作出恰当判断,导致业务外包不经济。

主要管控措施有以下几个。

(1) 建立和完善业务外包的审核批准制度。明确授权批准的方式、权限、程序、责任和相关控制措施,规定各层级人员在授权范围内进行审批,不得超越权限审批。同时加大对分公司重大业务外包的管控力度,避免因分公司越权进行业务外包给企业带来不利后果。

(2) 在对业务外包实施方案进行审查和评价时,应当着重对比分析该业务项目在自营与外包情况下的风险和收益,确定外包的合理性和可行性。

(3) 总会计师或企业分管会计工作的负责人应当参与重大业务外包的决策,对业务外包的经济效益作出合理评价。

(4) 对于重大业务外包方案,应当提交董事会或类似权力机构审批。

(三) 选择承包方

该环节的主要风险有:承包方不是合法设立的法人主体,缺乏应有的专业资质,从业人员也不具备应有的专业技术资格,缺乏从事相关项目的经验,导致企业遭受损失甚至陷入法律纠纷;外包价格不合理,业务外包成本过高导致难以发挥业务外包的优势;存在商业贿赂等舞弊行为,导致相关人员涉案。

主要管控措施有以下几个。

(1) 充分调查候选承包方的合法性,即是否为依法成立、合法经营的专业服务机构或经济组织,是否具有相应的经营范围和固定的办公场所。

(2) 调查候选承包方的专业资质、技术实力及其从业人员的职业履历和专业技能。

(3) 考察候选承包方从事类似项目的成功案例、业界评价和口碑。

(4) 综合考虑企业内外部因素,对业务外包的人工成本、营销成本、业务收入、人力资源等指标进行测算分析,合理确定外包价格,严格控制业务外包成本。

(5) 引入竞争机制,按照有关法律法规,遵循公开、公平、公正的原则,采用公开招标等适当方式,择优选择承包方。

(6) 按照规定的程序和权限从候选承包方中择优作出选择,并建立严格的回避制度和监督处罚制度,避免相关人员在选择承包方过程中出现受贿和舞弊行为。

（四）签订业务外包合同

该环节的主要风险有：合同条款未能针对业务外包风险作出明确的约定,对承包方的违约责任界定不够清晰,导致企业陷入合同纠纷和诉讼;合同约定的业务外包价格不合理或成本费用过高,导致企业遭受损失。

主要管控措施有以下几个。

（1）在订立外包合同前,充分考虑业务外包方案中识别出的重要风险因素,并通过合同条款予以有效降低或规避。

（2）在合同的内容和范围方面,明确承包方提供的服务类型、数量、成本,以及明确界定服务的环节、作业方式、作业时间、服务费用等细节。

（3）在合同的权利和义务方面,明确企业有权督促承包方改进服务流程和方法,承包方有责任按照合同协议规定的方式和频率,将外包实施的进度和现状告知企业,并对存在问题进行有效沟通。

（4）在合同的服务和质量标准方面,应当规定承包方最低的服务水平要求以及如果未能满足标准应实施的补救措施。

（5）在合同的保密事项方面,应具体约定对于涉及本企业机密的业务和事项,承包方有责任履行保密义务。

（6）在费用结算标准方面,综合考虑内外部因素,合理确定外包价格,严格控制业务外包成本。

（7）在违约责任方面,制定既具原则性又体现一定灵活性的合同条款,以适应环境、技术和企业自身业务的变化。

（五）组织实施业务外包

该环节的主要风险有：组织实施业务外包的工作不充分或未落实到位,影响下一环节业务外包过程管理的有效实施,导致难以实现业务外包的目标。

主要管控措施有以下几个。

（1）按照业务外包制度、工作流程和相关要求,制定业务外包实施的管控措施,包括落实与承包方之间的资产管理、信息资料管理、人力资源管理、安全保密管理等机制,确保承包方在履行外包业务合同时有章可循。

（2）做好与承包方的对接工作,通过培训等方式确保承包方充分了解企业的工作流程和质量要求,从价值链的起点开始控制业务质量。

（3）与承包方建立并保持畅通的沟通协调机制,以便及时发现并有效解决业务外包过程中存在的问题。

（4）梳理有关工作流程,明确每个环节的岗位职责分工、运营模式、管理机制、质量水平等方面的要求。

（六）业务外包过程管理

该环节的主要风险有：承包方在合同期内因市场变化等原因不能保持履约能力,无法继续按照合同约定履行义务,导致业务外包失败和本企业生产经营活动中断;承包方出现未按照业务外包合同约定的质量要求持续提供合格的产品或服务等违约行为,导致企业难以发挥业务外包优势,甚至遭受重大损失;管控不力,导致商业秘密泄露。

主要管控措施有以下几个。

(1) 在承包方提供服务或制造产品的过程中,密切关注重大业务外包承包方的履约能力,采取动态管理方式,对承包方进行日常绩效评价和定期考核。

(2) 对承包方的履约能力进行持续评估,包括:承包方对该项目的投入是否能够支持其产品或服务质量达到企业预期目标,承包方自身的财务状况、生产能力、技术创新能力等综合能力是否满足该项目的要求。

(3) 建立即时监控机制,一旦发现偏离合同目标等情况,应及时要求承包方调整改进。

(4) 对重大业务外包的各种意外情况作出充分预计,建立相应的应急处理机制,制订临时替代方案,避免业务外包失败后造成企业生产经营活动中断。

(5) 有确凿证据表明承包方存在重大违约行为,并导致业务外包合同无法履行的,应当及时终止合同,并指定有关部门按照法律程序向承包方索赔。

(6) 切实加强对业务外包过程中形成的商业信息资料的管理。

(七) 验收

该环节的主要风险有:验收方式与业务外包成果交付方式不匹配,验收标准不明确,验收程序不规范,使得验收工作流于形式,不能及时发现业务外包质量低劣等情况,可能导致企业遭受损失。

主要管控措施有以下几个。

(1) 根据承包方业务外包成果交付方式的特点,制定不同的验收方式。可以对最终产品或服务进行一次性验收,也可以在整个外包过程中分阶段验收。

(2) 根据业务外包合同的约定,结合在日常绩效评价基础上对外包业务质量是否达到预期目标的基本评价,确定验收标准。

(3) 组织有关职能部门、财会部门、质量控制部门的相关人员,严格按照验收标准对承包方交付的产品或服务进行审查和全面测试,确保产品或服务符合需求,并出具验收证明。

(4) 对在验收过程中发现异常情况的,应当立即报告,查明原因,视问题的严重性与承包方协商采取恰当的补救措施,并依法索赔。

(5) 根据验收结果对业务外包是否达到预期目标作出总体评价,据此对业务外包管理制度和流程进行改进与优化。

(八) 会计控制

该环节的主要风险有:缺乏有效的业务外包会计系统控制,未能全面、真实地记录和反映企业业务外包各环节的资金流与实物流情况,可能导致企业资产流失或贬损;业务外包相关会计处理不当,可能导致财务报告信息失真;结算审核不严格、支付方式不恰当、金额控制不严,可能导致企业资金损失或信用受损。

资料 6-5

主要管控措施有以下几个。

(1)企业财会部门应当根据国家统一的会计准则制度,对业务外包过程中交由承包方使用的资产、涉及资产负债变动的事项以及外包合同诉讼潜在影响等加强核算与监督。

(2)根据企业会计准则制度的规定,结合外包业务特点和企业管理机制,建立完善外包成本的会计核算方法,进行有关会计处理,并在财务报告中进行必要、充分的披露。

(3)在向承包方结算费用时,应当依据验收证明,严格按照合同约定的结算条件、方式和标准办理支付。

一、法国兴业银行

法国兴业银行(Societe Generale)(以下简称"法兴银行")创建于1864年5月,它提供从传统商业银行到投资银行的全面、专业的金融服务,被视为世界上最大的衍生交易市场领导者,也一度被认为是世界上风险控制最出色的银行之一。

2008年1月,期货交易员杰罗姆·凯维埃尔(Jerome Kerviel)在未经授权情况下大量购买欧洲股指期货,形成49亿欧元(约71亿美元)的巨额亏空,创下世界银行业迄今为止因员工违规操作而蒙受的单笔最大金额损失,触发了法国乃至整个欧洲的金融震荡,并导致全球股市暴跌。无论是从性质上说还是从规模上说,法兴银行的交易欺诈案都堪称史上最大的金融悲剧。

2000年,凯维埃尔进入法兴银行,在监管交易的中台部门工作5年,负责信贷分析、审批、风险管理、计算交易盈亏,积累了关于控制流程的丰富经验。2005年,他被调入前台,供职于全球股权衍生品方案部,所做的是与客户非直接相关、用银行自有资金进行套利的业务。从此,凯维埃尔开始构筑他的"期货投机帝国"。

2008年2月,法兴银行特别委员会提交的中期调查报告显示:从2006年6月到2008年1月,法兴银行的运营部门、股权衍生品部门、柜台交易部门、中央系统管理部门等28个部门的11种风险控制系统,自动针对凯维埃尔的各种交易发出了75次报警。但是大部分预警并没有按照风险控制程度得到全面、准确、可信的查证。例如,当出现怪异现象时,风险控制部门负责调查的人员轻信了凯维埃尔的谎言,有些警报甚至在风险控制IT系统中转来转去,而没有得到最终解决;凯维埃尔的直接上司在监管他的可疑行为方面明显不力,而且这名管理人员缺乏交易经验,并对凯维埃尔的违规交易表现出了"不恰当的容忍度"。

按照规定,银行的证券或期货交易员实行交易时,都会受到额度的严格限制,只要相关人员或主管人员细心审核一下交易记录清单,就会发现违规操作。但是,由于此前的违规操作曾给法兴银行带来过丰厚的利润,在一味追求利润最大化的前提下,法兴银行放松了应有的警惕,终于导致事件的发生。事后可以看出,无论是哪一次预警或异常,只要能及时进行深入的了解和分析,凯维埃尔的问题都会及早暴露出来,从而减少风险损失,他也不会有机会开始这项犯罪。

从本案例可以看出,任何一家机构,无论具有怎样雄厚的实力,一旦放松了对内部运作的控制,失去了对风险的警惕和防范,哪怕是一个级别很小的员工或者是一个小小的失误,都将有可能葬送整个企业。

二、英国巴林银行

1995年2月27日,有着233年经营史和良好历史业绩、在全球几乎所有的地区都有分支机构的世界最老牌银行——英国巴林银行被荷兰国际集团以1英镑价格收购,在伦敦城乃至全球金融界消失。

令人震惊的是,这样一个让巴林银行惨痛的结局,出自一个普通的证券交易员尼克·里森(Nick Leeson)之手。里森1989年加盟巴林银行,1992年被派往新加坡,成为巴林银行新加坡期货公司总经理。里森在未经授权的情况下,以银行的名义认购了总价70亿美元的日本股票指数期货,并以买空的做法在日本期货市场买进了价值200亿美元的短期利率债券。如果这几笔交易成功,里森将会从中获得巨大的收益,但阪神地震后,日本证券市场一直下跌。据不完全统计,巴林银行因此而损失10多亿美元,这一数字已经超过了该行现有的8.6亿美元的总价值,巴林银行不得不宣布倒闭。这家有着233年历史、在英国曾发挥过重要经济作用的银行换了新主。

巴塞尔银行监管委员会指出,著名商业银行失败事件,除了内部控制失效外,很难再找到其他因素,具体表现包括以下几方面。

(1)放松了职员素质控制。巴林银行派遣里森担任新加坡期货公司的首席交易员和结算主管之前,是知道他有隐瞒法院不利判决的品行问题的,也清楚他缺乏进行衍生产品交易的适当经验,但仍然对他委以重任。

(2)忽视了职务分离控制。里森是巴林银行新加坡期货公司执行经理、首席交易员和结算主管,行政职务在巴林银行新加坡期货公司位居第三,公司几乎无人能对其进行制约和监督。交易和结算属于不相容职务,但巴林银行却偏偏对交易和结算这两个重要岗位没有予以分离,导致重大亏损得以掩盖。

(3)无视市场风险的控制。从1994年底开始,里森就认为日本股市将上扬,未经批准就做风险很大的被称作"套汇"的衍生金融商品交易,期望利用不同地区交易市场上的差价获利。里森坚持反向操作,一味看多日经指数、看空日本国债市场。不幸的是,日经指数的走势与里森的预期相反。里森又试图通过大量买进的方法促使日经指数上升,但都失败了。最终,里森违规从事日经股票指数期货交易造成损失达14亿美元,是巴林银行全部资本及储备金的1.2倍。

(4)审计监控形同虚设。巴林银行的内部审计部门居然在长达几年的时间里始终未能发现里森的越权违规交易和交易的实际亏损状况。

(5)诡异的授权批准控制。由于里森一个人挣的钱甚至能达到整个银行所有其他人挣钱的总和,董事会对里森采取的政策是可以先斩后奏。

像巴林银行这种享誉全球的老牌银行,不可能不建立内部控制,但问题在于越权操作无人问津,毁掉了内部控制制度形成的"天罗地网"。无数事实证明,缺乏有效的内部控制将会使一个个名噪一时的"企业帝国"崩塌于旦夕之间。

第七章

企业内部控制支持系统

- 掌握企业内部控制应用指引——全面预算；
- 掌握企业内部控制应用指引——合同管理；
- 掌握企业内部控制应用指引——内部信息传递；
- 掌握企业内部控制应用指引——信息系统。

第一节　全面预算

资料 7-1

一、全面预算的概念

全面预算是指企业对一定期间的经营活动、投资活动、财务活动等作出的预算安排。全面预算作为一种全方位、全过程、全员参与编制和实施的预算管理模式,凭借其计划、协调、控制、激励、评价等综合管理功能,整合和优化配置企业资源,提升企业运行效率,成为促进企业实现发展战略的重要途径。

🔍 小·故事

20 世纪 60 年代,金刚砂空中货物公司最先使用坚固耐用、规格统一、可重复使用的集装箱运输货物,开了集装箱运输货物的先河。然而,负责集装箱运输业务的副总裁爱德华·费尼(Edward Feeney)发现,只有 45％ 的集装箱是完全填满的。

为了保证装货质量,费尼开始组织工人接受关于装满集装箱的专业培训,并经常派人实地督促检查集装箱是否装满,但是收效甚微。

一位管理学专家提出建议:在每个集装箱内部画上一条"填满至此处"的横线。此后,完全填满集装箱的比例竟然由 45％ 上升到了 95％。

一条简单的横线,为什么会有如此大的控制作用呢? 请思考。

可以从以下几个方面来认识和理解全面预算的内涵、本质及作用。

(一) 全面预算是一种全方位、全过程、全员参与的预算管理模式

全面预算的"全方位",体现在企业的一切经济活动,包括经营、投资、财务等各项活动,以及企业的人、财、物各个方面,供、产、销各个环节,都必须纳入预算管理。全面预算的"全过程",体现在企业组织各项经济活动的事前、事中和事后都必须纳入预算管理,即

全面预算不仅仅限于预算编制、分解和下达,而是由预算编制、执行、分析、调整、考核、奖惩等一系列环节所组成的管理活动。全面预算的"全员参与",指企业内部各部门、各单位、各岗位,上自最高负责人,下至各部门负责人,各岗位员工都必须参与预算编制与实施。

(二)全面预算是企业实施内部控制、防范风险的重要手段和措施

全面预算的本质是企业内部管理控制的一项工具,即预算本身不是最终目标,而是为实现企业目标所采用的管理与控制手段,可有效控制企业风险。全面预算的制定和实施过程,就是企业不断用量化的工具,使自身所处的经营环境与拥有的资源和企业的发展目标保持动态平衡的过程,也是企业对其所面临的各种风险的识别、预测、评估与控制的过程。

(三)全面预算是企业实现发展战略和年度经营目标的有效方法与工具

企业战略制定得再好,如果得不到有效实施,终不能实现美好蓝图,甚至可能因实际运营背离战略目标而导致经营失败。通过实施全面预算,将根据发展战略制订的年度经营目标分解、落实,可以使企业的长期战略规划和年度具体行动方案紧密结合,从而实现"化战略为行动",确保企业发展目标的实现。

(四)全面预算有利于企业优化资源配置、提高经济效益

全面预算是为数不多的能够将企业的资金流、实物流、业务流、信息流、人力流等相整合的管理控制方法之一。全面预算以经营目标为起点,以提高投入产出比为目的,其编制和执行过程就是将企业有限的资源加以整合,协调分配到能够提高企业经营效率、效果的业务、活动、环节中去,从而实现企业资源的优化配置、增强资源的价值创造能力、提高企业经济效益。

(五)全面预算有利于实现制约和激励

全面预算可以将企业各层级之间、各部门之间、各责任单位之间等内部权、责、利关系予以规范化、明细化、具体化、可度量化,从而实现出资者对经营者的有效制约,以及经营者对企业经营活动、企业员工的有效计划、控制和管理。通过全面预算的编制,企业可以规范内部各个利益主体对企业具体的约定投入、约定效果及相应的约定利益;通过全面预算执行及监控,可以真实反馈内部各个利益主体的实际投入及其对企业的影响并加以制约;通过对全面预算执行结果的考核,可以检查契约的履行情况并实施相应的奖惩,从而调动员工的积极性,最终实现企业的发展目标。

知识链接

(1)《企业内部控制应用指引第 15 号——全面预算》解读;

(2)全面预算管理视角下集团企业内部控制问题探讨;

(3)基于全面预算管理的企业内部控制研究;

(4)全面预算管理的解读与应用案例——全面预算管理在农业企业 X 集团的应用;

（5）集团企业预算管理的演进与意义建构——基于神华集团 1998—2014 年的纵向案例研究。

二、全面预算的组织

全面预算的组织领导与运行体制健全，是防止预算管理松散、随意，预算编制、执行、考核等各环节流于形式，预算管理的作用得不到有效发挥的关键。企业应当加强对全面预算工作的组织领导，明确预算管理体制以及各预算执行单位的职责权限、授权批准程序和工作协调机制。

（一）健全预算管理体制

企业设置全面预算管理体制，应遵循合法科学、高效有力、经济适度、全面系统、权责明确等基本原则，一般应具备全面预算管理决策机构、全面预算管理工作机构和全面预算执行单位三个层次的基本架构。

1. 全面预算管理决策机构

企业应当设立预算管理委员会，作为专门履行全面预算管理职责的决策机构。预算管理委员会成员由企业负责人及内部相关部门负责人组成，总会计师或分管会计工作的负责人应当协助企业负责人负责企业全面预算管理工作的组织领导。具体而言，预算管理委员会一般由企业负责人（董事长或总经理）任主任，总会计师（或财务总监、分管财会工作的副总经理）任副主任，其成员一般还包括各副总经理、主要职能部门（财务、战略发展、生产、销售、投资、人力资源等部门）负责人、分（子）公司负责人等。

2. 全面预算管理工作机构

由于预算管理委员会一般为非常设机构，企业应当在该委员会下设立预算管理工作机构，由其履行预算管理委员会的日常管理职责。预算管理工作机构一般设在财务部门，其主任一般由总会计师（或财务总监、分管财务工作的副总经理）兼任，工作人员除了财务部门人员外，还应有计划、人力资源、生产、销售、研发等业务部门人员。

3. 全面预算执行单位

全面预算执行单位是指根据其在企业预算总目标实现过程中的作用和职责划分的、承担一定经济责任，并享有相应权利和利益的企业内部单位，包括企业内部各职能部门、所属分（子）公司等。企业内部预算责任单位的划分应当遵循分级分层、权责利相结合、责任可控、目标一致的原则，并与企业的组织机构设置相适应。根据权责范围，企业内部预算责任单位可以分为投资中心、利润中心、成本中心、费用中心和收入中心。预算执行单位在预算管理部门（指预算管理委员会及其工作机构，下同）的指导下，组织开展本部门或本企业全面预算的编制工作，严格执行批准下达的预算。

（二）明确各环节授权批准程序和工作协调机制

在建立健全全面预算管理体制的基础上，企业应当进一步梳理、制定预算管理工作流程，按照不相容职务相互分离的原则细化各部门、各岗位在预算管理体系中的职责、分工与权限，明确预算编制、执行、分析、调整、考核各环节的授权批准制度与程序。预算管理工作各环节的不相容岗位一般包括：预算编制与预算审批，预算审批与预算执行，预算执行与预算考核。

在全面预算管理各个环节中，预算管理部门主要起决策、组织、领导、协调、平衡的作用。企业可以根据自身的组织结构、业务特点和管理需要，责成内部生产、市场、投资、技术、人力资源等各预算归口管理部门负责所归口管理预算的编制、执行监控、分析等工作，并配合预算管理部门做好企业总预算综合平衡、执行监控、分析、考核等工作。

三、全面预算的业务流程

企业全面预算业务的基本流程一般包括预算编制、预算执行和预算考核三个阶段。其中，预算编制阶段包括预算编制、预算审批、预算下达等具体环节；预算执行阶段包括预算指标分解和责任落实、预算执行控制、预算分析、预算调整等具体环节。这些业务环节相互衔接、相互关联、相互作用，并周而复始地循环，从而实现对企业全面经济活动的控制。

四、全面预算的主要风险点及管控措施

知识链接

值得学习的好制度：
（1）键桥通讯（002316）预算管理暂行办法；
（2）山推股份（000680）全面预算管理制度。

（一）预算编制阶段

1. 预算编制

预算编制是企业实施全面预算管理的起点。该环节的主要风险有：①预算编制以财务部门为主，业务部门参与度较低，可能导致预算管理责、权、利不匹配；预算编制范围和项目不全面，可能导致全面预算难以形成。②相关信息不足，可能导致预算目标与战略规划、经营计划、市场环境、企业实际等相脱离。③编制程序不规范，横向、纵向信息沟通不畅，可能导致预算目标缺乏准确性、合理性和可行性。④编制方法不当，可能导致预算目标缺乏科学性和可行性。⑤目标及指标体系设计不完整、不合理、不科学，可能导致预算管理在实现发展战略和经营目标、促进绩效考评等方面的功能难以有效发挥。⑥编制时间太早或太晚，可能导致预算准确性不高并影响预算的执行。

主要管控措施有以下几个。

（1）全面性控制。一是明确企业各个部门的预算编制责任，使企业各个部门、单位的业务活动全部纳入预算管理；二是将企业经营、投资、财务等各项经济活动的各个方面、各个环节都纳入预算编制范围，形成由经营预算、投资预算、筹资预算、财务预算等一系列预算组成的相互衔接和关联的综合预算体系。

（2）编制依据和基础控制。一是制订明确的战略规划，并依据战略规划制订年度经

营目标和计划；二是深入开展对企业外部环境的调研和预测，确保预算编制以市场预测为依据；三是深入分析企业上一期间的预算执行情况，充分预计预算期内企业资源状况、生产能力、技术水平等自身环境的变化；四是重视和加强预算编制基础管理工作，确保预算编制以可靠、翔实、完整的基础数据为依据。

（3）编制程序控制。企业应当按照上下结合、分级编制、逐级汇总的程序，编制年度全面预算。其基本步骤及其控制为：一是建立系统的指标分解体系，并在与各预算责任中心进行充分沟通的基础上分解下达初步预算目标；二是各预算责任中心按照下达的预算目标和预算政策，结合自身特点以及预测的执行条件，认真测算并提出本责任中心的预算草案，逐级汇总上报预算管理工作机构；三是预算管理工作机构进行充分协调、沟通，审查平衡预算草案；四是预算管理委员会应当对预算管理工作机构在综合平衡基础上提交的预算方案进行研究论证，从企业发展全局角度提出进一步调整、修改的建议，形成企业年度全面预算草案，提交董事会；五是董事会审核全面预算草案，确保全面预算与企业发展战略、年度生产经营计划相协调。

（4）编制方法控制。企业应当本着遵循经济活动规律，充分考虑企业自身经济业务特点、基础数据管理水平、生产经营周期和管理需要的原则，选择或综合运用固定预算、弹性预算、滚动预算等方法编制预算。

（5）预算目标及指标体系设计控制。一是按照"财务指标为主体、非财务指标为补充"的原则设计预算指标体系；二是将企业的战略规划、经营目标体现在预算指标体系中；三是将企业产、供、销、投融资等各项活动的各个环节、各个方面的内容都纳入预算指标体系；四是将预算指标体系与绩效评价指标协调一致；五是按照各责任中心在工作性质、权责范围、业务活动特点等方面的不同，设计不同或各有侧重的预算指标体系。

（6）预算编制时间控制。企业可以根据自身规模大小、组织结构和产品结构的复杂性、预算编制工具和熟练程度、全面预算开展的深度和广度等因素，确定合适的全面预算编制时间，并应当在预算年度开始前完成全面预算草案的编制工作。

2．预算审批

该环节的主要风险有：全面预算未经适当审批或超越授权审批，可能导致预算权威性不够、执行不力，或可能因出现重大差错、舞弊而导致损失。

主要控制措施有：企业全面预算应当按照《公司法》等相关法律法规及企业章程的规定报经审议批准。

3．预算下达

该环节的主要风险有：全面预算下达不力，可能导致预算执行或考核无据可查。

主要控制措施有：企业全面预算经审议批准后应及时以文件形式下达执行。

（二）预算执行阶段

1．预算指标分解和责任落实

该环节的主要风险有：预算指标分解不够详细、具体，可能导致企业的某些岗位和环节缺乏预算执行和控制依据；预算指标分解与业绩考核体系不匹配,可能导致预算执行不力；预算责任体系缺失或不健全,可能导致预算责任无法落实,预算缺乏强制性与严肃性；预算责任与执行单位或个人的控制能力不匹配,可能导致预算目标难以实现。

主要管控措施有以下几个。

(1) 企业全面预算一经批准下达,各预算执行单位应当认真组织实施,将预算指标层层分解,横向将预算指标分解为若干相互关联的因素,寻找影响预算目标的关键因素并加以控制；纵向将各项预算指标层层分解落实到最终的岗位和个人,明确责任部门和最终责任人；时间上将年度预算指标分解细化为季度、月度预算,通过实施分期预算控制,实现年度预算目标。

(2) 建立预算执行责任制度,对照已确定的责任指标,定期或不定期地对相关部门及人员责任指标完成情况进行检查、实施考评。可以通过签订预算目标责任书等形式明确各预算执行部门的预算责任。

(3) 分解预算指标和建立预算执行责任制应当遵循定量化、全局性、可控性原则。预算指标的分解要明确、具体,便于执行和考核；预算指标的分解要有利于企业经营总目标的实现；赋予责任部门和责任人的预算指标应当是通过该责任部门或责任人的努力可以达到的,责任部门或责任人以其责权范围为限,对预算指标负责。

2．预算执行控制

该环节的主要风险有：缺乏严格的预算执行授权审批制度,可能导致预算执行随意；预算审批权限及程序混乱,可能导致越权审批、重复审批,降低预算执行效率和严肃性；预算执行过程中缺乏有效监控,可能导致预算执行不力,预算目标难以实现；缺乏健全有效的预算反馈和报告体系,可能导致预算执行情况不能及时反馈和沟通,预算差异得不到及时分析,预算监控难以发挥作用。

主要管控措施有以下几个。

(1) 加强资金收付业务的预算控制,及时组织资金收入,严格控制资金支付,调节资金收付平衡,防范支付风险。

(2) 严格控制资金支付业务的审批,及时制止不符合预算目标的经济行为。企业应当就涉及资金支付的预算内事项、超预算事项、预算外事项建立规范的授权批准制度和程序,避免越权审批、违规审批、重复审批现象的出现。

(3) 建立预算执行实时监控制度,及时发现和纠正预算执行中的偏差。确保企业办理采购与付款、销售与收款、成本费用、工程项目、对外投融资、研究与开发、信息系统、人力资源、安全环保、资产购置与维护等各项业务和事项,均符合预算要求。

(4) 建立重大预算项目特别关注制度。对于工程项目、对外投融资等重大预算项目,企业应当密切跟踪其实施进度和完成情况,实行严格监控。对于重大的关键性预算指标,也要密切跟踪、检查。

(5) 建立预算执行情况预警机制,科学选择预警指标,合理确定预警范围,及时发出预警信号,积极采取应对措施。有条件的企业,应当推进和实施预算管理的信息化,通过现代电子信息技术手段控制和监控预算执行,提高预警与应对水平。

(6) 建立健全预算执行情况内部反馈和报告制度,确保预算执行信息传输及时、畅通、有效。

3．预算分析

该环节的主要风险有：预算分析不正确、不科学、不及时，可能削弱预算执行控制的效果，或可能导致预算考评不客观、不公平；对预算差异的克服措施不得力，可能导致预算分析形同虚设。

主要管控措施有以下几个。

（1）企业预算管理工作机构和各预算执行单位应当建立预算执行情况分析制度，定期召开预算执行分析会议，通报预算执行情况，研究、解决预算执行中存在的问题，认真分析原因，提出改进措施。

（2）企业应当加强对预算分析流程和方法的控制，确保预算分析结果准确、合理。预算分析流程一般包括确定分析对象、收集资料、确定差异及分析原因、提出措施及反馈报告等环节。企业分析预算执行情况，应当充分收集有关财务、业务、市场、技术、政策、法律等方面的信息资料，根据不同情况分别采用比率分析、比较分析、因素分析等方法，从定量与定性两个层面充分反映预算执行单位的现状、发展趋势及其存在的潜力。

（3）企业应当采取恰当措施处理预算执行偏差。因内部执行导致的预算差异，应分清责任归属，与预算考评和奖惩挂钩，并将责任单位或责任人的改进措施的实际执行效果纳入业绩考核；因外部环境变化导致的预算差异，应分析该变化是否长期影响企业发展战略的实施，并作为下期预算编制的影响因素。

4．预算调整

该环节的主要风险有：预算调整依据不充分、方案不合理、审批程序不严格，可能导致预算调整随意、频繁，预算失去严肃性和"硬约束"。

主要管控措施有以下几个。

（1）明确预算调整条件。由于市场环境、国家政策或不可抗力等客观因素，预算执行发生重大差异确需调整预算的，应当履行严格的审批程序。企业应当在有关预算管理制度中明确规定预算调整的条件。

（2）强化预算调整原则。一是预算调整应当符合企业发展战略、年度经营目标和现实状况，重点放在预算执行中出现的重要的、非正常的、不符合常规的关键性差异方面；二是预算调整方案应当客观、合理、可行，在经济上能够实现最优化；三是预算调整应当谨慎，调整频率应予以严格控制，年度调整次数应尽量少。

（3）规范预算调整程序，严格审批。预算管理工作机构应当对预算执行单位提交的预算调整报告进行审核分析，集中编制企业年度预算调整方案，提交预算管理委员会。预算管理委员会应当对年度预算调整方案进行审议，根据预算调整事项性质或预算调整金额的不同，根据授权进行审批，或提交原预算审批机构审议批准，然后下达执行。

（三）预算考核阶段

该环节的主要风险有：预算考核不严格、不合理、不到位，可能导致预算目标难以实现、预算管理流于形式。其中，预算考核是否合理受到考核主体和对象的界定是否合理、考核指标是否科学、考核过程是否公开透明、考核结果是否客观公正、奖惩措施是否公平合理且能够落实等因素的影响。

主要管控措施有以下几个。

（1）建立健全预算执行考核制度。一是建立严格的预算执行考核制度，对各预算执行单位和个人进行考核，将预算目标执行情况纳入考核和奖惩范围，切实做到有奖有惩、奖惩分明。二是制定有关预算执行考核的制度或办法，并认真、严格地组织实施。三是定期组织，实施预算考核，预算考核的周期一般应当与年度预算细分周期相一致。

（2）合理界定预算考核主体和考核对象。预算考核主体分为两个层次：预算管理委员会和内部各级预算责任单位。预算考核对象为企业内部各级预算责任单位和相关个人。界定预算考核主体和考核对象应当主要遵循以下原则：一是上级考核下级原则，即由上级预算责任单位对下级预算责任单位实施考核；二是逐级考核原则，即由预算执行单位的直接上级对其进行考核，间接上级不能隔级考核间接下级；三是预算执行与预算考核相互分离原则，即预算执行单位的预算考核应由其直接上级部门来进行，而绝不能自己考核自己。

（3）科学设计预算考核指标体系。应主要把握以下原则：预算考核指标要以各责任中心承担的预算指标为主，同时本着相关性原则，增加一些全局性的预算指标和与其关系密切的相关责任中心的预算指标；考核指标应以定量指标为主，同时根据实际情况辅之以适当的定性指标；考核指标应当具有可控性、可达到性和明晰性。

（4）按照公开、公平、公正原则实施预算考核。一是考核程序、标准、结果要公开。企业应当将全面预算考核程序、考核标准、奖惩办法、考核结果等及时公开。二是考核结果要客观、公正。预算考核应当以客观事实作为依据。预算执行单位上报的预算执行报告是预算考核的基本依据，应当经本单位负责人签章确认。企业预算管理委员会及其工作机构定期组织预算执行情况考核时，应当将各预算执行单位负责人签字上报的预算执行报告和已掌握的动态监控信息进行核对，确认各执行单位预算完成情况。必要时，实行预算执行情况内部审计制度。三是奖惩措施要公平、合理并得以及时落实。

📡 知识链接

预算管理中的常见现象：①预算管理就是吵架的错误认识；②头戴三尺帽，见面砍一刀；③期末狂欢，年底突击花钱；④"一刀切"导致的鞭打快牛现象；⑤一天轻松，一年难过；⑥一天难过、一年轻松的"死猪不怕开水烫"现象。

资料7-2

第二节 合同管理

一、合同管理概述

合同是企业与自然人、法人及其他组织等平等主体之间设立、变更、终止民事权利义务关系的协议。合同管理是以自身为当事人的合同依法进行订立、履行、变更、解除、转让、终止，以及审查、监督、控制等一系列行为的总称。其中，订立、履行、变更、解除、转让、终止是合同管理的内容；审查、监督、控制是合同管理的手段。

企业在对合同进行管理时,应做到以下几点。

(1) 实行统一归口管理。企业可以根据实际情况指定法律部门等作为合同归口管理部门,对合同实施统一规范管理,具体负责制定合同管理制度,审核合同条款的权利和义务对等性,管理合同标准文本,管理合同专用章,定期检查和评价合同管理中的薄弱环节,采取相应控制措施,促进合同的有效履行等。

(2) 建立分级授权管理制度。企业应当根据经济业务性质、组织机构设置和管理层级安排,建立合同分级管理制度。属于上级管理权限的合同,下级单位不得签署。

(3) 明确职责分工。企业各业务部门作为合同的承办部门负责在职责范围内承办相关合同,并履行合同调查、谈判、订立、履行和终结责任。企业财务部门侧重于履行对合同的财务监督职责。

(4) 健全考核与责任追究制度。企业应当健全合同管理考核与责任追究制度,开展合同后评估,对合同订立、履行过程中出现的违法违规行为,应当追究有关机构或人员的责任。

知识链接

(1)《企业内部控制应用指引第 16 号——合同管理》解读;

(2) 内部控制的实施与加强——以新疆民营企业的合同管理为例;

(3) 合同管理流程及其主要风险分析与控制研究;

(4) 基于内部控制的医院经济合同优化探析——以 C 公立医院为例;

(5) 蒙东能源合同管理内部控制专项审计案例。

二、合同管理的业务流程

从大的方面,合同管理可以划分为合同订立阶段和合同履行阶段。合同订立阶段主要包括合同调查、合同谈判、合同文本拟定、合同审核、合同签署等环节;合同履行阶段主要包括合同履行、合同结算、合同登记等环节。

三、合同管理的主要风险点及管控措施

知识链接

值得学习的好制度:

(1) 亿纬锂能(300014)合同管理制度;

(2) 莱茵生物(002166)合同管理制度。

(一)合同订立阶段

1. 合同调查

合同订立前,企业应当进行合同调查,充分了解合同对方的主体资格、信用状况等有关情况,确保对方当事人具备履约能力。该环节的主要风险有:忽视被调查对象的主体资格审查,对方当事人不具有相应民事权利能力和民事行为能力,或不具备特定资质,或与无权代理人、无处分权代理人签订合同,导致合同无效,或引发潜在风险;在合同签订

前错误判断被调查对象的信用状况,或在合同履行过程中没有持续关注对方的资信变化,致使企业蒙受损失;对被调查对象的履约能力给出不当评价,导致合同对方当事人难以满足生产经营需要。

主要管控措施有以下几个。

(1)审查被调查对象的身份证件、法人登记证书、资质证明、授权委托书等证明原件,必要时,可通过发证机关查询证书的真实性和合法性,在充分收集相关证据的基础上评价主体资格是否恰当。

(2)获取调查对象经审计的财务报告、以往交易记录等财务和非财务信息,分析其获利能力、偿债能力和营运能力,评估其财务风险和信用状况,并在合同履行过程中持续关注其资信变化,建立和及时更新合同对方的商业信用档案。

(3)对被调查对象进行现场调查,实地了解和全面评估其生产能力、技术水平、产品类别和质量等生产经营情况,分析其合同履约能力。

(4)与被调查对象的主要供应商、客户、开户银行、主管税务机关和市场监督管理部门等沟通,了解其生产经营、商业信誉、履约能力等情况。

2. 合同谈判

初步确定拟签约对象后,企业内部的合同承办部门应当在授权范围内与对方进行合同谈判,按照自愿、公平的原则,磋商合同内容和条款,明确双方的权利与义务和违约责任。该环节的主要风险有:忽略合同重大问题或在重大问题上作出不恰当让步;谈判经验不足,缺乏技术、法律和财务知识的支撑,导致企业利益受损;泄露本企业谈判策略,导致企业在谈判中处于不利地位。

主要管控措施有以下几个。

(1)收集谈判对手资料,充分熟悉谈判对手情况,做到知己知彼;研究国家相关法律法规、行业监管、产业政策、同类产品或服务价格等与谈判内容相关的信息,正确制定本企业谈判策略。

(2)关注合同核心内容、条款和关键细节。其具体包括:合同标的的数量、质量或技术标准,合同价格的确定方式与支付方式,履约期限和方式,违约责任和争议的解决方法,合同变更或解除条件等。

(3)对于影响重大、涉及较高专业技术或法律关系复杂的合同,组织法律、技术、财会等专业人员参与谈判。充分发挥团队智慧,及时总结谈判过程中的得失,研究确定下一步谈判策略。

(4)必要时可聘请外部专家参与相关工作,并充分了解外部专家的专业资质、胜任能力和职业道德情况。

(5)加强保密工作,建立严格的责任追究制度。

(6)对谈判过程中的重要事项和参与谈判人员的主要意见,予以记录并妥善保存,作为避免合同舞弊的重要手段和责任追究的依据。

3. 合同文本拟定

企业在合同谈判后,根据协商谈判结果,拟定合同文本。该环节的主要风险有:选择不恰当的合同形式;合同与国家法律法规、行业产业政策、企业总体战略目标或特定业务经营目标发生冲突；合同内容和条款不完整、表述不严谨、不准确，或存在重大疏漏和欺诈，导致企业合法利益受损；有意拆分合同、规避合同管理规定等；对于合同文本须报经国家有关主管部门审查或备案的，未履行相应程序。

主要管控措施有以下几个。

（1）企业对外发生经济行为，除即时结清方式外，应当订立书面合同。

（2）严格审核合同需求与国家法律法规、产业政策、企业整体战略目标的关系，保证其协调一致；考察合同是否以生产经营计划、项目立项书等为依据，确保完成具体业务经营目标。

（3）合同文本一般由业务承办部门起草、法律部门审核；重大合同或法律关系复杂的特殊合同应当由法律部门参与起草；国家或行业有合同示范文本的，可以优先选用，但对涉及权利与义务关系的条款应当进行认真审查，并根据实际情况进行适当修改。各部门应当各司其职，保证合同内容和条款的完整、准确。

（4）通过统一归口管理和授权审批制度，严格合同管理，防止通过化整为零等方式故意规避招标的做法和越权行为。

（5）由签约对方起草的合同，企业应当认真审查，确保合同内容准确反映企业诉求和谈判达成的一致意见，特别留意"其他约定事项"等需要补充填写的栏目，如不存在其他约定事项时，注明"此处空白"或"无其他约定"，防止合同后续被篡改。

（6）合同文本须报经国家有关主管部门审查或备案的，应当履行相应程序。

4. 合同审核

合同文本拟定完成后，企业应进行严格审核。该环节的主要风险有：合同审核人员由于专业素质或工作态度等原因，未能发现合同文本中的不当内容和条款；审核人员虽然通过审核发现问题但未提出恰当的修订意见；合同起草人员没有根据审核人员的改进意见修改合同，导致合同中的不当内容和条款未被纠正。

主要管控措施有以下几个。

（1）审核人员应当对合同文本的合法性、经济性、可行性和严密性进行重点审核，关注合同的主体、内容和形式是否合法，合同内容是否符合企业的经济利益，对方当事人是否具有履约能力，合同权利和义务、违约责任和争议解决条款是否明确等。

（2）建立会审制度，对影响重大或法律关系复杂的合同文本，组织财会部门、内部审计部门、法律部门、业务关联的相关部门进行审核，各相关部门应当认真履行职责。

（3）认真分析研究，慎重对待审核意见，对审核意见准确无误地加以记录，必要时对合同条款作出修改并再次提交审核。

5. 合同签署

企业经审核同意签订的合同，应当与对方当事人正式签署并加盖企业合同专用章。该环节的主要风险有：超越权限签订合同，合同印章管理不当，签署后的合同被篡改，因手续不全导致合同无效等。

主要管控措施有以下几个。

（1）按照规定的权限和程序与对方当事人签署合同。正式对外订立的合同应当由企业法定代表人或由其授权的代理人签名或加盖有关印章。授权签署合同的，应当签署授权委托书。

（2）严格执行合同专用章保管制度，合同经编号、审批及企业法定代表人或由其授权的代理人签署后，方可加盖合同专用章。用印后保管人应当立即收回，并按要求妥善保管，以防止他人滥用。保管人应当记录合同专用章使用情况以备查，如果发生合同专用章遗失或被盗现象，应当立即报告公司负责人并采取妥善措施，如向公安机关报案、登报声明作废等，以最大限度降低可能带来的负面影响。

（3）采取恰当措施，防止已签署的合同被篡改，如在合同各页码之间加盖骑缝章、使用防伪印记、使用不可编辑的电子文档格式等。

（4）按照国家有关法律、行政法规规定，需办理批准、登记等手续之后方可生效的合同，企业应当及时按规定办理相关手续。

（二）合同履行阶段

1. 合同履行

合同订立后，企业应当与合同对方当事人共同遵循诚实信用原则，根据合同的性质、目的和交易习惯履行通知、协助、保密等义务。该环节的主要风险有：本企业或合同对方当事人没有恰当地履行合同中约定的义务；合同生效后，对合同条款未明确约定的事项没有及时协议补充，导致合同无法正常履行；在合同履行过程中，未能及时发现已经或可能导致企业利益受损情况，或未能采取有效措施；合同纠纷处理不当，导致企业遭受外部处罚、诉讼失败，损害企业利益、信誉和形象等。

主要管控措施有以下几个。

（1）强化对合同履行情况及效果的检查、分析和验收，全面适当执行本企业义务，敦促对方积极执行合同，确保合同全面有效履行。

（2）对合同对方的合同履行情况实施有效监控，一旦发现有违约可能或违约行为，应当及时提示风险，并立即采取相应措施将合同损失降到最低。

（3）根据需要及时补充、变更甚至解除合同。对于合同没有约定或约定不明确的内容，通过双方协商一致对原有合同进行补充；无法达成补充协议的，按照国家相关法律法规、合同有关条款或者交易习惯确定；对于显失公平、条款有误或存在欺诈行为的合同，以及因政策调整、市场变化等客观因素已经或可能导致企业利益受损的合同，按规定程序及时报告，并经双方协商一致，按照规定权限和程序办理合同变更或解除事宜。

（4）加强合同纠纷管理，合同纠纷经协商一致的，双方应当签订书面协议；合同纠纷经协商无法解决的，根据合同约定选择仲裁或诉讼方式解决。企业内部授权处理合同纠纷，应当签署授权委托书。纠纷处理过程中，未经授权批准，相关经办人员不得向对方当事人作出实质性答复或承诺。

2. 合同结算

合同结算是合同执行的重要环节，既是对合同签订的审查，也是对合同执行的监督，一般由财务部门负责办理。该环节的主要风险有：违反合同条款，未按合同规定期限、金额或方式付款；疏于管理，未能及时催收到期合同款项；在没有合同依据的情况下盲目付款等。

主要管控措施有以下两个。

(1) 财务部门应当在审核合同条款后办理结算业务,按照合同规定付款,及时催收到期欠款。

(2) 未按合同条款履约或应签订书面合同而未签订的,财务部门有权拒绝付款,并及时向企业有关负责人报告。

3. 合同登记

合同登记管理制度体现合同的全过程封闭管理,合同的签署、履行、结算、补充或变更、解除等都需要进行合同登记。该环节的主要风险有:合同档案不全、合同泄密、合同滥用等。

主要管控措施有以下几个。

(1) 合同管理部门应当加强合同登记管理,充分利用信息化手段,定期对合同进行统计、分类和归档,详细登记合同的订立、履行和变更、终结等情况,合同终结应及时办理销号和归档手续,以实行合同的全过程封闭管理。

(2) 建立合同文本统一分类和连续编号制度,以防止或及早发现合同文本的遗失。

(3) 加强合同信息安全保密工作,未经批准,任何人不得以任何形式泄露合同订立与履行过程中涉及的国家或商业秘密。

(4) 规范合同管理人员职责,明确合同流转、借阅和归还的职责权限与审批程序等有关要求。

(三) 合同管理的后评估阶段

作为企业承担独立民事责任、履行权利义务的重要依据,合同是企业管理活动的重要痕迹,也是企业风险管理的主要载体。为此,合同管理内部控制指引强调企业应当建立合同管理的后评估制度,至少每年年末对合同履行的总体情况和重大合同履行的具体情况进行分析评估,对分析评估中发现合同履行中存在的不足,应当及时采取有效措施加以改进。

资料 7-3

第三节　内部信息传递

一、内部信息传递概述

内部信息传递是企业内部各管理层级之间通过内部报告形式传递生产经营管理信息的过程。企业的内部控制活动离不开信息的沟通和传递。信息在企业内部进行有目的的传递,对贯彻落实企业发展战略、执行企业全面预算、识别企业生产经营活动中的内外部风险具有重要作用。

企业内部信息有业务第一线人员根据市场或业务工作整理的信息,也有管理人员根据相关内部信息对所负责部门形成的指示或情况通报。尽管有关信息的来源、内容、提供者、传递方式和渠道等各不相同,但收集和传递相关信息一般应遵循以下原则。

(1) 真实准确性。虚假或不准确的信息将严重误导信息使用者,甚至导致决策失误,造成巨大的经济损失。内部报告的信息应当与所要表达的现象和状况保持一致,若不能真实反映所计量的经济事项,就不具有可靠性。

(2)及时有效性。如果信息未能及时提供,或者及时提供的信息不具有相关性,或者提供的相关信息未被有效利用,都可能导致企业决策延误、经营风险增加,甚至可能使企业较高层次的管理陷入困境,不利于对实际情况进行及时、有效的控制和矫正,同时也将大大降低内部报告的决策相关性。

(3)遵守保密原则。企业内部的运营情况、技术水平、财务状况以及有关重大事项等通常涉及商业秘密,内幕信息知情者(包括董事会成员、监事、高级管理人员及其他涉及信息披露有关部门的涉密人员)都负有保密义务。这些内部信息一旦泄露,极有可能导致企业的商业秘密被竞争对手获知,使企业处于被动境地,甚至造成重大损失。

知识链接

(1)《企业内部控制应用指引第 17 号——内部信息传递》解读;

(2)企业内部信息传递中的内部控制研究;

(3)企业内部信息传递内部控制案例研究——以丰田公司"召回门"事件为例;

(4)基于信息传递角度探讨"十分钟悲剧"案例内控失效的原因。

二、内部信息传递的业务流程

企业应当加强内部报告管理,全面梳理内部信息传递过程中的薄弱环节,建立科学的内部信息传递机制,明确内部信息传递具体要求,关注内部报告的有效性、及时性和安全性,促进内部报告的有效利用,充分发挥内部报告的作用。内部信息传递主要有两个阶段:一个是信息形成阶段,一个是信息使用阶段。信息形成阶段主要有:建立内部报告指标体系,收集内外部信息,编制及审核内部报告。信息使用阶段主要有:构建内部报告流转体系及渠道,内部报告有效使用及保密,内部报告的保管,内部报告评估。

三、内部信息传递的主要风险点及管控措施

(一)信息形成阶段

1. 建立内部报告指标体系

内部报告指标体系是否科学,直接关系到内部报告反映的信息是否完整和有用,这就要求企业根据自身的发展战略、风险控制和业绩考核特点,系统、科学地规范不同级次内部报告的指标体系,合理设置关键信息指标和辅助信息指标,并与全面预算管理等相结合,同时应随着环境和业务的变化不断进行修订和完善。该环节的主要风险有:指标体系的设计未能结合企业的发展战略,指标体系级次混乱,与全面预算管理要求相脱节,并且设定后未能根据环境和业务变化有所调整。

主要管控措施有以下几个。

(1)企业应认真研究企业的发展战略、风险控制要求和业绩考核标准,根据各管理层

级对信息的需求,建立一套级次分明的内部报告指标体系。企业明确的战略目标和具体的战略规划为内部报告控制目标的确定提供了依据。

(2)企业内部报告指标确定后,应进行细化,层层分解,使企业中各责任中心及其各相关职能部门都有自己明确的目标,以利于控制风险并进行业绩考核。

(3)内部报告需要依据全面预算的标准进行信息反馈,将预算控制的过程和结果向企业内部管理层报告,以有效控制预算执行情况、明确相关责任、科学考核业绩,并根据新的环境和业务,调整决策部署,更好地规划和控制企业的资产与收益,实现资源的最有效配置和管理的协同效应。

2.收集内外部信息

为了随时掌握有关市场状况、竞争情况、政策变化及环境的变化,保证企业发展战略和经营目标的实现,企业应当完善内外部重要相关信息的收集机制和传递机制,使重要信息能够及时获得并向上级呈报。该环节的主要风险有:收集的内外部信息过于散乱,不能突出重点;内容准确性差,据此信息进行的决策容易误导经营活动;获取内外部信息的成本过高,违反了成本效益原则。

主要管控措施有以下几个。

(1)根据特定服务对象的需求,选择信息收集过程中重点关注的信息类型和内容,并根据信息需求者要求按照一定的标准对信息进行分类汇总。

(2)对信息进行审核和鉴别,对已经筛选的资料做进一步的检查,确定其真实性和合理性。企业应当检查信息在事实与时间上有无差错,是否合乎逻辑,其来源单位、资料份数、指标等是否完整。

(3)对收集信息的成本进行成本收益权衡。企业应当在收集信息的过程中考虑获取信息的成本高低,确保其满足成本收益原则。

3.编制及审核内部报告

企业各职能部门应对收集的有关资料进行筛选、抽取,然后,根据各管理层级对内部报告的信息需求和先前制定的内部报告指标,建立各种分析模型,提取有效数据并进行反馈汇总。在此基础上,对分析模型进一步改造,进行资料分析,起草内部报告,形成总结性结论,并提出相应的建议,从而对发展趋势、策略规划、前景预测等提供重要的分析指导,为企业的效益分析、业务拓展提供有力的保障。该环节的主要风险有:内部报告未能根据各内部使用单位的需求进行编制,内容不完整,编制不及时,未经审核即向有关部门传递。

主要管控措施有以下几个。

(1)企业内部报告的编制单位应紧紧围绕内部报告使用者的信息需求,编制内容全面、简洁明了、通俗易懂。

(2)企业应合理设计内部报告编制程序,提高编制效率,保证内部报告在第一时间提供给相关管理部门。

(3)企业应当建立内部报告审核制度,设定审核权限,确保内部报告信息质量。对于重要信息,企业应当委派专门人员对其传递过程进行复核,确保信息正确地传递给使用者。

（二）信息使用阶段

1. 构建内部报告流转体系及渠道

企业应当制定严密的内部报告传递流程,充分利用信息技术,强化内部报告信息集成和共享,将内部报告纳入企业统一信息平台,构建科学的内部报告网络体系。该环节的主要风险有:缺乏内部报告传递流程,内部报告未按传递流程进行传递流转,内部报告流转不及时。

主要管控措施有以下几个。

（1）企业应当制定内部报告传递制度。企业可根据信息的重要性、内容等特征,确定不同的流转环节。

（2）企业应严格按设定的传递流程进行流转。企业各管理层对内部报告的流转应做好记录,对于未按照流转制度进行操作的事件,应当调查原因,并做相应处理。

（3）企业应及时更新信息系统,确保内部报告有效、安全地传递。实际工作中应精简信息系统的处理程序,使信息在企业内部更快地传递。对于重要紧急的信息,可以越级向董事会、监事会或经理层直接报告,便于相关负责人迅速作出决策。

2. 内部报告有效使用及保密

内部报告有效使用及保密要求企业各级管理人员充分利用内部报告进行有效决策,管理和指导企业的日常生产经营活动,及时反映全面预算执行情况,协调企业内部相关部门和各单位的运营进度,严格绩效考核和责任追究,确保企业实现发展战略和经营目标。该环节的主要风险有:企业管理层在决策时并没有使用内部报告提供的信息,内部报告未能用于风险识别和控制,商业秘密通过企业内部报告被泄露。

主要管控措施有以下几个。

（1）企业在预算控制、生产经营管理决策和业绩考核时应充分使用内部报告提供的信息。企业应当将预算控制和内部报告接轨,通过内部报告及时反映全面预算的执行情况,将绩效考评和责任追究制度与内部报告联系起来,对相关责任人的绩效进行考核,并追究责任。

（2）企业管理层应通过内部报告提供的信息对企业生产经营管理中存在的风险进行评估,准确识别和系统分析企业生产经营活动中的内外部风险,涉及突出问题和重大风险的,应当启动应急预案。

（3）企业应从内部信息传递的时间、空间、节点、流程等方面建立控制,通过职责分离、授权接触、监督和检查等手段防止商业秘密泄露。

3. 内部报告的保管

企业在生产经营管理过程中,应保管好企业内部的各种重要数据及报告,以满足生产经营决策的需要。该环节的主要风险有:企业缺少内部报告的保管制度,内部报告的保管存放杂乱无序,对重要资料的保管期限过短,保密措施不严。

主要管控措施有以下几个。

（1）企业应当建立内部报告保管制度,各部门应当指定专人按类别保管相应的内部报告。

（2）为了便于内部报告的查阅、对比分析，改善内部报告的格式，提高内部报告的有用性，企业应按类别保管内部报告，对影响较大、金额较高的一般要严格保管，如企业重大重组方案、企业债券发行方案等。

（3）企业对不同类别的报告应按其影响程度规定其保管年限，只有超过保管年限的内部报告方可予以销毁。对影响重大的内部报告，应当永久保管，如公司章程及相应的修改、公司股东登记表等。

（4）企业应当制定严格的内部报告保密制度，明确保密内容、保密措施、密集程度和传递范围，防止泄露商业秘密。有关公司商业秘密的重要文件要由企业较高级别的管理人员负责，具体至少由两人共同管理，放置在专用的保险箱内。查阅保密文件，必须经该高层管理人员同意，由两人分别开启相应的锁具方可打开。

4．内部报告评估

由于内部报告传递对企业具有重要影响，《企业内部控制应用指引第17号——内部信息传递》强调企业应当建立内部报告，企业对内部报告的评估应当定期进行，具体由企业根据自身管理要求作出规定，至少每年度对内部报告进行一次评估。企业应当重点关注内部报告的及时性，以及内部信息传递的有效性和安全性。经过评估发现内部报告存在缺陷的，企业应当及时进行修订和完善，确保内部报告提供的信息及时、有效。该环节的主要风险有：企业缺乏完善的内部报告评价体系，对各信息传递环节和传递方式控制不严，针对传递不及时、信息不准确的内部报告缺乏相应的惩戒机制。

主要管控措施有以下两个。

（1）企业应建立并完善企业对内部报告的评估制度，严格按照评估制度对内部报告进行合理评估，考核内部报告在企业生产经营活动中所起的真实作用。

（2）为保证信息传递的及时、准确，企业必须执行奖惩机制。对经常不能及时或准确传递信息的相关人员应当进行批评和教育，并与绩效考核体系挂钩。

思考与分析

请从内部控制——"内部信息传递"和"信息系统"两个指引的角度，谈谈近年来对财务共享服务中心的看法和财务共享服务中心建设需要注意的问题。

第四节 信息系统

资料7-4

一、信息系统内部控制概述

信息系统是指企业利用计算机和通信技术，对内部控制进行集成、转化和提升所形成的信息化管理平台。信息系统内部控制的目标是促进企业有效实施内部控制，提高企业现代化管理水平，减少人为操纵因素；同时，增强信息系统的安全性、可靠性和合理性以及相关信息的保密性、完整性和可用性，为建立有效的信息与沟通机制提供支持保障。信息系统内部控制的主要对象是信息系统，由计算机硬件、计算机软件、人员、信息流和运行规程等要素组成。

知识链接

(1)《企业内部控制应用指引第 18 号——信息系统》解读;

(2) ERP 系统环境下信息系统内部控制的风险分析与防范——基于某企业集团实施 ERP 案例的思考;

(3) 信息系统内部控制案例分析——以广东联通为例。

企业信息系统内部控制以及利用信息系统实施内部控制也面临诸多风险,至少应当关注下列方面。

(1) 信息系统缺乏或规划不合理,可能造成"信息孤岛"或重复建设,导致企业经营管理效率低下。

(2) 系统开发不符合内部控制要求,授权管理不当,可能导致无法利用信息技术实施有效控制。

(3) 系统运行维护和安全措施不到位,可能导致信息泄露或毁损,系统无法正常运行。鉴于信息系统在实施内部控制和现代化管理中的重要作用,企业负责人对信息系统建设工作负责。

二、信息系统的开发

企业根据发展战略和业务需要进行信息系统建设,首先要确立系统建设目标,根据目标进行系统建设战略规划,再将规划细化为项目建设方案。企业开展信息系统建设,可以根据实际情况,选择自行开发、外购调试或业务外包等方式。选择外购调试或业务外包方式的,应当采用公开招标等形式择优选择供应商或开发单位。选择自行开发信息系统的,信息系统归口管理部门应当组织企业内部相关业务部门进行需求分析,合理配置人员,明确系统设计、编程、安装调试、验收、上线等全过程的管理要求。

信息系统开发的战略规划是信息化建设的起点,战略规划是以企业发展战略为依据制订的企业信息化建设的全局性、长期性规划。制订信息系统战略规划的主要风险如下。

(1) 缺乏战略规划或规划不合理,可能造成"信息孤岛"或重复建设。

(2) 没有将信息化与企业业务需求结合,降低了信息系统的应用价值。

主要管控措施有以下几个。

(1) 制订信息系统开发的战略规划和中长期发展计划,并在每年制订经营计划的同时制订年度信息系统建设计划,促进经营管理活动与信息系统的协调统一。

(2) 在制订信息化战略规划过程中,充分调动和发挥信息系统归口管理部门与业务部门的积极性。

(3) 信息系统战略规划要与企业的组织架构、业务范围、地域分布、技术能力等相匹配,避免相互脱节。

三、自行开发方式下信息系统开发

知识链接

值得学习的好制度:隆基机械(002363)信息系统管理制度。

虽然信息系统的开发方式有自行开发、外购调试、业务外包等多种,但基本流程大体相似,通常包含项目计划、需求分析、系统设计、编程和测试、上线等环节。

(一)项目计划

项目计划通常包括项目范围说明、项目进度计划、项目质量计划、项目资源计划、项目沟通计划、风险对策计划、项目采购计划、需求变更控制、配置管理计划等内容。项目计划不是完全静止、一成不变的,在项目启动阶段,可以先制订一个较有原则性的项目计划,确定项目主要内容和重大事项,然后根据项目的大小和性质以及项目进展情况进行调整、充实和完善。该环节的主要风险有:信息系统建设缺乏项目计划或者计划不当,导致项目进度滞后、费用超支、质量低下。

主要管控措施有以下几个。

(1)根据信息系统建设整体规划提出分阶段项目的建设方案,明确建设目标、人员配备、职责分工、经费保障和进度安排等相关内容,按照规定的权限和程序审批后实施。

(2)采用标准的项目管理软件制订项目计划,并加以跟踪。

(3)关键环节编制应参照国家标准和行业标准进行。

(二)需求分析

需求分析的目的是明确信息系统需要实现哪些功能。该项工作是系统分析人员和用户单位的管理人员、业务人员在深入调查的基础上,详细描述业务活动涉及的各项工作以及用户的各种需求,从而建立未来目标系统的逻辑模型。该环节的主要风险如下。

(1)需求本身不合理,对信息系统提出的功能、性能、安全性等方面的要求不符合业务处理和控制的需要。

(2)技术上不可行、经济上成本效益倒挂,或与国家有关法规制度存在冲突。

(3)需求文档表述不准确、不完整。

主要管控措施有以下几个。

(1)信息系统归口管理部门应当组织企业内部各有关部门提出开发需求,加强系统分析人员和有关部门的管理人员、业务人员的交流。

(2)编制表述清晰、表达准确的需求文档。

(3)企业应当建立健全需求评审和需求变更控制流程。

(三)系统设计

系统设计是根据系统需求分析阶段所确定的目标系统逻辑模型,设计出一个能在企业特定的计算机和网络环境中实现的方案。系统设计包括总体设计和详细设计。该环节的主要风险如下。

(1)设计方案不能完全满足用户需求,不能实现需求文档规定的目标。

(2)设计方案未能有效控制建设开发成本,不能保证建设质量和进度。

（3）设计方案不全面,导致后续变更频繁。

（4）设计方案没有考虑信息系统建成后对企业内部控制的影响,导致系统运行后衍生新的风险。

主要管控措施有以下几个。

（1）系统设计负责部门应当就总体设计方案与业务部门进行沟通和讨论,说明方案对用户需求的覆盖情况。

（2）企业应参照《计算机软件文档编制规范》(GB/T 8567—2006)等相关国家标准和行业标准,提高系统设计说明书的编写质量。

（3）企业应建立设计评审制度和设计变更控制流程。

（4）在系统设计时应当充分考虑信息系统建成后的控制环境,将生产经营管理业务流程、关键控制点和处理规程嵌入系统程序。

（5）应充分考虑信息系统环境下的新的控制风险,避免将不相容职务的处理权限授予同一用户。

（6）应当针对不同的数据输入方式,强化对进入系统数据的检查和校验功能。

（7）系统设计时应当考虑在信息系统中设置操作日志功能,确保操作的可审计性。

（8）预留必要的后台操作通道,建立规范的操作流程,确保足够的日志记录,保证后台操作的可监控性。

（四）编程和测试

编程和测试阶段是将详细设计方案转换成某种计算机编程语言的过程。该环节的主要风险如下。

（1）编程结果与设计不符。

（2）各程序员编程风格差异大,程序可读性差,导致后期维护困难,维护成本高。

（3）缺乏有效的程序版本控制,导致出现重复修改或修改不一致等问题。

（4）测试不充分。

主要管控措施有以下几个。

（1）项目组应建立并执行严格的代码复查评审制度。

（2）项目组应建立并执行统一的编程规范,在标识符命名、程序注释等方面统一风格。

（3）应使用版本控制软件系统,保证所有开发人员基于相同的组件环境开展项目工作,协调开发人员对程序的修改。

（4）应区分单元测试、组装测试(集成测试)、系统测试、验收测试等不同测试类型,建立严格的测试工作流程,提高最终用户在测试工作中的参与程度,改进测试用例的编写质量。

（五）上线

系统上线是将开发出的系统部署到实际运行的计算机环境中,使信息系统按照既定的用户需求来运转，切实发挥信息系统的作用。该环节的主要风险如下。

（1）缺乏完整可行的上线计划，导致系统上线混乱无序。

（2）人员培训不足，不能正确使用系统，导致业务处理错误，或者未能充分利用系统功能，导致开发成本浪费。

（3）初始数据准备设置不合格，导致新旧系统数据不一致、业务处理错误。

主要管控措施有以下几个。

（1）企业应当制订信息系统上线计划，并经归口管理部门和用户部门审核批准。

（2）系统上线涉及新旧系统切换的，企业应当在上线计划中明确应急预案，保证新系统失效时能够顺利切换回旧系统。

（3）系统上线涉及数据迁移的，企业应当制订详细的数据迁移计划，并对迁移结果进行测试。

四、业务外包方式下信息系统开发

（一）选择外包服务商

该环节的主要风险有：由于企业与外包服务商之间本质上是一种"委托—代理"关系，合作双方的信息不对称容易诱发道德风险，外包服务商可能会实施损害企业利益的自利行为，如偷工减料、放松管理、信息泄密等。

主要管控措施有以下几个。

（1）企业在选择外包服务商时要充分考虑服务商的市场信誉、资质条件、财务状况、服务能力、对本企业业务的熟悉程度、既往承包服务成功案例等因素，对外包服务商进行严格筛选。

（2）企业可以借助外包业界基准来判断外包服务商的综合实力。

（3）企业要严格外包服务审批及管控流程，对信息系统外包业务，原则上应采用公开招标等形式选择外包服务商，并实行集体决策审批。

（二）签订外包合同

该环节的主要风险有：合同条款不准确、不完善，可能导致企业的正当权益无法得到有效保障。

主要管控措施有以下几个。

（1）企业在与外包服务商签约之前，应针对外包可能出现的各种风险损失，恰当拟定合同条款，对涉及的工作目标、合作范畴、责任划分、所有权归属、付款方式、违约赔偿及合约期限等问题作出详细说明，并由法律部门或法律顾问审查把关。

（2）开发过程中涉及商业秘密、敏感数据的，企业应当与外包服务商签订详细的"保密协定"，以保证数据安全。

（3）在合同中约定付款事宜时，应当选择分期付款方式，尾款应当在系统运行一段时间并经评估验收后再支付。

（4）应在合同条款中明确要求外包服务商保持专业技术服务团队的稳定性。

（三）持续跟踪评价外包服务商的服务过程

该环节的主要风险有：企业缺乏外包服务跟踪评价机制或跟踪评价不到位，可能导致外包服务质量水平不能满足企业信息系统开发需求。

主要管控措施有以下两个。

（1）企业应当规范外包服务评价工作流程，明确相关部门的职责权限，建立外包服务质量考核评价指标体系，定期对外包服务商进行考评，公布服务周期的评估结果，以及实时对外包服务水平的跟踪评价。

（2）必要时，可以引入监理机制，降低外包服务风险。

五、外购调试方式下信息系统开发

在外购调试方式下，企业除面临与委托开发方式类似的问题，还有其特殊性，企业应有针对性地强化某些控制措施。

（一）软件产品选型和供应商选择

该环节的主要风险如下。

（1）软件产品选型不当，产品在功能、性能、易用性等方面无法满足企业需求。

（2）软件供应商选择不当，产品的支持服务能力不足，产品的后续升级缺乏保障。

主要管控措施有以下几个。

（1）企业应明确自身需求，对比分析市场上的成熟软件产品，合理选择软件产品的模块组合和版本。

（2）企业在进行软件产品选型时，应广泛听取行业专家的意见。

（3）企业在选择软件产品和服务供应商时，不仅要评价其现有产品的功能、性能，还要考察其服务支持能力和后续产品的升级能力。

（二）服务提供商选择

该环节的主要风险有：服务提供商选择不当，削弱了外购软件产品的功能发挥，导致无法有效满足用户的需求。

主要管控措施有：在选择服务提供商时，不仅要考核其对软件产品的熟悉、理解程度，也要考核其是否深刻理解企业所处行业的特点、是否理解企业的个性化需求、是否有过相同或相近的成功案例。

六、信息系统的运行与维护

信息系统的运行与维护主要包括三方面的内容：日常运行维护、系统变更和安全管理。

（一）日常运行维护

该环节的主要风险如下。

（1）没有建立规范的信息系统日常运行管理规范，计算机软硬件的内在隐患易于爆发，可能导致企业信息系统出错。

（2）没有执行例行检查，导致一些人为恶意攻击会长期隐藏在系统中，可能造成严重损失。

（3）企业信息系统数据未能定期备份，可能导致损坏后无法恢复，从而造成重大损失。

主要管控措施有以下几个。

（1）制定信息系统使用操作程序、信息管理制度以及各模块子系统的具体操作规范，及时跟踪、发现和解决系统运行中存在的问题。

（2）切实做好系统运行记录，尤其是对于系统运行不正常或无法运行的情况。

（3）重视系统运行的日常维护，维护工作由专人负责。

（4）配备专业人员负责处理信息系统运行中的突发事件。

（二）系统变更

该环节的主要风险如下。

（1）企业没有建立严格的变更申请、审批、执行、测试流程，导致系统随意变更。

（2）系统变更后的效果达不到预期目标。

主要管控措施有以下几个。

（1）建立标准流程来实施和记录系统变更，保证变更过程得到适当的授权与管理层的批准，并对变更进行测试。信息系统操作人员不得擅自进行软件的删除、修改等操作；不得擅自升级、改变软件版本；不得擅自改变软件系统的环境配置。

（2）系统变更程序需要遵循与新系统开发项目同样的验证和测试程序，必要时还应当进行额外测试。

（3）加强紧急变更的控制管理。

（4）加强对将变更移植到生产环境中的控制管理，包括系统访问授权控制、数据转换控制、用户培训等。

（三）安全管理

该环节的主要风险如下。

（1）硬件设备分布物理范围广，设备种类繁多，安全管理难度大。

（2）业务部门信息安全意识薄弱，对系统和信息安全缺乏有效的监管手段。

（3）对系统程序的缺陷或漏洞安全防护不够，导致遭受黑客攻击，造成信息泄露。

（4）对各种计算机病毒防范清理不力。

（5）缺乏对信息系统操作人员的严密监控，可能导致舞弊和利用计算机犯罪。

主要管控措施有以下几个。

（1）建立信息系统相关资产的管理制度，保证电子设备的安全。

（2）成立专门的信息系统安全管理机构。

（3）按照国家相关法律法规以及信息安全技术标准，制定信息系统安全实施细则。

(4) 利用 IT 手段,对硬件配置调整、软件参数修改严加控制。

(5) 委托专业机构对系统运行和维护进行管理。

(6) 采取安装安全软件等措施防范信息系统受到病毒等恶意软件的感染和破坏。

(7) 建立系统数据定期备份制度。

(8) 建立信息系统开发、运行与维护等环节的岗位责任制度和不相容职务分离制度。

七、系统终结

该环节的主要风险如下。

(1) 因经营条件发生剧变,数据可能泄密。

(2) 信息档案的保管期限不够长。

主要管控措施有以下两个。

(1) 做好善后工作,不管因何种情况导致系统停止运行,都应对废弃系统中有价值或者涉密的信息进行销毁、转移。

(2) 严格按照国家有关法规制度和对电子档案的管理规定,妥善保管相关信息档案。

2008 年 9 月 15 日上午 10 时,拥有 158 年历史的美国第四大投资银行——雷曼兄弟公司,向法院申请破产保护,该消息立刻通过电视、广播和网络传遍地球的各个角落。令人匪夷所思的是,10 时 10 分,德国国家发展银行居然按照外汇掉期协议的交易,通过计算机自动付款系统,向雷曼兄弟公司即将冻结的银行账户转入 3 亿欧元。毫无疑问,这笔钱将是"肉包子打狗,有去无回"。

经调查,该银行的管理者及工作人员在这 10 分钟内忙了些以下事务。

首席执行官乌尔里奇·施罗德:我知道今天要按照协议预先的约定转账,至于是否撤销这笔巨额交易,应该让董事会开会讨论决定。

董事长保卢斯:我们还没有得到风险评估报告,无法及时作出正确的决策。

董事会秘书史里芬:我打电话给国际业务部催要风险评估报告,可是那里总是占线。我想,还是隔一会儿再打吧。

负责处理与雷曼兄弟公司业务的高级经理希特霍芬:我让文员上网浏览新闻,一旦有雷曼兄弟公司的消息就立即报告,现在我要去休息室喝杯咖啡。

文员施特鲁:10 时 03 分,我在网上看到雷曼兄弟公司向法院申请破产保护的新闻,马上跑到希特霍芬的办公室。当时,他不在办公室,我就写了张便条放在办公桌上,他回来后会看到的。

结算部经理德尔布吕克:今天是协议规定的交易日子,我没有接到停止交易的指令,那就按照原计划转账吧。

结算部自动付款系统操作员曼斯坦因:德尔布吕克让我执行转账操作,我什么也没问就做了。

公关部经理贝克:雷曼兄弟公司破产是板上钉钉的事。我本想跟乌尔里奇·施罗德谈谈这件事，但上午要会见几个克罗地亚客人，觉得等下午再找他也不迟，反正也不差这几个小时。

德国经济评论家哈恩说，在这家银行中，上到董事长，下到操作员，没有一个人是愚蠢的，可悲的是，几乎在同一时间，每个人都开了点小差，加在一起，就创造出了"德国最愚蠢的银行"。

资料 7-5

第三部分

内部控制评价篇

第 八 章

企业内部控制评价

- 掌握内部控制评价的程序；
- 掌握内部控制评价的方法；
- 熟悉内部控制评价的内容；
- 熟悉内部控制评价工作底稿的填写；
- 了解内部控制评价的原则。

第一节　内部控制评价概述

内部控制评价作为优化内部控制自我监督机制的一项重要制度安排，是内部控制体系的重要组成部分，它对于企业自我完善内控体系、提升企业公众形象、实现与政府监管的协调互动具有重要作用。

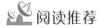 阅读推荐

值得学习的好制度：联信永益(002373)内部审计制度。

资料 8-1

一、内部控制评价的含义

《企业内部控制评价指引》第二条规定，内部控制评价，是指企业董事会或类似权力机构对内部控制的有效性进行全面评价、形成评价结论、出具评价报告的过程。

内部控制评价的定义可从以下三点理解。

（一）内部控制评价的主体

该定义明确了企业内部控制建设的责任主体，即董事会或类似的权力机构，是建立健全和实施内部控制评价的责任方。

（二）内部控制评价的对象

该定义明确了企业内部控制评价的对象为内部控制的有效性。所谓内部控制的有效性，是指企业建立与实施内部控制对实现控制目标提供合理保证的程度。企业应当根据国家有关法律法规和《企业内部控制基本规范》的要求，结合企业实际情况，对战略目标、

经营管理的效率和效果目标、财务报告及相关信息真实完整目标、资产安全目标、合法合规目标等单个或整体控制目标的实现进行评价。

(三)内部控制评价是一个过程

该定义表明了企业内部控制评价是一个过程,要按照一定的流程来进行。企业对内部控制有效性进行评价后,必须按照规定出具评价报告。

二、内部控制评价的原则

企业实施内部控制评价至少应当遵循下列原则。

(一)全面性

内部控制评价工作应当包括内部控制的设计与运行,涵盖企业及其所属单位的各种业务和事项。

(二)重要性

内部控制评价工作应当在全面评价的基础上,坚持风险导向和突出重点的思路,关注重要业务单位、重大业务事项和高风险领域。

(三)客观性

内部控制评价工作应当准确地揭示经营管理的风险状况,如实反映内部控制设计和运行的有效性。

三、内部控制评价的内容

企业应当根据《企业内部控制基本规范》、应用指引以及本企业的内部控制制度,围绕内部环境、风险评估、控制活动、信息与沟通、内部监督等要素,确定内部控制评价的具体内容,对内部控制设计与运行情况进行全面评价。内部控制评价的内容包括以下几方面。

(一)内部环境评价

《企业内部控制评价指引》第六条规定,企业组织开展内部环境评价,应当以组织架构、发展战略、人力资源、企业文化、社会责任等应用指引为依据,结合本企业的内部控制制度,对内部环境的设计及实际运行情况进行认定和评价。内部环境评价应重点关注以下几方面。

(1)治理结构是否形同虚设。

(2)发展战略是否可行。

(3)机构设置是否重叠。

(4)权责分配是否明晰。

(5)不相容岗位是否分离。

(6)人力资源政策和激励约束机制是否科学、合理。

（7）企业文化是否促进员工勤勉尽责。

（8）社会责任是否有效履行等。

（二）风险评估评价

《企业内部控制评价指引》第七条规定，企业组织开展风险评估机制评价，应当以《企业内部控制基本规范》有关风险评估的要求，以及各项应用指引中所列主要风险为依据，结合本企业的内部控制制度，对日常经营管理过程中的风险识别、风险分析、应对策略等进行认定和评价。风险评估应重点关注以下几方面。

（1）企业是否有明确的目标，并且已经与员工沟通，给员工在风险评估和控制问题中提供了有效的方向。

（2）显著的经营风险、财务风险和其他风险是否已经被（持续）认定和评估。

（3）管理层和企业中其他员工是否清楚地了解董事会可接受的风险。

（三）控制活动评价

《企业内部控制评价指引》第八条规定，企业组织开展控制活动评价，应当以《企业内部控制基本规范》和各项应用指引中的控制措施为依据，结合本企业的内部控制制度，对相关控制措施的设计和运行情况进行认定和评价。控制活动评价应当以生产经营活动为重点，至少关注以下几方面。

（1）资金的筹集、投放和营运过程是否存在资金链断裂。

（2）资产运行中是否存在效能低下或资产流失。

（3）采购与销售环节是否存在舞弊行为。

（4）研发项目是否经过科学论证。

（5）工程项目是否存在商业贿赂等。

同时要兼顾分析控制手段是否有效，关注以下几方面。

（1）全面预算是否具有约束力。

（2）合同履行是否存在纠纷。

（3）信息系统是否与内部控制有机结合。

（4）内部报告是否及时传递和有效沟通等。

（四）信息与沟通评价

《企业内部控制评价指引》第九条规定，企业组织开展信息与沟通评价，应当以内部信息传递、财务报告、信息系统等相关应用指引为依据，结合本企业的内部控制制度，对信息收集、处理和传递的及时性、反舞弊机制的健全性、财务报告的真实性、信息系统的安全性，以及利用信息系统实施内部控制的有效性等进行认定和评价。信息与沟通评价应重点关注以下几方面。

（1）董事会和管理层能否及时地接收来自企业内外关于违反企业目标的信息及其可能带来的风险。

（2）信息缺乏和相关的信息系统是否被重新评估为目标及其风险的改变或者被重新

评估为缺陷。

（3）周期报告包括半年报和年报的程序是否有效地传达企业的现状和前景。

（4）是否建立了个人报告内控制度漏洞或其他不合适之处的沟通渠道。

（五）内部监督评价

《企业内部控制评价指引》第十条规定,企业组织开展内部监督评价,应当以《企业内部控制基本规范》有关内部监督的要求,以及各项应用指引中有关日常管控的规定为依据,结合本企业的内部控制制度,对内部监督机制的有效性进行认定和评价,重点关注监事会、审计委员会、内部审计机构等是否在内部控制设计和运行中有效发挥监督作用。内部监督评价应关注以下几方面。

（1）企业是否制定了全面风险管理和内部控制的监督程序。

（2）这些监督程序是否具有监控企业重新评估风险及有效地调整控制以适应企业目标、业务和内部环境改变的能力。

（3）是否存在有效的后续程序保证内控体系的改变以适应风险的变化。

（4）与董事会(或董事会专门委员会)沟通风险和控制事件监控程序的有效性的方式是否合适。

（5）是否存在内控监督和向董事会报告重大风险的具体安排。

四、内部控制评价的程序

《企业内部控制评价指引》第十二条规定,企业应当按照内部控制评价办法规定的程序,有序开展内部控制评价工作。内部控制评价程序一般包括制订评价工作方案、组成评价工作组、调查并初步评价、实施现场测试、认定控制缺陷、最终评价等环节。

（一）制订评价工作方案

内部控制评价机构应当根据企业整体控制目标,制订内部控制评价工作方案,明确评价目的、范围、组织、标准、方法、进度安排和费用预算等内容,报管理层和董事会审批。

评价工作方案一般由评价项目、编制依据、评价目标、评价方式、评价范围和内容、重要性和风险评估、具体的评价程序和方法、评价实施步骤及时间安排、评价组成员和具体评价事项的分工、其他有关要求等要素组成,其中最关键的是评价内容。

（二）组成评价工作组

评价工作组是在内部控制评价机构领导下,具体承担内部控制检查评价任务。内部控制评价机构根据经批准的评价方案,挑选具备独立性、业务胜任能力和职业道德素养的评价人员实施评价。评价工作组成员应当吸收熟悉企业内部相关机构情况、参与日常监控的负责人或业务骨干参加。企业应根据自身条件,尽量建立长效的内部控制评价培训机制。

（三）调查并初步评价

内部控制评价工作组通过审阅相关的规章制度、现场询问有关人员、实地观察等调查了解内部控制制度的建立和执行的详细情况,并作出初步评价。

一般来说,调查内容包括以下几点。

(1) 企业所在行业情况,包括经营特征、经营风险、外部环境等。

(2) 企业内部情况,包括组织结构、生成规模、管理模式、资本构成、员工素质等。

(3) 企业近期在经营和内部控制方面的变化情况。

(4) 企业自我评价内部控制有效性的方法和证据。

(5) 企业内部控制系统的整体情况以及拟评价的业务流程在内部控制系统中的位置。

(6) 与企业内部控制有关的其他情况。

（四）实施现场测试

《企业内部控制评价指引》第十五条规定,内部控制评价工作组应当对被评价单位进行现场测试,综合运用个别访谈、调查问卷、专题讨论、穿行测试、实地查验、抽样和比较分析等方法,充分收集被评价单位内部控制设计和运行是否有效的证据,按照评价的具体内容,如实填写评价工作底稿,研究分析内部控制缺陷。

评价工作组在企业实施现场检查与评价时,应根据评价方案的分工和要求,通过询问有关人员、检查内部控制相关的文件和记录、观察经营管理活动,发现评价线索,确定评价重点,实施内部控制测试。

（五）认定控制缺陷

企业在内部控制评价中,应对内部控制缺陷进行分类分析。内部控制缺陷一般可分为设计缺陷和运行缺陷。企业对内部控制缺陷的认定,应当以日常监督和专项监督为基础,结合年度内部控制评价,由内部控制评价部门进行综合分析后提出认定意见,按照规定的权限和程序进行审核后予以最终认定。

（六）最终评价

企业在进行内部控制综合性评价时,首先,在合法性、健全性、符合性测试的基础上,选择适当的评价标准、明确评价要求,把握评价重点,并汇集和整理测试阶段的有关资料,编制审计工作底稿,填写检查评价工作表,分项量化打分;其次,根据各业务流程所占的权重,计算出内部控制总体评价得分,并结合对企业内部控制制度建立、健全及执行情况的综合分析,作出全面、客观、公正的评价。

五、内部控制评价的方法

内部控制评价重点测定内部控制各个组成部分是否按规定的控制步骤、方法运行,测试各控制环节运行与其内容是否相符,检查各控制环节和控制点的内容、程序、方法等是否正常运行以及相互之间的协调配合情况等。

（1）个别访问法，是指企业根据检查评价需要，对被查单位员工进行单独访谈，以获取有关信息的方法。个别访问法主要用于了解公司内部控制的现状，在企业层面评价以及业务层面评价的了解阶段经常使用。

（2）调查问卷法，是指企业设置问卷调查表，分别对不同层次的员工进行问卷调查，根据调查结果对相关项目作出评价的方法。调查问卷法主要用于企业层面评价。

（3）穿行测试法，是指在内部控制流程中任意选取一笔交易作为样本，追踪该交易从起源直到最终在财务报表或其他经营管理报告中反映出来的过程，即该流程从起点到终点的全过程，以此了解控制措施设计的有效性，并识别出关键控制点的方法。

（4）抽样法，是指企业针对具体的内部控制业务流程，按照业务发生频率及固有风险的高低，从确定的抽样总体中抽取一定比例的业务样本，对业务样本的符合性进行判断，进而对业务流程控制运行的有效性作出评价的方法。

（5）实地查验法，是指企业对财产进行盘点、清查，以及对存货出、入库等控制环节进行现场查验的方法。

（6）比较分析法，是指通过分析、比较数据间的关系、趋势或比率来取得评价证据的方法。

（7）专题讨论法，是指通过召集与业务流程相关的管理人员就业务流程的特定项目或具体问题进行讨论及评估的方法。

（8）标杆法，是指通过与组织内外部相同或相似经营活动的最佳实务进行比较，从而对控制设计有效性评价的方法。

（9）重新执行法，是指通过对某一控制活动全过程的重新执行来评估控制执行情况的方法。

📡 **知识链接**

（1）商业银行内部控制评价模型设计——基于中国农业银行总行的案例研究；

（2）内部控制缺陷认定与陈述的问题分析——基于*ST大地案例的分析；

（3）财务报表重述与财务报告内部控制评价——基于戴尔公司案例的分析；

（4）内部控制的投资者保护机制评价——基于深圳高速公路股份有限公司的分析；

（5）上市公司内部审计制度的评价与思考——基于湖北中航精机科技股份有限公司的案例研究；

（6）企业内部控制评价体系的构建：理论与实践——基于重庆移动公司的案例研究；

（7）论中国企业内部控制评价制度的现实模式——基于112个企业案例的研究。

第二节　内部控制缺陷的认定

一、内部控制缺陷的概念

内部控制缺陷，是指内部控制设计存在漏洞，不能有效防范错误与舞弊，或者内部控制的运行存在弱点和偏差，不能及时发现并纠正错误与舞弊的情形。

内部控制缺陷按照不同的标准可以有以下不同的分类。

（一）按照内部控制缺陷的成因分类

按照内部控制缺陷的成因,内部控制缺陷可分为设计缺陷和运行缺陷。设计缺陷是指缺少为实现控制目标所必需的控制,或现存控制设计不适当,即使运行正常也难以实现控制目标。运行缺陷是指现存设计完好的控制没有按设计意图运行,或执行者没有获得必要授权或缺乏胜任能力而难以有效地实施控制。

（二）按照内部控制缺陷的性质分类

按照内部控制缺陷的性质即影响内部控制目标实现的严重程度,内部控制缺陷可分为重大缺陷、重要缺陷和一般缺陷。重大缺陷,是指一个或多个控制缺陷的组合,可能导致企业严重偏离控制目标。当存在任何一个或多个内部控制重大缺陷时,应当在内部控制评价报告中作出内部控制无效的结论。重要缺陷,是指一个或多个控制缺陷的组合,其严重程度低于重大缺陷,但仍有可能导致企业偏离控制目标。一般缺陷,是指除重大缺陷、重要缺陷以外的其他控制缺陷。

二、内部控制缺陷认定的标准

内部控制缺陷的认定是对内部控制缺陷的重要程度进行识别和确定的过程,即判定一项缺陷属于重大缺陷、重要缺陷还是一般缺陷的过程。内部控制缺陷的重要性和影响程度是相对于内部控制目标而言的。按照对财务报告目标和其他内部控制目标实现影响的具体表现形式,区分财务报告内部控制缺陷和非财务报告内部控制缺陷,分别阐述内部控制缺陷的认定标准。

（一）财务报告内部控制缺陷的认定标准

与财务报告内部控制有关的内部控制缺陷所采用的认定标准直接取决于该内部控制缺陷的存在可能导致的财务报告错报的重要程度。重要程度主要取决于以下两点。

（1）该缺陷是否具备合理可能性导致企业的内部控制不能及时防止或发现并纠正财务报告错误。

（2）该缺陷单独或连同其他缺陷可能导致的潜在错报金额的大小。

出现以下迹象之一,通常表明财务报告内部控制可能存在重大缺陷。

（1）董事、监事和高级管理人员舞弊。

（2）企业更正已公布的财务报告。

（3）注册会计师发现当期财务报告存在重大错报,而内部控制在运行过程中未能发现该错误。

（4）企业审计委员会和内部审计机构对内部控制的监督无效。

内部控制缺陷的严重程度并不取决于是否实际发生了错报,而是取决于该控制及时防止或发现并纠正潜在缺陷的可能性。

（二）非财务报告内部控制缺陷的认定标准

非财务报告内部控制缺陷,是指除财务报告目标之外的与其他目标相关的内部控制缺陷,包括战略内部控制缺陷、经营内部控制缺陷、合规内部控制缺陷、资产内部控制缺陷。

非财务报告内部控制缺陷的认定采用定性和定量的认定标准,企业可以根据风险评估的结果,结合自身的实际情况、管理现状和发展要求合理确定。定性分析是指对事物从总体上进行分析和综合,即对其性质进行规定,以确定是优还是劣,是消极还是积极。定量分析是指对事物进行数量测定和量化处理。

三、内部控制缺陷认定的流程

内部控制缺陷的认定流程分为三阶段。企业对内部控制缺陷的认定,应当以日常监督和专项监督为基础,结合年度内部控制评价,由内部控制评价部门进行综合分析后提出认定意见,按照规定的权限和程序进行审核后予以最终认定。

（一）评价工作组初步认定

企业在日常监督、专项监督和年度评价工作中,应当充分发挥内部控制评价工作组的作用。内部控制评价工作组应当根据现场测试获取的证据,对内部控制缺陷进行初步认定,并按其影响程度分为重大缺陷、重要缺陷和一般缺陷。

（二）工作组负责人审核

企业内部控制评价工作组应当建立评价质量交叉复核制度,评价工作组负责人应当对评价工作底稿进行严格审核,并对所认定的评价结果签字确认后,提交企业内部控制评价部门。

（三）内部控制评价部门综合分析全面复核

企业内部控制评价部门应当编制内部控制缺陷认定汇总表,结合日常监督和专项监督发现的内部控制缺陷及其持续改进情况,对内部控制缺陷及其成因、表现形式和影响程度进行综合分析和全面复核,提出认定意见,并以适当的形式向董事会、监事会或经理层报告。

重大缺陷应当由董事会予以最终认定。

第三节　内部控制评价工作底稿与报告

一、内部控制评价工作底稿

根据《企业内部控制评价指引》第十一条的规定,内部控制评价工作应当形成工作底稿,详细记录企业执行评价工作的内容,包括评价要素、主要风险点、采取的控制措施、有关证据资料以及认定结果等。工作底稿应当设计合理、证据充分、简便易行、便于操作,可以通过一系列评价表格加以实现。一般来说,评价底稿包括业务流程评价表、控制要素评价表、内部控制评价汇总表三个层次。

企业应尽量按照统一的格式编制内部控制评价工作底稿,格式详见表 8-1 和表 8-2。

表 8-1 上市公司董事对公司内控评价的工作底稿(非独立董事版本)

公司名称: 　　　　　　　　　　　　　　　内部控制评价报告年度:20××年

序号	内部控制评价勤勉尽责关注要点	是	否	说明
一	内控制度建设情况			
	公司是否已经建立财务报告内部控制制度并形成书面文件	是	否	
二	内部控制评价职能部门报告情况			
1	内部控制评价职能部门是否定期直接向董事会或其下设审计委员会等专业委员会报告内部控制检查、监督和评价工作情况	是	否	
2	本年度内部控制评价职能部门发现的问题有哪些			
3	内部控制评价职能部门对发现的问题是否提出过解决建议	是	否	
三	内控改进			
	截至评价报告编报之日,公司对内部控制评价职能部门发现的问题已采取的更正或改进措施有哪些			
四	公司是否聘请过中介机构协助本公司建立健全内部控制制度	是	否	
五	董事会在自我评价过程中发现的问题			
1	本年度,是否发现公司财务报告或相关信息存在不真实、不准确或不完整的情况	是	否	
2	本年度是否发生被相关部门或监管机构(如市场监督管理、税务、环保部门等)处罚的情况	是	否	
3	本年度公司是否发生因内控缺失而造成的重大资产损失	是	否	
4	公司是否存在由于高管舞弊而导致内部控制失效的情况	是	否	
5	董事会是否了解监事会在审议年度监事会工作报告中对公司内部控制的意见或建议	是	否	
6	董事会在自我评价过程中发现的其他问题			
六	对公司财务报告相关内部控制的总体评价意见			
七	在评价过程中,发现公司的非财务报告内部控制缺陷有哪些			

董事签名:　　　　　　日期:　　　　年　　月　　日

表 8-2　上市公司独立董事对公司内部控制评价的工作底稿

公司名称：　　　　　　　　　　　　　　　　　　内部控制评价报告年度：20××年

序号	独立董事对公司财务报告内部控制评价勤勉尽责关注要点	是	否	说明
一	董事会审议本年度年报前,独立董事是否与财务总监、财务部门负责人及报表编制人员进行过沟通	是	否	
二	在与上述人员进行沟通的过程中,独立董事是否发现在编制年报时,公司存在对本年度内季报、半年报已披露内容进行调整的情况	是	否	
三	本年度独立董事是否就年报审计及财务报告内部控制审计与会计师事务所进行过沟通	是	否	
四	在与会计师事务所沟通的过程中,独立董事是否发现在编制年报时,公司存在对本年度内季报、半年报已披露内容进行调整或更正的情况	是	否	
五	在与会计师事务所沟通的过程中,独立董事知悉公司与财务报告相关的内部控制存在的问题有哪些			
六	本年度公司是否发生过对已披露财务信息进行更正或补充的情况。如有,请说明发生的次数和基本情况及其可能涉及的财务报告内部控制的缺陷(包括设计有效性和执行有效性)	是	否	
七	本年度是否存在对季报、半年报已披露内容进行调整的情况或发生过对已披露财务信息进行更正或补充的情况。如有,独立董事在内部控制方面提出解决措施有哪些	是	否	
八	如聘请过中介机构协助公司建立健全内部控制制度,在与该中介机构沟通的过程中,独立董事是否知悉公司内部控制存在的问题	是	否	
序号	**独立董事对公司内部控制评价勤勉尽责关注要点**	是	否	
一	内控制度建设情况			
	公司是否已经建立财务报告内部控制制度并形成书面文件	是	否	
二	内部控制评价职能部门报告情况			
1	内部控制评价职能部门是否定期直接向董事会或其下设审计委员会等专业委员会报告内部控制检查、监督和评价工作情况	是	否	
2	本年度内部控制评价职能部门发现的问题有哪些			
3	内部控制评价职能部门对发现的问题是否提出过解决建议	是	否	
三	内控改进			
	截至评价报告编报之日,公司对内部控制评价职能部门发现的问题已采取的更正或改进措施有哪些			
四	公司是否聘请过中介机构协助本公司建立健全内部控制制度	是	否	
五	董事会在自我评价过程中发现的问题有哪些			
1	本年度,是否发现公司财务报告或相关信息存在不真实、不准确或不完整的情况	是	否	
2	本年度是否发生被相关部门或监管机构(如市场监督管理、税务、环保部门等)处罚的情况	是	否	

续表

序号	独立董事对公司内部控制评价勤勉尽责关注要点	是	否	
3	本年度公司是否发生因内控缺失而造成的重大资产损失	是	否	
4	公司是否存在由于高管舞弊而导致内部控制失效的情况	是	否	
5	董事会是否了解监事会在审议年度监事会工作报告中对公司内部控制的意见或建议	是	否	
6	董事会在自我评价过程中发现的其他问题有哪些			
六	对公司财务报告相关内部控制的总体评价意见			
七	在评价过程中,发现公司的非财务报告内部控制缺陷有哪些			

独立董事签名：　　　　日期：　　　年　　月　　日

二、内部控制评价报告

内部控制评价报告是内部控制评价工作的主要组成部分,内部控制评价报告是董事会或类似权力机构以报告的形式对内部控制评价状况出具评价意见,并提供给相关信息使用者的一种书面文件。企业应当根据《企业内部控制基本规范》及其配套指引,设计内部控制评价报告的种类、格式和内容,按照规定的权限报经批准后对外报出。

评价指引专门对内部控制评价报告进行规范,要求企业在评价报告中至少披露以下内容。

(1)董事会对内部控制报告真实性的声明,实质就是董事会全体成员对内部控制有效性负责。

(2)内部控制评价工作的总体情况,即概要说明。

(3)内部控制评价的依据,一般指基本规范、评价指引及企业在此基础上制定的评价办法。

(4)内部控制评价的范围,描述内部控制评价所涵盖的被评价单位,以及纳入评价范围的业务事项。

(5)内部控制评价的程序和方法。

(6)内部控制缺陷及其认定情况,主要描述适用本企业的内部控制缺陷具体认定标准,并声明与以前年度保持一致,同时,根据内部控制缺陷认定标准,确定评价期末存在的重大缺陷、重要缺陷和一般缺陷。

(7)内部控制缺陷的整改情况及对重大缺陷拟采取的整改措施。

(8)内部控制有效性的结论,对不存在重大缺陷的情形,出具评价期末内部控制有效结论;对存在重大缺陷的情形,不得作出内部控制有效的结论,并需描述该重大缺陷的成因、表现形式及其对实现相关控制目标的重要程度。

企业应尽量按照统一的格式编制内部控制评价报告,以满足外部信息使用者对内控信息可比性的要求。内部控制评价报告的格式如下。

××股份有限公司 20××年度内部控制评价报告

××股份有限公司全体股东：

　　××公司董事会（以下简称"董事会"）对建立和维护充分的财务报告相关内部控制制度负责。

　　财务报告相关内部控制的目标是保证财务报告信息真实完整和可靠、防范重大错报风险。由于内部控制存在固有局限性，因此仅能对上述目标提供合理保证。

　　董事会已按照《企业内部控制基本规范》要求对财务报告相关内部控制进行了评价，并认为其在 20××年 12 月 31 日（基准日）有效，或在以下方面存在重大缺陷：对重大缺陷的说明。公司已对该缺陷采取（或拟对该缺陷采取）如下整改措施：

　　［整改措施］

　　我公司在内部控制自我评价过程中发现的（或未发现与非财务报告相关的内部控制缺陷）与非财务报告相关的内部控制缺陷情况包括［具体缺陷情况］。

　　我公司聘请的［会计师事务所名称］已对公司财务报告相关内部控制的有效性进行了审计，出具了［审计意见］（如适用）。

董事长：（签名）

××股份有限公司

［日期］

新华制药^① 2011 年度内部控制评价报告

山东新华制药股份有限公司全体股东：

　　根据《企业内部控制基本规范》等法律法规的要求，我们对本公司（以下简称"公司"）内部控制的有效性进行了自我评价。

一、董事会声明

　　公司董事会及全体董事保证本报告内容不存在任何虚假记载、误导性陈述或重大遗漏，并对报告内容的真实性、准确性和完整性承担个别及连带责任。

　　建立健全并有效实施内部控制是公司董事会的责任；监事会对董事会建立与实施内部控制进行监督；经理层负责组织领导公司内部控制的日常运行。

　　公司内部控制的目标是：合理保证经营合法合规、资产安全、财务报告及相关信息真实完整，提高经营效率和效果，促进实现发展战略。由于内部控制存在固有局限性，故仅能对达到上述目标提供合理保证。内部控制的有效性亦可能随公司内、外部环境及经营情况的改变而改变，本公司内部控制设有检查监督机制，内控缺陷一经识别，本公司将立

---

　　① 新华制药 2011 年内部控制被出具否定意见的审计报告，是中国上市公司内部控制被出具否定意见的第一案。

即采取整改措施。

二、内部控制评价工作的总体情况

2011年,公司成立了内部控制规范领导小组和工作小组,公司董事会授权公司审计部作为内控规范的牵头部门,负责内部控制评价的具体组织实施工作,联合本公司各部门、各子公司组织实施内部控制评价工作。内部控制评价工作组成员由内审部门和相关职能部门的业务骨干组成。

公司审计部制订评价工作方案,评价工作组根据工作方案,围绕内部环境、风险评估、控制活动、信息与沟通、内部监督等要素,对公司内部控制设计与运行情况进行全面评价,包括组织实施自我评价、汇总评价结果、编制评价报告等。

在评价过程中,评价工作组及时向领导小组汇报评价工作的进展情况,并对评价的初步结果进行沟通讨论。评价工作组编制的内部控制评价报告经审核后提交董事会。公司内部控制评价报告经董事会会议审议通过后对外披露。

公司聘请信永中和会计师事务所对公司内部控制有效性进行独立审计。

三、内部控制评价的依据

本评价报告旨在根据中华人民共和国财政部等五部委联合发布的《企业内部控制基本规范》《企业内部控制应用指引》及《企业内部控制评价指引》的要求,结合本公司内部控制制度和评价办法,在内部控制日常监督和专项监督的基础上,对公司截至2011年12月31日内部控制的设计与运行的有效性进行评价。

四、内部控制评价的范围

内部控制评价的范围涵盖了公司及其所属单位的各种业务和事项,包括组织架构、发展战略、人力资源、社会责任、企业文化、资金活动、采购业务、资产管理、销售业务、研究与开发、工程项目、担保业务、业务外包、财务报告、全面预算、合同管理、内部信息传递、信息系统、关联交易、对子公司控制。上述业务和事项的内部控制涵盖了公司经营管理的主要方面,不存在重大遗漏。在自我评价中,我们重点关注公司的国际出口销售业务、国内销售业务、采购业务、资金活动、全面预算及资产管理等高风险领域。

五、内部控制评价的程序和方法

公司内部控制评价工作严格遵循《企业内部控制评价指引》的要求,在分析经营管理过程中的高风险领域和重要业务事项后,制订科学合理的评价工作方案,确定评价方法,并严格执行。

公司内部控制评价程序主要包括制订评价工作方案、组成评价工作组、实施现场测试、认定控制缺陷、汇总评价结果、编报评价报告等环节。

在评价过程中,评价工作组综合运用个别访谈、问卷调查、专题讨论、抽样检查、实地查验和比较分析等方法和手段,充分收集公司内部控制设计和运行的有效证据,如实填写评价工作底稿,分析、识别内部控制缺陷。对内部控制设计及运行情况进行定性和定量评价,按照缺陷认定标准,确认评价结果,汇总评价结果后,出具评价结论,编制评价报告。

六、内部控制缺陷及其认定

判断内部控制是否存在缺陷的标准不是仅仅看控制系统是否存在缺点或不足,而是看这种缺点或不足是否阻碍其为控制目标的实现提供合理保证。

根据《企业内部控制基本规范》《企业内部控制评价指引》对重大缺陷、重要缺陷和一般缺陷的认定要求，结合公司实际的情况，公司研究确定了具体的内部控制缺陷认定标准，详见表 8-3。

表 8-3　内部控制缺陷认定标准

分　类	认定方式	指　标	一般缺陷	重要缺陷	重大缺陷
财务报告缺陷	定量方法	错报金额占资产金额的百分比	几乎不可能发生或导致的错报金额占资产总额的0.5%以下	具备合理可能性或导致的错报金额占资产总额的0.5%～1%	具备合理可能性或导致的错报金额占资产总额的1%以上
非财务报告缺陷	定量方法	企业财务报告损失占资产总额的百分比	几乎不可能发生或导致的财物损失金额占资产总额的0.5%以下	具备合理可能性或导致的财物损失金额占资产总额的0.5%～1%	具备合理可能性或导致的财物损失金额占资产总额的1%以上
	定性方法	企业日常运行	几乎不可能发生或导致公司个别业务经营活动运转不畅，不会危及公司其他业务活动，不会影响经营目标	具备合理可能性及导致公司多项业务经营活动运转不畅，但不会危及公司持续经营	具备合理可能性及导致公司部分业务能力丧失，危及公司持续经营
		财务损失	几乎不可能发生或导致轻微的财物损失	具备合理可能性及导致中等的财物损失	具备合理可能性及导致重大的财物损失
		企业声誉	几乎不可能发生或导致负面消息在当地局部流传，对企业声誉造成轻微损害	具备合理可能性及导致负面消息在某区域流传，对企业声誉造成中等损害	具备合理可能性及导致负面消息在全国各地流传，对企业声誉造成重大损害

根据表 8-3 认定标准，结合日常监督和专项监督情况，评价中发现报告期内存在一项重大缺陷，是子公司山东新华医药贸易有限公司（以下简称"医贸公司"）对客户授信额度过大导致较大经济损失。

(1) 医贸公司内部控制制度缺少多头授信的明确规定，在实际执行中，医贸公司的鲁中分公司、工业销售部门、商业销售部门分别向同一客户授信，造成授信额度过大。

(2) 医贸公司内部控制制度规定对客户授信额度不大于客户注册资本，但实际业务中对部分客户授信却超出其注册资本。同时，医贸公司也存在未授信的发货情况。

上述重大缺陷使得公司对山东欣康祺医药有限公司（以下简称"欣康祺公司"）及其关联公司形成大额应收款项 6 073 万元，同时，欣康祺公司经营出现异常，资金链断裂，可能使公司遭受较大的经济损失。

七、内部控制缺陷的整改情况

针对报告期内发现的内部控制缺陷，公司通过建立完善相关制度、增大检查力度等相应措施进行了整改。

对子公司控制方面，针对子公司内控制度中缺少多头授信的规定及内控制度执行不严导致对客户授信额度过大造成损失的问题，公司修订印发了《山东新华制药股份有限公司营销信用风险管理办法》，对多头授信作出明确规定，并加大了监督检查力度，以防形成新的因授信额度过大导致的信用风险。

八、内部控制有效性的结论

报告期内,公司未能按照《企业内部控制基本规范》和相关规定在所有重大方面保持有效的财务报告内部控制。

自内部控制评价报告基准日至内部控制评价报告发出日之间,公司的内部控制未发生对评价结论产生实质性影响的重大变化。

我们注意到,内部控制应当与公司经营规模、业务范围、竞争状况和风险水平等相适应,并随着情况的变化及时加以调整。因此,下一步公司将致力于以下工作。

(1)加强对子公司的管控,强化风险管理,加大销售过程的风险防控力度,严格执行内部控制制度。

(2)加强全面预算管理,强化预算的执行与考核。

(3)及时根据相关法律法规的变化和公司发展的需要,修订和完善公司内部控制制度,优化业务流程,持续改进内部控制体系。

(4)加强对内部控制制度落实情况的检查和监督,持续规范运作,对发现的缺陷及时进行整改。

(5)加强内控规范及制度的学习和培训,提高执行力,进一步防范和控制风险,保障公司持续、健康发展。

未来期间,公司将继续完善内部控制制度,规范内部控制制度执行,强化内部控制监督检查,促进公司健康、可持续发展。

山东新华制药股份有限公司

2012 年 3 月 23 日

第九章

企业内部控制审计

- 掌握内部控制报告审计的类型；
- 掌握内部控制报告审计的内容；
- 熟悉内部控制审计组织实施；
- 了解内部控制审计与财务报告审计的联系；
- 了解内部控制审计与财务报告审计的区别。

第一节　内部控制审计概述

内部控制审计是指会计师事务所接受委托，对特定基准日内部控制设计与运行的有效性进行审计。建立健全和有效实施内部控制，评价内部控制的有效性是企业董事会的责任。按照《企业内部控制审计指引》的要求，在实施审计工作的基础上对内部控制的有效性发表审计意见，是注册会计师的责任。注册会计师执行内部控制审计工作，应当获取充分、适当的证据，为发表内部控制审计意见提供合理保证。注册会计师应当对财务报告内部控制的有效性发表审计意见，并对内部控制审计过程中注意到的非财务报告内部控制的重大缺陷，在内部控制审计报告中增加"非财务报告内部控制重大缺陷描述段"予以披露。注册会计师可以单独进行内部控制审计，也可将内部控制审计与财务报表审计整合进行（以下简称"整合审计"）。在整合审计中，注册会计师应当对内部控制设计与运行的有效性进行测试，以同时实现下列目标。

（1）获取充分、适当的证据，支持其在内部控制审计中对内部控制有效性发表的意见。

（2）获取充分、适当的证据，支持其在财务报表审计中对控制风险的评估结果。

一、内部控制审计与财务报告审计的联系

企业内部控制的了解和测试，及其有效性评估是制定财务报告审计策略、实施进一步审计程序的基础和前提。因此，内部控制审计和财务报告审计存在着多方面联系，主要体现在以下五个方面。

（1）两者的最终目的一致，虽然二者各有侧重，但最终目的均为提高财务信息质量、提高财务报告的可靠性，为利益相关者提供高质量的信息。

（2）两者都采取风险导向审计模式，注册会计师首先实施风险评估程序，识别和评估重大缺陷（或错报）存在的风险。在此基础上，有针对性地采取应对措施，实施相应的审计程序。

（3）两者都要了解和测试内部控制，并且对内部控制有效性的定义和评价方法相同，都可能用到询问、检查、观察、穿行测试、重新执行等方法和程序。

（4）两者均要识别重点账户、重要交易类别等重点审计领域。注册会计师在财务报告审计中，需要评价这些重点账户和重要交易类别是否存在重大错报；在内部控制审计中，需要评价这些重点账户和重要交易是否被内部控制所覆盖。

（5）两者确定的重要性水平相同。注册会计师在财务报告审计中确定重要性水平，旨在检查财务报告中是否存在重大错报；在财务报告内部控制审计中确定重要性水平，旨在检查财务报告内部控制是否存在重大缺陷。由于审计对象、判断标准相同，因此二者在审计中确定的重要性水平亦相同。

二、内部控制审计与财务报告审计的区别

尽管内部控制审计与财务报告审计存在多方面的联系，但它们之间也有明显的区别，具体如下。

（1）审计目标不同。财务报告审计目标是对财务报表是否符合企业会计准则，是否公允反映被审计单位的财务状况和经营成果发表意见。内部控制审计目标是对财务报告内部控制的有效性发表审计意见，并对内部控制审计过程中注意到的非财务报告内部控制的重大缺陷，在内部控制审计报告中增加"非财务报告内部控制重大缺陷描述段"予以披露。

（2）了解和测试内部控制的目的不同。财务报告审计按风险导向审计模式进行，了解内部控制是为了评估重大错报风险，测试内部控制是为了进一步指明了解内部控制时得出的初步结论，财务报告审计了解和测试内部控制的最终目的是服务于对财务报表发表的审计意见。内部控制审计了解和测试内部控制的直接目的是对内部控制设计和运行的有效性发表意见。

（3）测试范围不同。在财务报告审计过程中，只有在以下两种情况下才强制要求对内部控制进行测试。

① 在评估认定存在重大错报风险时，预期控制的运行是有效的（在确定实质性程序的性质、时间安排和范围时，注册会计师拟信赖控制运行的有效性）。

② 仅实施实质性程序并不能够提供认定存在充分、适当的审计依据。

其他情况下，注册会计师可以不测试内部控制。内部控制审计是对所有重要账户、各类交易和列报的相关认定，都要了解和测试相关的内部控制。

（4）测试时间不同。财务报告审计一旦确定需要测试，则需要测试内部控制在整个审计期间的运行有效性。内部控制审计对特定基准日内部控制的有效性发表意见，不需要测试整个会计期间，但要测试足够长的期间。

（5）测试样本量不同。财务报告审计对结论可靠性的要求取决于计划从控制测试中得到的保证程度（或减少实质性程序工作量的程度），因此测试样本量相对小。内部控制

审计对结论可靠性的要求高,测试的样本量相对大。

（6）报告结果不同。财务报告审计通常不对外披露内部控制情况,除非是内部控制影响到对财务报表发表的审计意见,财务报告审计结果可以以管理建议书的方式向管理层或治理层报告财务报告审计过程中发现的内部控制重大缺陷,但注册会计师没有义务专门实施审计程序,以发现和报告内部控制重大缺陷。内部控制审计是需要对外披露的,同时还需要以正面、积极的方式对内部控制是否有效发表审计意见。

第二节　内部控制审计组织实施

内部控制审计以风险评估为基础,采用自上而下的方法进行测试。自上而下的方法是注册会计师识别风险、选择拟测试控制的基本思路。内部控制审计包括以下几个阶段。

一、内部控制审计计划

《企业内部控制审计指引》指出,计划审计工作的内容主要包括注册会计师如何评估舞弊风险、调整审计工作、应对舞弊风险、利用其他相关人员的工作、确定重要性水平和对利用服务机构的考虑。注册会计师应当恰当地计划内部控制审计工作,配备具有专业胜任能力的项目组,并对助理人员进行适当的督导。

（一）调查内部控制基本情况

在制订审计计划时,注册会计师应当评价下列事项对企业财务报表和内部控制是否具有重要影响,以及对审计程序的影响。

（1）与企业相关的风险。

（2）相关法律法规和行业概况。

（3）企业组织结构、经营特点和资本结构等相关重要事项。

（4）企业内部控制最近发生变化的程度。

（5）与企业沟通过的内部控制缺陷。

（6）重要性、风险等与确定内部控制重大缺陷相关的因素。

（7）对内部控制有效性的初步判断。

（8）可获取的、与内部控制有效性相关的证据的类型和范围。

（二）评估内部控制风险

注册会计师应当充分认识风险评估在内部控制审计中的作用,在调查内部控制基本情况的基础上,应当初步评估内部控制风险,根据风险评估结果,确定重要的账户、列报和相关认定,选择拟进行测试的控制,以及确定针对特定控制所需收集的证据。在评价特定内部控制风险时,注册会计师应当考虑以下因素。

（1）交易数量和性质是否发生变化,以致对特定内部控制的设计和执行产生不利影响。

（2）内部控制是否发生变化。

（3）特定内部控制对其他内部控制有效性的依赖程度。

（4）执行或监控内部控制的关键人员是否发生变动。

（5）特定内部控制的执行是依赖人工还是电子设备。

（6）特定内部控制的复杂程度。

（7）特定控制目标的实现是否依赖于多项内部控制。

（三）计划内部控制测试的性质、时间和范围

注册会计师根据内部控制风险初步评估的结果，计划安排内部控制测试的性质、时间和范围。

内部控制测试的性质是指内部控制内容，包括以下几个方面。

（1）了解内部控制设计。

（2）测试内部控制设计有效性。

（3）测试内部控制运行有效性。

注册会计师对以上这三方面内容的工作量及其比例关系作出计划安排。

内部控制测试的时间是指在期末接近基准日测试，还是期中对内部控制运行过程进行测试，注册会计师结合内部控制风险和自身具体情况作出安排。

内部控制测试的范围是指内部控制测试的样本量，内部控制风险越大，选择样本量越大，内部控制重要程度越高，选择样本量越多。

（四）对其他工作人员的利用

对于后续年度审计，注册会计师在确定测试的性质、时间和范围时，应当考虑以前执行内部控制审计所了解的情况。下列因素可能影响后续审计中与某项控制相关的风险。

（1）以前年度审计中所实施程序的性质、时间和范围。

（2）以前年度内部控制测试的结果。

（3）上次审计之后，内部控制或其运行流程是否发生变化。

二、实施内部控制审计工作

注册会计师应当根据审计计划，测试内部控制设计和运行的有效性。对企业内部控制有效性的测试可分为企业层面控制测试和业务层面控制测试。

（一）企业层面控制测试

注册会计师测试企业层面控制，应当把握重要性原则，至少应当关注以下几点。

（1）与内部环境相关的控制。

（2）针对董事会、经理层凌驾于控制之上的风险而设计的控制。

（3）企业的风险评估过程。

（4）对内部信息传递和财务报告流程的控制。

（5）对控制有效性的内部监督和自我评价。

（二）业务层面控制测试

业务层面控制测试表现为识别采购业务、销售业务、研究与开发、工程项目、担保业务等内部控制活动相关的重大账户、列报及相关认定。注册会计师测试业务层面控制,应当把握重要性原则,结合企业实际、企业内部控制各项应用指引的要求和企业层面控制的测试情况,重点对企业生产经营活动中的重要业务与事项的控制进行测试。注册会计师可根据在特定的重大账户或列报中错报发生的领域和原因,确定潜在错报的可能来源。当一家企业有多个经营场所或经营单位时,注册会计师应当在合并财务报表的基础上识别重要的账户、列报及相关认定。

三、内部控制审计意见及其处理

注册会计师应当评价获取的证据,进行内部控制缺陷认定,从而形成对内部控制有效性的意见。注册会计师应当评价管理层按照有关政府部门和监管机构的要求在企业年度报告中对内部控制的披露是否适当。

（一）内部控制缺陷认定

注册会计师根据内部控制审计过程所获得的证据,认定内部控制缺陷。内部控制缺陷认定标准与企业内部控制自我评价的标准相同。

由于只对财务报告内部控制发表意见,对于注册会计师来说,可能表明企业内部控制存在重大缺陷的情况如下。

（1）发现高级管理人员舞弊。

（2）重述财务报表,以反映重大错报的更正情况。

（3）注册会计师识别出当期财务报表存在重大错报,而该错报不可能由企业内部控制发现。

（4）审计委员会对财务报告和内部控制的监督无效。

（二）与被审计单位沟通

注册会计师应当就内部控制责任和内部控制缺陷与被审计单位沟通。

（1）管理层的声明。在出具审计报告前,注册会计师应当向管理层获取书面声明,界定内部控制责任。书面声明应当包括下列内容:企业董事会认可其对建立健全和有效实施内部控制负责;企业已对内部控制的有效性作出自我评价,并说明评价时采用的标准以及得出的结论;企业没有利用注册会计师执行的审计程序及其结果作为自我评价的基础;企业已向注册会计师披露识别出的所有内部控制缺陷,并单独披露其中的重大缺陷和重要缺陷;企业对于注册会计师在以前年度审计中识别的重大缺陷和重要缺陷,是否已经采取措施予以解决;企业在内部控制自我评价基准日后,内部控制是否发生重大变化,或者存在对内部控制具有重要影响的其他因素。

如果未能获得管理层的书面声明,包括管理层拒绝提供书面声明,注册会计师应当将其视为审计范围受到限制,并解除业务约定或出具无法表示意见的审计报告。

（2）沟通内部控制缺陷。在注册会计师出具内部控制审计报告之前，注册会计师应当以书面形式与管理层和审计委员会沟通审计过程中识别的所有重大缺陷。注册会计师认为审计委员会和内部审计机构对内部控制监督无效的，应当就此以书面形式直接与董事会和经理层沟通。

（三）出具审计报告

注册会计师根据已查出的内部控制缺陷的等级和审计工作范围是否受限决定审计报告的类型。

（1）对于内部控制一般缺陷，不影响内部控制审计意见，注册会计师就此可以不与被审计单位沟通。内部控制审计不能保证注册会计师发现严重程度小于重大缺陷的所有控制缺陷。注册会计师不应在审计报告中声明，在审计中没有发现严重程度小于重大缺陷的控制缺陷。

（2）对于内部控制重要缺陷，虽然不影响内部控制审计意见，但注册会计师须就此与被审计单位沟通。注册会计师不需要在内部控制审计报告中说明内部控制重要缺陷的内容。

（3）对于内部控制重大缺陷，影响内部控制审计意见。被审计单位内部控制存在重大缺陷，审计报告发表除无保留意见外的其他审计意见。

四、内部控制审计工作底稿

内部控制审计工作底稿，是注册会计师对制订的审计计划、实施的审计程序、获取的相关审计证据，以及得出的审计结论作出的记录。注册会计师编制审计工作底稿可以为审计工作提供充分、适当的记录，作为出具审计报告的基础；同时，也为注册会计师证明其按照指引的规定执行了审计工作提供证据。注册会计师应当就下列内容形成审计工作记录。

（1）内部控制审计计划及重大修改情况。

（2）相关风险评估和选择拟测试的内部控制的主要过程及结果。

（3）测试内部控制设计与运行有效性的程序及结果。

（4）对识别的控制缺陷的评价。

（5）对识别的重大事项的处理。

（6）形成的审计结论和意见。

（7）其他重要事项。

知识链接

（1）上市公司内部控制缺陷与审计意见——中国证券市场上第一份否定意见的内控审计案例研究；

（2）内部控制审计案例分析——新华制药被出具否定意见；

（3）审计委员会的功能缺失与公司财务报告违规——基于五粮液的案例研究；

（4）关联方交易舞弊风险内部控制与审计——基于紫鑫药业案例的研究。

资料 9-1

第三节 内部控制审计报告

注册会计师在完成内部控制审计后,应当单独对内部控制出具审计报告,并将已经审计的管理层对内部控制的评估报告附于审计报告之后。注册会计师应在审计报告中清楚地表达对财务报告内部控制的意见,并对出具的审计报告负责。

一、标准内部控制审计报告的基本内容

一项标准的内部审计报告至少应有如下内容。

（1）标题。

（2）收件人。

（3）引言段。

（4）企业对内部控制的责任段。

（5）注册会计师的责任段。

（6）内部控制固有局限性的说明段。

（7）财务报告内部控制审计意见段。

（8）非财务报告内部控制重大缺陷描述段。

（9）注册会计师的签名和盖章。

（10）会计师事务所的名称、地址及盖章。

（11）报告日期。

二、内部控制审计报告的撰写

（一）内部控制审计报告格式

鉴于内部控制审计报告的预期使用者对报告信息的需求程度,采用独立的、书面的报告格式更能体现内部控制审计报告的目标。目前,注册会计师出具的内部控制审计报告采用独立的书面短式报告格式。

（二）编制内部控制审计报告的具体规则

（1）格式和内容要规范。

（2）责任界限要分明。

（3）关键重点要突出。

（4）措辞文字要准确。

（5）意见和建议要具体。

（6）报告使用要恰当。

三、内部控制审计报告的类型

注册会计师根据已获取的证据认定内部控制缺陷,以此表达对财务报告内部控制有效性的意见。内部控制审计报告有标准无保留意见、带强调事项说明段的无保留意见、否定意见、无法表示意见四种类型。

(一)标准无保留意见内部控制审计报告

如果符合下列所有条件,注册会计师应当出具无保留意见的审计报告。

(1)企业于特定日期按照适当的控制标准的要求,在所有重大方面保持了有效的内部控制(不存在重大缺陷)。

(2)注册会计师已经按照《企业内部控制审计指引》的规定计划和实施审计工作,在工作过程中审计范围未受到限制。

在出具无保留意见的审计报告时,注册会计师应当以"我们认为"作为意见段的开头,并使用"在所有重大方面""保持了有效的内部控制"等术语。

无保留意见内部控制审计报告参考格式如下。

内部控制审计报告

××股份有限公司全体股东:

按照《企业内部控制审计指引》及《中国注册会计师执业准则》的相关要求,我们审计了××股份有限公司(以下简称××公司)××年×月×日的财务报告内部控制的有效性。

按照《企业内部控制基本规范》《企业内部控制应用指引》《企业内部控制评价指引》的规定,建立健全和有效实施内部控制,并评价其有效性是企业董事会的责任。【企业对内部控制的责任】

我们的责任是在实施审计工作的基础上,对财务报告内部控制的有效性发表审计意见,并对注意到的非财务报告内部控制的重大缺陷进行披露。【注册会计师的责任】

内部控制具有固有局限性,存在不能防止和发现错报的可能性。此外,由于情况的变化可能导致内部控制变得不恰当,或对控制政策和程序遵循的程度降低,根据内部控制审计结果推测未来内部控制的有效性具有一定风险。【内部控制的固有局限性】

我们认为,××公司按照《企业内部控制基本规范》和相关规定在所有重大方面保持了有效的财务报告内部控制。【财务报告内部控制审计意见】

在内部控制审计过程中,我们注意到××公司的非财务报告内部控制存在重大缺陷[描述该缺陷的性质及其对实现相关控制目标的影响程度]。由于存在上述重大缺陷,我们提醒本报告使用者注意相关风险。需要指出的是,我们并不对××公司的非财务报告内部控制发表意见或提供保证。本段内容不影响对财务报告内部控制有效性发表的审计意见。【非财务报告内部控制的重大缺陷】

××会计师事务所　　　　　　　中国注册会计师:×××(签名并盖章)

(盖章)　　　　　　　　　　　中国注册会计师:×××(签名并盖章)

中国××市　　　　　　　　　　　　　　　　　××年×月×日

（二）带强调事项说明段的无保留意见内部控制审计报告

注册会计师认为,财务报告内部控制虽不存在重大缺陷,审计范围也未受到限制,但仍有一项或者多项重大事项需要提请内部控制审计报告使用人注意的,注册会计师则需要在内部控制无保留意见审计报告中增加强调事项段予以说明。

注册会计师需要在强调事项段中指明,该段内容仅用于提醒内部控制审计报告使用者关注,并不影响对财务报告内部控制发表的审计意见。

带强调事项说明段的无保留意见内部控制审计报告参考格式如下。

内部控制审计报告

××股份有限公司全体股东:

按照《企业内部控制审计指引》及《中国注册会计师执业准则》的相关要求,我们审计了××股份有限公司(以下简称××公司)××年×月×日的财务报告内部控制的有效性。

［"一、企业对内部控制的责任"至"五、非财务报告内部控制的重大缺陷"参见标准内部控制审计报告相关段落表述。］

我们提醒内部控制审计报告使用者关注,(描述强调事项的性质及其对内部控制的重大影响)。本段内容不影响已对财务报告内部控制发表的审计意见。【强调事项】

××会计师事务所	中国注册会计师:×××(签名并盖章)
(盖章)	中国注册会计师:×××(签名并盖章)
中国××市	××年×月×日

（三）否定意见内部控制审计报告

注册会计师认为,财务报告内部控制存在一项或多项重大缺陷,除非审计范围受限,需要对财务报告内部控制发表否定意见。注册会计师出具否定意见的内部控制审计报告,还需要包括重大缺陷的定义、重大缺陷的性质及其对财务报告内部控制的影响程度。

否定意见内部控制审计报告参考格式如下。

内部控制审计报告

××股份有限公司全体股东:

按照《企业内部控制审计指引》及《中国注册会计师执业准则》的相关要求,我们审计了××股份有限公司(以下简称××公司)××年×月×日的财务报告内部控制的有效性。

［"一、企业对内部控制的责任"至"三、内部控制的固有局限性"参见标准内部控制审计报告相关段落表述。］

重大缺陷,是指一个或多个控制缺陷的组合,可能导致企业严重偏离控制目标。

［指出注册会计师已识别出的重大缺陷,并说明重大缺陷的性质及其对财务报告内部控制的影响程度。］

有效的内部控制能够为财务报告及相关信息的真实完整提供合理保证,而上述重大

缺陷使××公司内部控制失去这一功能。【导致否定意见的事项】

我们认为,由于存在上述重大缺陷及其对实现控制目标的影响,××公司未能按照《企业内部控制基本规范》和相关规定在所有重大方面保持有效的财务报告内部控制。【财务报告内部控制审计意见】

　　〔参见标准内部控制审计报告相关段落表述。〕【非财务报告内部控制的重大缺陷】

××会计师事务所	中国注册会计师：×××(签名并盖章)
(盖章)	中国注册会计师：×××(签名并盖章)
中国××市	××年×月×日

(四) 无法表示意见内部控制审计报告

当因审计范围受到限制而无法表示意见时,注册会计师应当在审计报告中说明工作范围不足以为发表意见提供保证,并用单独的一段或几段说明无法表示意见的实质性理由。注册会计师不应指明所执行的程序,也不应描述内部控制审计的特征,否则可能造成审计报告使用者对无法表示意见的误解。注册会计师在已执行的有限程序中发现财务报告内部控制存在重大缺陷的,需要在内部控制审计报告中对重大缺陷作出详细说明。

注册会计师只有实施了必要的审计程序,才能对内部控制的有效性发表意见。注册会计师审计范围受到限制的,需要解除业务约定或出具无法表示意见的内部控制审计报告,并就审计范围受到限制的情况,以书面形式与董事会进行沟通。

无法表示意见内部控制审计报告参考格式如下。

内部控制审计报告

××股份有限公司全体股东:

我们接受委托,对××股份有限公司(以下简称××公司)××年×月×日的财务报告内部控制进行审计。

　　〔删除注册会计师的责任段,"一、企业对内部控制的责任"和"二、内部控制的固有局限性"参见标准内部控制审计报告相关段落表述。〕

　　〔描述审计范围受到限制的具体情况。〕【导致无法表示意见的事项】

由于审计范围受到上述限制,我们未能实施必要的审计程序以获取发表意见所需的充分、适当证据,因此,我们无法对××公司财务报告内部控制的有效性发表意见。【财务报告内部控制审计意见】

重大缺陷,是指一个或多个控制缺陷的组合,可能导致企业严重偏离控制目标。尽管我们无法对××公司财务报告内部控制的有效性发表意见,但在我们实施的有限程序的过程中,发现了以下重大缺陷:

　　〔指出注册会计师已识别出的重大缺陷,并说明重大缺陷的性质及其对财务报告内部控制的影响程度。〕

有效的内部控制能够为财务报告及相关信息的真实完整提供合理保证,而上述重大缺陷使××公司内部控制失去这一功能。【识别的财务报告内部控制重大缺陷(如在审计

范围受到限制前,执行有限程序未能识别出重大缺陷,则应删除本段)】

[参见标准内部控制审计报告相关段落表述。]【非财务报告内部控制的重大缺陷】

××会计师事务所　　　　　　　中国注册会计师:×××(签名并盖章)

(盖章)　　　　　　　　　　　　中国注册会计师:×××(签名并盖章)

中国××市　　　　　　　　　　　　　　　　××年×月×日

新华制药 2011 年度内部控制审计报告（XYZH/2011A1052）

山东新华制药股份有限公司全体股东:

按照《企业内部控制审计指引》及《中国注册会计师执业准则》的相关要求,我们审计了山东新华制药股份有限公司(以下简称新华制药)2011 年 12 月 31 日财务报告内部控制的有效性。

一、企业对内部控制的责任

按照《企业内部控制基本规范》《企业内部控制应用指引》《企业内部控制评价指引》的规定,建立健全和有效实施内部控制,并评价其有效性是新华制药董事会的责任。

二、注册会计师的责任

我们的责任是在实施审计工作的基础上,对财务报告内部控制的有效性发表审计意见,并对注意到的非财务报告内部控制的重大缺陷进行披露。

三、内部控制的固有局限性

内部控制具有固有局限性,存在不能防止和发现错报的可能性。此外,由于情况的变化可能导致内部控制变得不恰当,或对控制政策和程序遵循的程度降低,根据内部控制审计结果推测未来内部控制的有效性具有一定风险。

四、导致否定意见的事项

重大缺陷是内部控制中存在的、可能导致不能及时防止或发现并纠正财务报表出现重大错报的一项控制缺陷或多项控制缺陷的组合。

新华制药内部控制存在如下重大缺陷。

(1) 新华制药下属子公司山东新华医药贸易有限公司(以下简称医贸公司)内部控制制度对多头授信无明确规定,在实际执行中,医贸公司的鲁中分公司、工业销售部门、商业销售部门三个部门分别向同一客户授信,使得授信额度过大。

(2) 新华制药下属子公司医贸公司内部控制制度规定对客户授信额度不大于客户注册资本,但医贸公司在实际执行中,对部分客户超出客户注册资本授信,使得授信额度过大,同时医贸公司也存在未授信的发货情况。

上述重大缺陷使得新华制药对山东欣康祺医药有限公司(以下简称欣康祺医药)及与其存在担保关系方形成大额应收款项 60 731 千元,同时,因欣康祺医药经营出现异常,资金链断裂,可能使新华制药遭受较大的经济损失。2011 年度,新华制药对应收欣康祺医药及与其存在担保关系方货款计提了 48 585 千元坏账准备。

　　有效的内部控制能够为财务报告及相关信息的真实完整提供合理保证,而上述重大缺陷使新华制药内部控制失去这一功能。

　　新华制药管理层已识别出上述重大缺陷,并将其包含在企业内部控制评价报告中,上述缺陷在所有重大方面得到公允反映。在新华制药2011年财务报表审计中,我们已经考虑了上述重大缺陷对审计程序的性质、时间安排和范围的影响。本报告并未对我们在2012年3月23日对新华制药2011年财务报表出具的审计报告产生影响。

五、财务报告内部控制审计意见

　　我们认为,由于存在上述重大缺陷及其对实现控制目标的影响,新华制药于2011年12月31日未能按照《企业内部控制基本规范》和相关规定在所有重大方面保持有效的财务报告内部控制。

信永中和会计师事务所有限责任公司　　　　中国注册会计师:唐炫

　　　　　　　　　　　　　　　　　　　　中国注册会计师:薛更磊

　　　　　　　　　　　　　　　　　　　　中国北京二○一二年三月二十三日

即测即练

参 考 文 献

[1]　陈维青,胡本源.企业内部控制学[M].2版.大连:东北财经大学出版社,2016.

[2]　程新生.企业内部控制[M].北京:高等教育出版社,2008.

[3]　池国华.内部控制习题与案例[M].3版.大连:东北财经大学出版社,2017.

[4]　方红星,池国华.内部控制[M].2版.大连:东北财经大学出版社,2014.

[5]　胡为民.内部控制与企业风险管理:实务操作指南[M].2版.北京:电子工业出版社,2009.

[6]　姜涛,孟庆宇.企业内部控制规范手册[M].2版.北京:人民邮电出版社,2012.

[7]　李敏.企业内部控制规范[M].2版.上海:上海财经大学出版社,2016.

[8]　李荣梅,姚树中.企业内部控制[M].2版.大连:东北财经大学出版社,2015.

[9]　李晓慧,何玉润.内部控制与风险管理:理论、实务与案例[M].2版.北京:中国人民大学出版社,2016.

[10]　梁晟耀.《企业内部控制基本规范》合规实务指南[M].2版.北京:电子工业出版社,2013.

[11]　刘华.内部控制案例研究[M].上海:上海财经大学出版社,2012.

[12]　刘玉廷.企业内部控制规范论[M].上海:立信会计出版社,2012.

[13]　罗胜强.企业内部控制:主要风险点、关键控制点与案例解析[M].上海:立信会计出版社,2012.

[14]　罗勇.企业内部控制规范解读及案例精析[M].上海:立信会计出版社,2009.

[15]　潘琰.内部控制[M].2版.北京:高等教育出版社,2018.

[16]　普华永道.《企业内部控制基本规范》管理层实务操作指南[M].北京:中国财政经济出版社,2013.

[17]　企业内部控制编审委员会.企业内部控制基本规范及配套指引案例讲解(2017年版)[M].上海:立信会计出版社,2017.

[18]　企业内部控制编审委员会.企业内部控制:主要风险点、关键控制点与案例解析(2017年版)[M].上海:立信会计出版社,2017.

[19]　盛永志,唐秋玲.企业内部控制审计[M].2版.北京:清华大学出版社,2017.

[20]　宋德亮.企业内部控制规范实施技术与案例研究[M].北京:经济科学出版社,2012.

[21]　王生根,东奥会计在线.企业内部控制基本规范及配套指引解读[M].北京:北京大学出版社,2011.

[22]　徐凤菊,赵新娥,夏喆.企业内部控制与风险管理[M].2版.大连:东北财经大学出版社,2018.

[23]　徐玉德.企业内部控制设计与实务[M].北京:经济科学出版社,2009.

[24]　杨有红.企业内部控制系统:构建・运行・评价[M].北京:北京大学出版社,2013.

[25]　于玉林.企业内部会计控制标准化指南[M].上海:上海财经大学出版社,2011.

[26]　张继德.企业内部控制基本规范实施与操作[M].北京:经济科学出版社,2009.

[27]　郑洪涛,张颖.企业内部控制学[M].大连:东北财经大学出版社,2009.

[28]　张远录.企业内部控制与制度设计[M].北京:中国人民大学出版社,2013.

[29]　张俊民.内部控制理论与实务[M].2版.大连:东北财经大学出版社,2016.

[30]　中华人民共和国财政部,等.企业内部控制规范2014[M].北京:中国财政经济出版社,2014.

[31]　中华人民共和国财政部会计司.企业内部控制规范讲解2014[M].北京:经济科学出版社,2014.

[32]　朱荣恩.企业内部控制规范与案例[M].北京:中国时代经济出版社,2009.

附　　录

一、企业内部控制规范体系实施中相关问题解释第 1 号

根据财政部等五部委的要求,《企业内部控制基本规范》(财会〔2008〕7 号)及其配套指引已于 2011 年 1 月 1 日起在境内外同时上市的 69 家公司实施。同时,财政部、证监会又选择了 200 多家在境内主板上市的公司进行试点。实施一年总体进展顺利,但也存在一定问题。为推动《企业内部控制基本规范》及其配套指引的顺利实施,现对有关问题解释如下:

1. **如何把握企业内部控制规范体系的强制性与指导性的关系?**

答:在实施试点中,一些企业反映,《企业内部控制基本规范》及其配套指引的规定是否需要逐条执行。

《企业内部控制基本规范》是内部控制建设与实施应该遵循的基本原则和总体要求,具有强制性,纳入实施范围的企业应当遵照执行。《企业内部控制配套指引》(财会〔2010〕11 号,包括 18 个应用指引、1 个评价指引和 1 个审计指引)是对《企业内部控制基本规范》相关规定的进一步补充和说明,具有指导性和示范性,纳入实施范围的企业可以结合所在行业要求和企业自身特点,参照配套指引的规定开展内部控制建设与实施工作。

2. **已经完全按照境外监管机构要求建设与实施内部控制的境内外同时上市的公司,是否需要执行我国的企业内部控制规范体系?**

答:目前,许多国家和地区对公众公司内部控制都有相关的规定和要求。我国企业内部控制规范体系在充分借鉴国际上先进经验和做法的同时,更多地适应了我国国情,尤其是充分考虑了我国目前法律法规体系、公司治理结构、企业管理体制、风险管控实务等具体情况,提出了内部控制的目标、原则、要素等,且不局限于财务报告内部控制,更多突出全面内部控制的要求。因此,境内外同时上市的公司应当在满足境外监管机构要求的基础上,对照我国企业内部控制规范体系,特别是应当围绕《企业内部控制基本规范》提出的内部控制五目标,对相关控制措施进行适当调整或补充完善。

3. **企业按照企业内部控制规范体系建设与实施内部控制,是否还需要遵守我国行业主管部门和市场监管部门对内部控制的有关要求?**

答:《企业内部控制基本规范》及其配套指引是对不同行业、各类企业提出的一般性要求,具有普适性。行业主管或监管部门对所辖企业的内部控制管理规定,是不同行业内

部控制的特殊要求,也是《企业内部控制基本规范》的重要补充。企业应当按照《企业内部控制基本规范》及其配套指引规定和行业管理、市场监管的要求,建设与实施内部控制。

4. 如何协调好内部控制与风险管理的关系?

答:《企业内部控制基本规范》及其配套指引,充分吸收了全面风险管理的理念和方法,强调了内部控制与风险管理的统一。内部控制的目标就是防范和控制风险,促进企业实现发展战略,风险管理的目标也是促进企业实现发展战略,二者都要求将风险控制在可承受范围之内。因此,内部控制与风险管理二者不是对立的,而是协调统一的整体。

在实际工作中,一些企业的内部控制和风险管理工作由不同机构负责。对此,企业可以对有关机构和业务进行整合,从工作内容、目标、要求以及具体工作执行的方法、程序等方面,将内部控制建设和风险管理工作有机结合起来,避免职能交叉、资源浪费、重复劳动,降低企业管理成本,提高工作效率和效果。

5. 对于《企业内部控制配套指引》尚未规范的领域,应如何处理?

答:由于企业所面临的客观环境和自身的经营管理活动比较复杂,目前的《企业内部控制配套指引》仅对企业常见的、一般性生产经营过程的主要方面和环节进行了规范。在建设与实施内部控制的过程中,对于《企业内部控制配套指引》尚未规范的业务领域,企业应当遵循《企业内部控制基本规范》的原则和要求,按照内部控制建设与实施的基本原理和一般方法,从企业经营目标出发,识别和评估相关风险,梳理关键业务流程,根据风险评估的结果,制定和执行相应控制措施。

6. 如何权衡内部控制的实施成本与预期效益?

答:企业按照《企业内部控制基本规范》及其配套指引的要求建设与实施内部控制,必然需要支付一定的成本,可能会发生内部控制制度和流程的设计与实施费用、聘请专业机构提供咨询服务费用、建立融入内部控制要求的信息系统费用、聘请会计师事务所开展内部控制审计费用,等等。建设与实施内部控制应当从提高企业长期效益出发,从促进企业可持续发展出发,将内部控制作为一项常规性工作,贯穿于企业管理之中,加大投入。同时,应当按照重要性原则,关注重要业务事项和高风险领域,抓住关键风险控制点。集团性企业可以采取分类试点、逐步推广的方式,选择下属不同类型的企业试点,形成范本,减少重复建设。

聘请会计师事务所开展内部控制审计是建设与实施内部控制的重要环节,是检验内部控制有效性的重要手段和有力保证。内部控制审计费用是企业实施内部控制规范体系应当承担的成本,企业应安排相应经费确保审计工作的及时、有效开展。内部控制审计是一项区别于财务报告审计的独立业务,企业应就该项业务与会计师事务所签订单独的业务约定书。同时,企业也应权衡审计成本与审计效益,在业务约定书中明确有关费用标准,并对会计师事务所审计资源的投入和审计质量提出明确要求。

7. 如何协调好内部控制与其他管理体系的关系?

答:内部控制贯穿于整个企业管理,与其他管理体系相辅相成、密不可分,是企业管理的重要组成部分。企业现有管理体系的设计、运行以及审核认证需要遵循已经发布的国家标准或行业标准。这些标准与企业内部控制规范体系的原则和要求并不矛盾。在实际工作中,个别企业的内部控制体系建设与管理体系运行发生冲突,原因可能是企业采用的方式方法出现了偏差,如简单照搬内部控制应用指引的规定,没有考虑企业的实际情况,为控制而控制,导致控制设计不合理,出现控制过度或控制冗余;也可能是企业经营管理部门对内部控制的重要性认识不足,不愿意受到更多的牵制和监督,从而以影响经营效率和目标为借口,拒绝必要的内部控制;等等。对此,企业应当立足管理现状,全面梳理各项管理制度和管理体系,从管理体制、机制以及落实各级权利责任等方面,将内部控制的要求融入各项管理体系中,形成内部控制的长效机制,使内部控制真正为经营管理服务;应当从总体目标出发,通过培训教育提高企业经营管理人员对内部控制的理解和认识,将内部控制的要求纳入绩效考核体系以加强执行;可以利用信息技术固化业务流程,提高业务处理效率和信息共享水平,从而尽可能减少内部控制与其他经营管理体系的冲突。

8．企业如何确定内部控制缺陷的认定标准?

答：查找并纠正企业内部控制设计和运行中的缺陷,是开展企业内部控制评价的一项重要工作,是不断完善企业内部控制的重要手段。由于企业所处行业、经营规模、发展阶段、风险偏好等存在差异,《企业内部控制基本规范》及其配套指引没有对内部控制缺陷的认定标准进行统一规定。企业可以根据《企业内部控制基本规范》及其配套指引,结合企业规模、行业特征、风险水平等因素,研究确定适合本企业的内部控制重大缺陷、重要缺陷和一般缺陷的具体认定标准。企业确定的内部控制缺陷标准应当从定性和定量的角度综合考虑,并保持相对稳定。通过不断的实践,总结经验,形成一套行之有效的内部控制缺陷认定方法。

企业在开展内部控制监督检查中,对发现的内部控制缺陷,应当及时分析缺陷性质和产生原因,并提出整改方案,采取适当形式向董事会、监事会或者管理层报告。对于重大缺陷,企业应当在内部控制评价报告中进行披露。

财政部将会同证监会、审计署、银监会、保监会等有关部门,根据首次执行和试点情况,分行业、分类型总结企业的内部控制缺陷认定标准,供参考。

9．实施《企业内部控制基本规范》及其配套指引的企业,是否需要设置专门的内部控制机构?

答：根据《企业内部控制基本规范》的规定,企业董事会负责内部控制的建立健全和有效实施。为便于董事会履行好企业内部控制规范体系的设计、建立、运行与改进方面的职责,董事会应当指定专门委员会负责指导内部控制建设与实施工作。一般情况下企业应当成立专门机构负责组织协调内部控制的建立实施及日常工作。

对于少数企业受制于岗位编制、专业人员等条件限制,目前尚不具备成立专门的内部控制管理机构的,可暂将内部控制管理职能划归现有机构。随着企业内部控制建设的持续深入和相关条件的不断成熟,企业应考虑成立专门机构,保证有足够的资源支持和协调内部控制工作的开展,确保内部控制工作的相对独立性。

10．如何编制和披露企业内部控制评价报告?

企业内部控制评价是企业董事会对内部控制有效性进行全面评价、形成评价结论、出具评价报告的过程。开展内部控制评价,可以及时发现和纠正企业内部控制建设与实施中存在的问题,并持续自我完善。企业可以独立开展内部控制评价工作,也可以委托不承担本企业内部控制审计的中介机构协助开展内部控制评价工作。

根据《企业内部控制基本规范》《企业内部控制评价指引》的要求，我们制定了企业内部控制评价报告的格式，供企业编制评价报告时参考，企业也可以根据实际情况对具体的报告方式作适当调整，但有关内容原则上应体现在年度报告中。

二、企业内部控制规范体系实施中相关问题解释第 2 号

企业内部控制规范体系正式实施一年多来，总体平稳，但在具体实施过程中，部分企业还存在理解认识上的不到位和实际执行上的偏差。为了稳步推进企业内部控制规范体系贯彻实施，经研究，现就有关问题解释如下：

1. 企业应如何正确把握内部控制的组织实施工作？

答：企业在开始实施内部控制时，应当按照《企业内部控制基本规范》（财会〔2008〕7号）（以下简称基本规范）确定的内部控制目标、要素、原则和具体要求开展工作，强化组织领导，夯实内部控制基础。董事会负责内部控制的建立健全和有效实施，监事会对董事会建立与实施内部控制进行监督，经理层负责组织领导企业内部控制的日常运行，全体员工广泛参与内部控制的具体实施。企业的内部控制部门应结合实际，制定内部控制体系建设的分阶段目标，围绕内部控制的五个要素扎实开展工作，深入宣传、认真执行、严格监督、严肃考核，保证企业经营管理合法合规、资产安全、财务报告及相关信息真实完整，提高经营效率和效果，规避生产经营风险。随着实施工作的不断深入，企业应当加强内部控制全员、全面、全过程管理，进一步推动管理创新，不断提升管理水平，有效防控经营风险，保证实现价值目标，最终促进企业实现发展战略。

企业应当结合所在行业要求和自身特点，按照基本规范的要求，参照《企业内部控制配套指引》（财会〔2010〕11 号）（以下简称配套指引）的规定开展内部控制实施工作。目前配套指引针对企业一般性的业务和重点环节制定了原则性的要求，未涵盖行业特点突出的具体业务。在实施过程中，企业应当全面执行基本规范，以配套指引为参考，结合行业管理要求，从自身经营管理的实际出发，识别和评估相关风险，加强对关键和重点业务的控制，保持信息沟通的顺畅，对实施效果做好监督评价，努力构建一套符合实际、业务规范、控制合理、管理有效的内部控制体系。

2. 不同的企业应如何把握好内部控制实施工作的进度和重点？

答：对于即将启动或刚刚启动内部控制实施工作的上市公司、国有企业和集团企业，应按照相关业务主管部门、监管部门等的要求加快推动，并根据企业实际全面实施；对于已经在部分下属分公司和子公司建立了较为完善的内部控制体系的企业，应当总结和借鉴已经开展内部控制建设的分公司和子公司的经验和做法，将其推广至全公司范围；对于已经在全公司范围内建立起覆盖全过程、各层级内部控制体系的企业，应将工作重心放在内部控制的持续改进上，充分运用内部控制自我评价的方法和手段，按照有关要求对实施情况进行常规、持续的监督检查，查找实施中的缺陷与不足，促进内部控制的持续改进和不断优化。

对于非上市的企业或企业集团，应从实际情况出发，根据下属公司的经营性质、业务规模等特点制定切实可行的内部控制实施方案，分类分步推进，全面启动内部控制建设与

实施工作。企业集团也可以根据业务板块、管理特点等,先在部分企业建立起较为完善的内部控制体系,再逐步建立覆盖企业集团的内部控制体系,体现集团管控的要求。

3．企业应如何改善内部控制专业人才缺乏的状况?

答:为解决企业内部控制专业人才紧缺状况,企业可以抽调财会、审计和生产管理等业务骨干开展内部控制管理工作,同时应当有计划地培养内部控制专业人才。一是通过参加政府部门、中介机构、企业内部举办的培训学习等,促使内控人员掌握相关知识;二是让从事内部控制的专业人员,在工作实践中不断探索学习,以内部控制基础理论、基本规范及配套指引为指针,借鉴其他企业的经验,结合实际,自我学习、自我积累,探索创新,不断提升个人的业务能力和企业的内控管理水平;三是在聘请中介机构开展内部控制咨询、审计服务时,充分利用中介机构的专业力量,通过业务沟通交流和参与实际运作来锻炼培养企业专业人才队伍。

企业领导要高度重视内部控制专业人才队伍建设,在强调全员参与内部控制的基础上,采取多种措施,建立激励机制,鼓励从事内部控制的专业人员岗位成才。对于为企业内部控制建设做出贡献的专业人员应当给予奖励,以调动内部控制专业人才队伍的工作积极性。

4．集团性企业应如何确定内部控制评价的范围?

答:集团性企业在确认内部控制评价范围时,应当遵循全面性、重要性、客观性原则,在对集团总部及下属不同业务类型、不同规模的企业进行全面、客观评价的基础上,关注重要业务单位、重大事项和高风险业务。

重要业务单位一般以资产、收入、利润等作为判定标准。包括集团总部、资产占合并资产总额比例较高的分公司和子公司,营业收入占合并营业收入比例较高的分公司和子公司以及利润占合并利润比例较高的分公司和子公司等。

重大事项一般是指重大投资决策项目、兼并重组、资产调整、产权转让项目,期权、期货等金融衍生业务,融资、担保项目,重大的生产经营安排,重要设备和技术引进,采购大宗物资和购买服务,重大工程建设项目,年度预算内大额度资金调动和使用,以及其他大额度资金运作事项等。

高风险业务一般是指经过风险评估后确定为较高或高风险的业务,也包括特殊行业及特殊业务,国家法律、法规有特殊管制或监管要求的业务等。

5．企业在选择中介机构协助开展内部控制体系建设与实施工作时,应重点考虑哪些因素?

答:企业建设与实施内部控制,应当按照基本规范及配套指引的要求,原则上要立足于行业特点和企业实际,倡导自上而下、自主开展内部控制建设与实施工作。

如果企业确有需要选择中介机构协助开展工作,可重点考虑以下几个因素:一是中介机构的专业性,如内控咨询团队的专业知识及项目管理经验等;二是服务内容与企业需求的匹配程度,如实施方案是否符合企业实际情况等;三是团队的配置水平,如人员数量是否适当、团队的整体知识结构、过去的成功案例情况及客户评价等;四是服务报价合理性等,企业对收费明显偏离合理性的中介机构,应防范服务质量风险。

企业在聘请中介机构协助开展内部控制体系建设与实施工作中,应当采取有效的方式保护企业核心商业秘密和国家机密,防范泄密风险。

6. 企业应采用何种组织形式开展内部控制评价工作?

答:内部控制评价是指企业董事会或类似权力机构对内部控制的有效性进行全面评价、形成评价结论、出具评价报告的过程。同时也是企业内部涉及业务面广、专业性强的工作,包括日常检查评价和专项检查评价。

企业可以授权内部审计机构具体实施内部控制有效性的定期评价工作。由于内部审计机构在企业内部处于相对独立的地位,该机构的工作内容、性质和人员的业务专长与内部控制评价工作有着密切的关联,因此内部审计机构可以负责内部控制评价的具体实施工作。

成立了专门的内部控制机构的企业,由内部控制机构负责组织协调内部控制的建立实施及日常管理工作,其工作直接向董事会或类似权力机构负责。企业的内部控制机构可以组织实施内部控制评价工作。内部控制机构可以组织审计、财务、生产管理等专业人员,对内部控制全面或某一方面进行日常和专项检查评价,也可以对认定的重大风险进行专项监督,定期出具内部控制评价报告,报董事会或类似权力机构审核。

企业也可以根据自身特点,成立内部控制评价工作的非常设机构,比如,抽调内部审计、内部控制等相关机构的人员组成内部控制评价小组,具体组织实施内部控制评价工作。

此外,企业可以委托中介机构实施内部控制评价。

7. 企业应如何对待内部控制评价中发现的缺陷?

答:内部控制缺陷按照成因分为设计缺陷和运行缺陷。对于设计缺陷,应从企业内部的管理制度入手查找原因,需要更新、调整、废止的制度要及时进行处理,并同时改进内部控制体系的设计,弥补设计缺陷的漏洞。对于运行缺陷,则应分析出现的原因,查清责任人,并有针对性地进行整改。

内部控制缺陷按照影响程度分为重大缺陷、重要缺陷和一般缺陷。对于重大缺陷,应当由董事会予以最终认定,企业要及时采取应对策略,切实将风险控制在可承受度之内。对于重要缺陷和一般缺陷,企业应当及时采取措施,避免发生损失。

企业应当编制内部控制缺陷认定汇总表,结合实际情况对内部控制缺陷的成因、表现形式和影响程度进行综合分析和全面复核,提出认定意见和改进建议,确保整改到位,并以适当形式向董事会、监事会或者经理层报告。

对于因内部控制缺陷造成经济损失的,企业应当查明原因,追究相关部门和人员的责任。

8. 如果会计师事务所将其内部控制咨询业务和内部控制审计业务进行分离后,是否可以为同一企业提供内部控制审计和咨询服务?

答:基本规范及配套指引的发布实施,拓宽了会计师事务所的业务领域。随着 2012 年国内主板上市公司分类分批实施,内部控制咨询、内部控制评价、内部控制审计的需求会很大。当前,我国会计师事务所在内部控制咨询和内部控制审计方面的专业人才和技术力量有限。据了解,很多会计师事务所为了执行基本规范第十条的规定,主动开展了内部体制机制整合。

会计师事务所在受聘为企业提供有关内部控制咨询或审计服务时,应坚持独立性原则,严格遵守《中国注册会计师职业道德守则》要求,不得与具有网络关系的中介机构同时为同一企业提供内部控制咨询和审计服务。

有的会计师事务所采取内部隔离方式,即在内部成立咨询部门和审计部门,两个部门之间相互独立,人员不交叉使用,在形式上建立了内部的"防火墙"。这种方式难以有效地将内部控制咨询和内部控制审计业务进行分离,不符合独立性要求。

也有会计师事务所新设立了具有法人资格的咨询机构,如果新设立的咨询机构与原事务所构成网络关系,则违反独立性原则,也不能同时为同一家企业提供内控咨询和审计服务。

9. 注册会计师在开展内部控制审计时应如何安排时间?

答:按照配套指引中《企业内部控制审计指引》的要求,注册会计师在确定测试的时间安排时,应当尽量在接近企业内部控制自我评价基准日实施测试,实施的测试需要涵盖足够长的时间。

企业应按照要求及时委托会计师事务所开展内部控制审计业务,保证按期对外披露或报送内部控制审计报告。首次进行内部控制审计时,企业和注册会计师应当在当期会计年度的上半年即开始准备该年度的内部控制审计工作,从而保证整改后的控制运行有足够长的时间。对于认定为缺陷的业务,如果企业在基准日前对其进行了整改,但整改后的业务控制尚没有运行足够长的时间,注册会计师应当将其认定为内部控制在审计基准日存在缺陷。注册会计师在接受或开展内部控制审计业务时,应当尽早与企业沟通内部控制审计计划,并合理安排内部控制测试的时间。

在连续进行内部控制审计的过程中,注册会计师应当考虑以前年度执行内部控制审计时所了解的情况以及当年企业发生的相关变化,在此基础上确定适当的内部控制审计工作方案和时间安排。

10. 与大、中型企业相比,小型企业在实施内部控制时应有哪些特殊的考虑?

答:小型企业通常是指具有业务比较单一、所有权和管理权集中、管理层级较少、部门设置简单等特征的企业。小型企业根据基本规范及配套指引实施内部控制时,在保证有效性的基础上,可结合企业特点进行适当调整。

小型企业的管理层级一般较少,所有权、决策权和管理权较为集中,治理层通常密切参与公司日常经营及管理活动,使企业的控制力和执行力得到了提高,但也容易导致决策失误或舞弊风险,因此要提高董事会的集体决策能力,加强企业决策过程的控制。

小型企业应明确内部控制目标,准确评估经营风险,建立健全各项制度,将决策过程和各项业务流程制度化、规范化;明确不同层级部门和人员的权限和职责,强化岗位制衡,做到适度授权和分权;重点关注与企业资金、资产、资本、财务报告等关键业务有关的风险的控制。

小型企业应提高财务、会计和审计人员的素质,培养和聘用内部控制专业人才,加强对财务会计工作和财务报告的重视程度。小型企业的机构设置简单,管理资源易于整合,可以根据企业所面临的主要风险和相关控制的效果,适当简化内部控制体系建设,灵活设计、选择控制流程和控制活动,达到有效控制风险和防范舞弊的目的。

　　基于效率的考虑,小型企业应当提高信息技术的应用,结合业务风险和信息系统风险评估,加强信息系统控制的应用,采取手工控制与自动控制相结合的方式,将风险控制在可承受度之内。

　　小型企业应建立健全内部控制的监督机制,持续监控和定期评价内部控制的有效性,尤其要对会计信息、资金运转、资产安全、采购及销售等方面加强监控,及时发现和纠正缺陷,确保内部控制在企业不同成长阶段、不同环境下的持续有效改进。

补 充 阅 读

教师服务

感谢您选用清华大学出版社的教材！为了更好地服务教学，我们为授课教师提供本书的教学辅助资源，以及本学科重点教材信息。请您扫码获取。

▶▶ 教辅获取

本书教辅资源，授课教师扫码获取

▶▶ 样书赠送

会计学类重点教材，教师扫码获取样书

 清华大学出版社

E-mail: tupfuwu@163.com
电话：010-83470332 / 83470142
地址：北京市海淀区双清路学研大厦 B 座 509

网址：https://www.tup.com.cn/
传真：8610-83470107
邮编：100084